누리과정에 접목한

몬테소리교육

사단법인 한미몬테소리협회

창지사

국립중앙도서관 출판시도서목록(CIP)

(누리과정에 접목한) 몬테소리교육 / 지은이: 한미몬테소리협회. -- 서울 : 창지사, 2013
p. ; cm

ISBN 978-89-426-0681-8 93370 : ₩21000

유아 교육[幼兒敎育]
몬테소리법[--法]

375.1-KDC5
372.21-DDC21 CIP2013013302

출간에 부치며

한국 유아교육 현장의 몬테소리교육은 1968년 종교단체가 처음 도입하여 사립유치원으로 확산되었다고 할 수 있다.

이런 연유로 몬테소리교육은 제도권 내에서 인정받지 못하고 현장의 필요에 의해 풀뿌리 교육의 형태로 전국으로 뻗어 나가 현재에 이르렀다.

몬테소리교육이 100주년 되던 해인 2007년도에 미국을 비롯한 유럽 등 전 세계적으로 기념행사가 개최되었다.

같은 해 8월 한국에서도 몬테소리교육을 하고 있는 전국의 유아교육자들이 100주년 기념행사를 위해 대구가톨릭대학교에 1,800여 명이 모였으니 이제 몬테소리교육을 이방인들이 하는 교육인 것처럼 방치할 시기는 아닐 듯하다.

현재 몬테소리교육을 교육지원청이나 일부 유아교육학자들이 우려의 시각으로 보는 현실을 몬테소리교육자들도 간과할 일이 아니다. 왜냐하면 그들의 시각에서 본 몬테소리교육 내용의 일부는 초등학교 학생들이 배워야 할 내용을 유아가 조기에 접하고 있다고 생각하여 우려를 나타내고 있기 때문이다. 그러나 몬테소리 교육자들의 접근방식은 각 유아의 흥미와 요구를 고려하여 수준별 개별화 교육을 지향하고 있다. 이는 국가에서 추구하는 목표와 몬테소리교육의 철학이 동일함을 보여주는 것임을 강조하고 싶다.

이러한 시점에서 한미몬테소리협회에서는 유아의 발달 수준과 국가 수준의 누리과정에 맞추어 몬테소리 철학과 교구, 부교재 등을 접목시켜 보았다. 특히 국가에서 제정한 누리과정에서 목표로 하는 것들을 구현시키기 위한 방법으로

도 몬테소리교육이 효과적으로 기여할 수 있음을 보여주고자 한다. 유아교육계 일부에서 몬테소리교육이 지나치게 인지 발달 중심이라는 비판에 대하여 30여 년간 몬테소리교육을 실천해 온 유아교육 현장의 몬테소리교육 전문가들은 반론을 제기해야 할 필요를 느낀다. 중요한 것은 기초적인 단계에서부터 높은 단계까지의 과정을 유아와 함께 경험해 본다면 몬테소리교육이 얼마나 체계적이고 과학적인지를 발견할 수 있을 것이다. 더구나 이러한 과정은 유아의 자발성에 의해서 이루어지고 있다는 사실이다. 물론 정도의 차이는 있으나 교육 목표 도달을 위해 수많은 몬테소리 교사들은 유아교육을 전공하고서도 적게는 1년에서부터 많게는 수년에 이르기까지 연수를 하며 지속적인 자기 계발을 위해 시간을 투자하고 있음을 강조하고 싶다.

이러한 맥락에서 한미몬테소리협회에서는 교육과학기술부에서 제시한 누리과정에 몬테소리교육 내용을 적합하게 안배하여 유아교육 현장에 제공할 필요성을 느끼고 교재 개발에 착수하게 되었다. 유아교육기관을 운영하면서 A.M.S. 국제 자격을 소지한 전국의 한미몬테소리협회 강사 15명이 2년여간 숙고하고 토론을 거쳐 완성하기까지 어려움도 많았다. 발전을 위한 적절한 지적은 쾌히 수용하여 다음 기회에 재구성할 자세로 출간에 임하며 많은 관심과 격려를 바라는 바이다.

2013년

한미몬테소리협회장

차 례

제1부 이론편_7

제2부 활동편_79

누리과정에 접목한

몬테소리교육

누리과정에 접목한

몬테소리교육

제 1 부

이론편

1. 접목의 당위성
2. 접목의 목적
3. 구성 방침
4. 누리과정과 몬테소리교육과정의 접목
5. 활용시 유의점
6. 제한점
7. 누리과정에 접목한 몬테소리교육의 5개 영역 월별 계획안
8. 교육계획안 예시

1. 접목의 당위성

몬테소리교육 내용이 누리과정과 접목되어야 할 몇 가지 요인을 누리과정의 기본 구성 방향과 관련하여 기술하면 다음과 같다.

첫째, 누리과정에서는 유아의 기본 생활습관과 질서, 배려, 협력 등 바른 인성을 기르는 데 중점을 둔다. 이러한 방향에서 몬테소리교육의 구성적 측면을 살펴보면 몬테소리교육은 전인적인 발달을 추구하며 질서감에 의해 계열적으로 구성되어 있다. 어릴 때부터 인격적으로 성숙될 수 있도록 타인을 존중하고 배려하며 도와줄 수 있는 교실 내의 규칙을 정해서 가르친다. 교실에서 지켜야 할 규칙에 내재된 기본 철학은 제한된 자유(limited Freedom)이다. 즉, 질서를 지키고 타인의 작업을 존중하는 등 일상에서의 예절을 지키도록 독려한다.

인지 발달면에서 보면 단계적으로 유아 스스로 지식을 구성할 수 있도록 자동교육을 실천하도록 한다. 자동교육(auto-education)의 기본은 진정한 사회성, 즉 고등정신 기능에 기초한다. 환경과의 상호작용을 통해 지성을 구축해 가는 구성주의라고 할 수 있다. 교육은 바람직한 변화를 추구하는데, 몬테소리교육을 통해 '정상화(normalization)'에 도달하는 것은 지·덕·체의 조화로운 발달을 의미하며 바람직한 변화를 통해 교육의 목표점에 도달하는 것이다. 결국 인격의 완성이라는 인성교육의 출발을 의미한다고 할 수 있다.

둘째, 사람과 자연을 존중하고, 우리 문화를 이해하는 데 중점을 두고 있는 누리과정의 구성 방향을 몬테소리교육 과정에서 찾아보면 몬테소리 우주교육의 철학적 관점에서 발견할 수 있다. 몬테소리는 우주교육을 전 몬테소리교육의 초석이라고 강조하였다.

우주교육은 인간이 갖춰야 할 기본 교육이며 새로운 개념으로 우주적 비전을 제시하고 있다. 몬테소리교육의 토대가 되는 우주교육의 내용은 생태, 다문화, 평화 교육이다. 몬테소리는 이미 70여 년 전에 생태교육의 중요성을 부르짖으며 우주의 모든 만물이 상호 의존적 존재임을 인식해야 한다고 강조해 왔다. 인간을 자연의 일부로 인식하면서 유아기부터 우주의 생물, 무생물을 총망라한 전 존재를 소중하게 다뤄야 함을 역설하였다. 특히 생태교육의 목적은 전 존재에 대한 배려이다. 이는 곧 평화교육으로 이어지며 다양한 문화를 수용하고 이해해야 함을 강력히 주장하였다. 그 시대에 다문화교육의 중요성을 제안했기에 몬테소리교육을 실천하는 우리는 우리 문화 이해를 넘어 다른 문화를 수용하도록 교육하고 있는 점에서 누리과정의 방향과 맥을 같이 함을 알 수 있다.

셋째, 누리과정에서는 전인 발달이 고루 이루어진 창의적 인재를 기르는 데 중점을 두고 있다. 몬테소리교육과 관련지어 보면 몬테소리교육의 궁극적인 목표는 유아의 전인적 발달이다. 몬테소리는 전인적 발달을 '정상화'라는 고유의 언어로 표현하고 있다. 정상화는 normal이냐, abnormal이냐 라는 피상적인 의미가 아니라 신체와 정신의 조화로운 발달을 뜻한다. 몬테소리는 성선설을 지지하며 유아는 본래 선하게 태어난다고 보았다. 환경 내에서 오염된 어린이가 다시 본래성으로 회귀하는 과정이 곧 '정상화' 과정이다. 정상화는 교육의 도달점이자 출발점이며, 이것이 바로 유아의 '전인성'임을 강조한다. 창의적 인재를 기르기 위해 몬테소리교육에서는 변형 및 응용을 중시한다. 교구 활용의 기본을 이해한 후에 다양하게 변형하여 활동하는 어린이의 능력은 이미 창의적 사고에서 시작되었음을 의미한다. 현실에 입각한 창의성을 강조한 몬테소리는 그녀 고유의 언어인 '초자연(super-nature)'이라는 용어를 사용하면서 인간의 우주적 사명으로 문명을 창조해 나갈 것을 역설하였다.

넷째, 누리과정에서는 초등학교 교육과정과의 연계성을 강조한다. 몬테소리 교육과정은 어린이의 흥미와 요구를 반영하여 단계적이고 체계적으로 준비된 환경 내에서 어린이가 스스로 선택하여 즐겁게 활동함으로써 교육의 효과를 고양시키고 어린이의 욕구를 만족시킨다.

몬테소리는 자율성에 대해 어린이는 "내가 스스로 할 수 있게 도와주세요(help me to do by myself)"라고 외친다고 역설한 것과 같은 맥락이다. 또한 몬테소리 자유의 개념 중 선택의 자유는 어린이의 내재적 동기를 구현하는 행위이다. 개인의 요구에 의해 선택한 활동은 즐겁게 활동할 수 있어 효율적이다. 초등학교에서 중시하는 덕목이 자기 주도적 학습임을 감안하면 몬테소리교육에서 스스로 할 수 있게 도와주는 교육 철학은 초등교육의 중요한 토대가 될 수 있다. 특히 몬테소리교육은 구체물을 통하여 감각적으로 경험시킴으로써 개념 이해에 도달하도록 돕는다. 이는 Bruner의 중핵적 개념 원리에 해당하며 초등교육에서 배울 내용을 위한 기초를 튼튼히 하는 것이라 할 수 있다.

다섯째, 5개 영역을 중심으로 주도적인 경험을 강조하고 놀이 중심의 통합과정으로 구성한다. 몬테소리는 어떤 내용도 일상생활의 경험을 통해서 자연스럽게 접근할 것을 권고한다(몬테소리, 1964: 126). 일상생활 영역이 커리큘럼화된 것도 이러한 철학 위에서 수립되었다. 몬테소리는 실질적인 지식에 놓인 함축적인 가치를 높게 평가하여 일상생활 훈련을 어린이의 집 일과에 포함시켰다(Krama, 1988: 364). 몬테소리가 교구를 만들게 된 계기도 지적장애아 수용소를 방문했을 때 간식으로 받은 빵을 바로 먹지 않고 부스러뜨리며 놀고자 하는 어린이의 본성적인 작업에의 욕구를 발견하였기 때문이다.

어린이의 행동을 몬테소리는 '작업'으로 종종 표기하고 있다. "…어린이에게 있어서 손의 행위는 그의 작업 욕구를 처음으로 밝히는 삶의 욕구이다(몬테소리, 1995: 95)." 그녀는 어린이의 작업을 어른의 작업과 구분한다. 작업에 대한 어린이의 관계를 몬테소리는 '본성적인 욕구'로 표현한다. 어린이의 작업 충동은 그녀의 견해에 의하면 활동에 대한 충동이 인간의 근본적인 욕구에 속한다는 것을 보여주는 것이다.

몬테소리는 작업은 정신적인 에너지에 의해 야기되어진 것으로서 어린이의 작업은 그 자체가 목적(몬테소리, 1988: 196)이라고 하였다. 이는 작업이 곧 놀이임을 암시하는 것으로 보인다. 놀이의 개념을 살펴보면, 내적 동기에 의해 유발되고 즐거워야 하며 구체적 경험을 하면서 놀이 자체가 목적임을 감안할 때 작업 역시 어린이의 조작 놀이인 것이다. 이를 종합하면 몬테소리교육과정과 누리과정은 같은 철학적 배경을 토대로 수립되었음을 알 수 있다.

여섯째, 누리과정은 기본 과정을 1일 3~5시간의 운영을 기준으로 한다. 이는 몬테소리가 '어린이를 따르라(Follow the child)'고 한 외침을 기억할 필요가 있다. 몬테소리는 3세 가량의 여아가 친구들이 주변을 산만하게 만들어도 개의치 않고 혼자서 꼭지원기둥에 몰입하여 무려 43번이나 하고 난 후, 긴 잠에서 깨어난 듯 행복한 표정을 지으며 미소 짓는 모습을 보고 내린 어린이에 대한 시각이다.

몬테소리가 '어린이를 따르라'고 한 의미는 어린이의 욕구를 파악하고 그에 따라 반응하라는 준엄한 메시지라고 볼 수 있다. 누리과정에서 유아의 활동 시간을 제한한 것은 어린이의 발달 단계에 따라 교육할 것을 시사하는 것이다. 유아기 어린이의 놀이 시간의 한계는 곧 유아 발달상의 욕구를 존중한 것으로 누리과정의 철학과 몬테소리교육 이념이 일치한다고 볼 수 있다.

2. 접목의 목적

몬테소리교육 내용을 누리과정에 알맞게 접목시켜 지도하는 방법을 제시하여 과학적이고 체계적인 몬테소리교육의 우수성을 널리 알리고 일반화하는 데 목적을 둔다.

3. 구성 방침

① 몬테소리교육 내용을 누리과정의 생활 주제에 따라 알맞게 배치하고자 노력하였다.

② 개인차를 고려하여 같은 주제를 연령별로 수준을 달리하여 배치하였다.

③ 계열성을 고려하여 점진적으로 활동하도록 구성해 보았다.

④ 실생활 중심으로 내용을 선정하였다.

⑤ 몬테소리가 강조한 철학에 준하려고 노력하였다.

⑥ 계절, 시기 등을 고려하였다.

⑦ 3년간의 지도 내용을 누리과정에 맞추어 제시하였다.

⑧ 몬테소리교육 내용 중 신체 운동과 건강 영역에 일상생활을, 의사소통에 언어를, 사회관계에 일상·언어·문화 영역을, 예술경험에 일상·감각·언어·문화 영역을, 자연탐구에 감각·수학·문화 영역을 주제에 따라 접목하였다.

⑨ 연령별 내용 선정에 있어 3세는 기본 내용을, 4세는 변형을, 5세는 응용(부교재)을 중점적으로 활용하도록 구성하였다.

⑩ 몬테소리교육 내용을 누리과정과 접목한 실례로 언어 영역에서 '우리나라' 주제를 선정하여 제시하였다.

4. 누리과정과 몬테소리교육과정의 접목

몬테소리교육과정의 5개 영역이 누리과정의 5개 영역과 어떻게 연관이 있는지 몬테소리교육과정의 5개 영역이 담고 있는 철학적 바탕과 관계지어 논의해 보고자 한다.

1) 누리과정의 신체 운동·건강 영역과 몬테소리 일상생활·감각 영역

누리과정의 신체 운동·건강 영역은 신체 인식하기, 신체 조절과 기본 운동하기, 신체 활동에 참여하기, 건강하게 생활하기, 안전하게 생활하기로 구성되어 있다.

몬테소리 일상생활 이론에서는 동작(movement)이 발달의 기초가 됨을 명시하고 있다. 몬테소리는 다음과 같이 전한다.

> 동작은 정신 발달을 돕고 이것은 더욱 새로워진 동작과 활동에서 발견된다. 이렇게 정신과 동작은 유기적인 순환의 메커니즘을 형성하며 발달해 간다. 그러므로 감각 활동의 기회를 충분히 갖지 못한 어린이는 낮은 정신 수준에 머무르게 된다(몬테소리, 1995: 142).

동작의 시초는 정신이다. 동작은 정신 발달에서 대단히 중요한 위치를 차지하는 것으로서 정신과 지속적으로 연결되어 있다. 동작을 위한 본질적인 기능은 어린이의 끊임없는 관찰, 비교, 판단을 통한 지능의 기초 위에 세워진 감각 기능이어야만 한다. 즉, 감각을 통해 뇌에 전달된 외적 자극은 다시 근육으로 전달되어 동작을 일으키기 때문이다.

어린이는 자발적으로 움직이면서 외부의 자극을 인식하여 자신을 형성해 간다. 동작은 지능을 구축하는 본질적인 요소로서 환경과 상호작용할 수 있는 매개체이다. 어린이는 동작을 통하여 환경을 인지하고 시·공간 개념, 사물들의 동일성과 상이성, 다양한 질서의 개념 등을 획득해 간다. 개념을 구체적인 행동으로 표현함으로써 동작이 바뀌고 경우에 따라서는 교정된다. 이러한 훈련을 통하여 어린이는 점점 더 사실적이 되고 유능해진다(구경선, 2002: 333).

이상에서 감각 조직과 동작 체계는 분리할 수 없는 하나의 통합체임을 알 수 있다. 즉, 근육은 인간을 주변 세계와 관계를 맺게 하는 관계 조직이라고 할 수 있다. 이것은 인간에게 감각 조직과 동작이 없다면 개인과 환경 그리고 사회와 관계 맺을 수 없음을 시사한다.

어린이는 다양한 움직임을 통해 신체에 대한 자아의식을 기르고, 아울러 적절한 동작 기술을 발달시켜 타인과 원만한 관계를 맺는 사회적 기술을 증진시키게 된다. 또한 어린이는 동작과 감각 기능을 통해 심리적, 정신적 그리고 정서적, 도덕적 능력 전체를 형성해 나간다.

그러므로 동작은 인간 발달 전체를 결정하는 자발적인 활동이며 심리적 활동이다. 어린이의 삶 전체와 관계되는 모든 기능들은 동작과 밀접한 관계가 있다.

몬테소리 감각교육 이론에서 몬테소리는 “감각에 의존하지 않은 것은 지성이 될 수 없다”라는 아리스토텔레스의 주장에 동의하면서 아무리 훌륭한 지적 발달도 감각 기능의 부진 앞에서는 무력하고 쓸모없음을 강조한다(몬테소리, 1964: 220). 어린이는 정신적 발달에 필요한 모든 것들을 그의 감각기관을 통해서 주변 환경으로부터 흡수한다. 즉, 환경에서의 자극은 감각기관이 수용하여 뇌로 전달하고 지각 신경을 통해서 근육에 전달되면 운동이 발생되게 된다. 어린이의 정신적 발달은 감각기관의 발달에 의존한다. 이러한 상호적인 반복과정을 통하여 감각 운동 발달에 의해서 정신이 발달하는 것이다. 그러나 감각의 어느 곳에 장애가 생기면 환경에서의 자극을 바르게 수용할 수가 없으므로 정신적 발달에 지장을 초래하는 원인이 된다.

감각의 발달이 정신의 발달에 선행되고 정신의 발달은 인격 형성의 주요한 요인이기 때문에 감각의 결점은 곧 인격 형성의 장애로 작용한다. 따라서 어린이의 감각 기관이 정상적으로 발달되어야만 정신 발달이 신체적인 발달과 조화를 이루어 정상적으로 발달하게 되고 더 나아가서 원만한 인격을 형성하게 된다. 그러기 위해서는 어린이가 적절한 시기에 감각적 경험을 쌓을 수 있는 기회의 제공과 감각을 훈련할 수 있는 준비된 교육 환경이 필요하다.

몬테소리의 감각 교구는 구체물이 내포하고 있는 물리적 속성(예를 들면 차원, 형태, 색깔, 성질, 맛, 냄새, 크기, 소리, 무게, 온도 등)에 일정한 차이를 두어 구체적인 속성을 명확히 하고 그 속성을 의도적이고 조직적으로 변화를 주어 만든 것이다. 어린이는 감각 교구를 통해 듣고 보고 만지고 냄새 맡고 맛보고 하는 활동을 함으로써 색·모양·크기·무게·온도·냄새·맛 등을 지각할 수 있게 되며, 더 세분화하여 크다·작다·무겁다·가볍다·뜨겁다·차다·밝다·어둡다 등에 대한 개념을 형성해 갈 수 있게 되는 것이다.

일상생활 활동은 지속적으로 대근육, 소근육을 움직이면서 몸과 주변을 깨끗이 하기, 실제의 물건들을 안전하게 사용하기 등의 내용으로 구성되어 있다. 아래의 표에 실례를 제시하였다.

◆누리과정의 신체 운동·건강 영역과 몬테소리 일상생활·감각 영역 내용의 접목

누리과정		몬테소리 일상생활 영역	몬테소리 감각 영역
범주	내용	내용	내용
신체 인식 하기	감각 능력 기르기 감각기관 활용하기 신체를 인식하고 움직이기	단추 끼우기, 지퍼 올리기, 혁대 고리 끼우기, 물체 옮겨 붓기, 물 옮겨 붓기, 빨래집게 사용하기, 스포이드 사용하기	맛보기, 후각병, 온도 감각병, 무게 구별판, 꼭지원기둥, 분홍탑, 갈색 계단, 빨간 막대, 색원기둥, 소리 상자, 음감벨, 침묵 놀이, 촉각판
신체 조절과 기본 운동 하기	신체 조절하기 이동하며 운동하기 제자리에서 운동하기	치수 있는 유리 피처에 옮겨 붓기, 매트 주변으로 걷기, 의자에 앉기, 책상 나르기, 문 열고 닫기, 선 따라 걷기, 거품 만들기, 물 짜기, 매트 옮겨 오기, 돌·조개껍데기 닦기	분홍탑, 갈색 계단, 빨간 막대, 색원기둥, 소리 상자
신체 활동에 참여하기	자발적으로 신체 활동에 참여하기 바깥에서 신체 활동하기 기구를 이용하여 신체 활동하기	숟가락 사용하기, 병뚜껑 열고 닫기, 나사 빼기와 끼우기, 못 박기, 선 따라 걷기, 바깥에서 게임하기	숲 속에서 색판 변형, 바닷가에서 조개 구별하기, 들에서 돌을 활용한 무게 구별, 빨간 막대와 같은 길이 찾아오기
건강하게 생활하기	몸과 주변을 깨끗이 하기 바른 식생활하기 건강한 일상생활하기 질병 예방하기	손 씻기, 손톱 깎기, 머리 빗기와 머리 손질하기, 빨래하기, 구두 닦기, 간식과 예절, 화장실 사용하기	미각병, 촉각판, 온도 감각판
안전하게 생활하기	안전하게 놀이하기 교통안전 규칙 지키기 비상 시 적절히 대처하기	위험한 물건 다루기, 다림질하기, 책상 위 엎지른 물 닦기, 껍질 벗기고 썰기, 바느질하기	갈색 계단, 침묵 놀이, 소리 상자

2) 누리과정의 의사소통 영역과 몬테소리 언어 영역

누리과정의 의사소통 영역과 몬테소리 언어 영역의 이론을 비교해 보면, 교육의 목표가 같음을 발견한다. 누리과정의 의사소통 목표는 일상생활에 필요한 의사소통 능력과 바른 언어 사용습관을 기르는 데 있으며, 몬테소리 언어 영역에서는 모국어의 구조와 사용법을 터득하여 타인과의 의사소통을 원활히 할 수 있는 능력을 기르는 것이다.

그러나 몬테소리는 언어교육 시 반드시 듣기, 시각 발달, 말하기, 쓰기, 읽기 준비를 시킨 뒤에 정규 교육을 시작해야 함을 강조한다.

몬테소리 언어 영역에서 유아의 듣기 능력 기르기는 소리를 구별하기, 다른 사람의 말을 경청하기, 소리값에 관심 가지기를 통해서 말에는 기본 단위가 있다는 것을 알도록 하는 데 초점을 두어야 한다. 말의 소리를 분석하고, 그 기본 단위를 문자로 나타내 보여줌으로써 유아는 자신이 하는 말 속에 소리값이 존재한다는 것을 알게 된다. 즉, 유아는 '말은 글로 쓸 수 있는 것'이라는 것을 깨닫게 되는 것이다. 이를 위하여 소리 상자, 침묵 놀이, 말로 하는 명령 게임, 단어의 첫 소리, 마지막 소리, 중간 소리 등을 구별해 내는 게임, 운율이 같은 말 찾기 등의 다양한 구두 언어 게임들을 제공한다.

시각을 준비시키는 궁극적인 목적은 후에 유아가 글자의 형태를 인식할 수 있도록 돕기 위함이다. 유아가 시각적 변별력을 길러 사물을 보고 그 외형적인 속성을 알아내고, 사물과 사물 간의 유사성과 차이점을 구별해 낼 수 있도록 한다. 이를 위하여 다양한 패턴 활동, 물체와 물체 짝 맞추기, 그림과 물체 짝 맞추기, 그림과 그림 짝 맞추기 활동 등을 제공한다.

우수한 구어(dictorium)의 발달은 청각 중추, 쓰기 중추, 시각 중추의 연합에 의해 촉발될 수 있다(몬테소리, 1964: 321). 말하자면 시각 자극에 의하여 촉발된 발음을 하는 과정에서, 또 언어 관련 신체기관들의 상관된 운동들을 반복하는 동안에 청각 자극은 연습으로 이어져서 구어를 구성하고 있는 낱개의 또는 한

음절의 발음을 더욱 완전한 것이 되도록 한다.

이를 위하여 다양한 주제 및 분류별 물체 이름 익히기, 어휘 카드, 여러 가지 개념 카드, 사건이나 이야기의 진행 순서를 설명하는 순서 카드, 이야기 나누기와 같은 활동들이 제공된다.

쓰기를 위해서 유아에게 눈과 손의 협응력 및 미세한 근육 조절 능력이 요구된다. 몬테소리는 유아의 언어 습득과정에서 쓰기가 읽기보다 먼저 발달한다고 주장한다(몬테소리, 1964: 267). 쓰기는 청각으로 받아들인 소리를 근육 운동적인 것으로 옮기는 과정으로서 자발적으로 쉽게 발달하는 데 비해, 읽기는 추상적인 지적 문화의 한 부분으로서 문자로부터 개념들을 해석해야 하므로 후에야 획득된다고 본다. 쓰기에는 두 가지 상이한 형태의 동작이 요구되는데, 하나는 형태를 그리는 데 필요한 동작이며 다른 하나는 필기 도구를 조작하는 데 필요한 동작이 있다는 것이다. 사실 유아가 형태에 따라 모든 글자들을 능숙하게 만지게 되더라도, 그들은 아직 연필 잡는 방법에 익숙치 않다. 작은 막대기를 안정되게 잡고 조작하는 것은 쓰기 동작과 별개인 특수한 근육 기제를 획득하는 것이다. 이것은 모든 다양한 글자 형태들을 쓰는 데 필요한 동작들과 함께 이루어져야 한다. 그렇다면 이것은 별개의 기제로서, 단일 문자에 대한 근육 기억과 함께 공존해야 하는 것이다.

몬테소리는 이를 위하여 철판 도형을 고안하였다. 교사는 유아에게 철판 도형의 기본 연습과 철판 도형을 이용한 디자인 구성하기, 색칠하기, 다양한 선긋기 활동들을 제공한다.

몬테소리는 어린이들의 자발적인 읽기 교육을 위해 구시대에 사용하던 읽기 기초 교재를 완전히 없애 버렸다. 대신 단어 카드와 사물을 이용한 명명법을 고안하였고 게임을 이용하여 유아가 즐겁게 참여하도록 하였다. 읽기를 위한 간접적인 준비로는 일상생활 영역에서 왼쪽에서 오른쪽으로의 운동 감각 훈련, 집중력과 독립심 기르기, 감각 영역에서의 변별·비교 능력의 계발(소리 상자, 분홍탑, 갈색 계단, 음감벨, 무게·온도 구별판 등)을 통해 이미 기본 능력을 준비시켜 왔으며 언어 영역에서는 이름 카드, 문장 카드, 이동 글자 등을 고안하였다.

지금까지 살펴 본 바와 같이 몬테소리 언어 영역의 교육 내용은 누리과정의 의사소통 영역의 내용과 연결할 수 있는 이론적 관점을 가지고 있음을 알 수 있다.

◆누리과정의 의사소통 영역과 몬테소리 언어 영역 내용의 접목

누리과정		몬테소리 언어 영역
범주	내용	내용
듣기	낱말과 문장 듣고 이해하기 이야기 듣고 이해하기 동요, 동시, 동화 듣고 이해하기 바른 태도로 듣기	이야기·동시·노래 듣기, 손뼉음 듣고 따라 하기, 악기 소리 구별하기, 첫소리 듣기, 탐정 놀이
말하기	낱말과 문장으로 말하기 느낌, 생각, 경험 말하기 상황에 맞게 바른 태도로 말하기	보여 주며 말하기, 새소식 발표하기, 주말 지낸 이야기 발표하기, 주변의 사물 이름 알려 주기, 그림의 이름 알려 주기, 차례 찾기, 연상 놀이, 분류, 반대 그림 짝 맞추기
읽기	읽기에 흥미 가지기 책 읽기에 관심 가지기	● 모래판 낱자 모래판 낱자를 쓰면서 이름과 음 말하기, 자음과 모음 합성하여 글자 만들기, 받침 있는 글자 만들기, ● 이동 낱자 첫소리 듣기·구별하기, 가운뎃 소리 듣기/구별하기, 끝소리 듣기·구별하기 ● 읽기의 강화 그림과 문장, 문장의 지시대로 행동해 보기
쓰기	쓰기에 관심 가지기 쓰기 도구 사용하기	철판 도형 활동, 칠판 사용하기, 선 따라 긋기, 어린이가 부르는 것을 받아써 주기

3) 누리과정의 사회관계 영역과 몬테소리 언어·일상생활·문화 영역

누리과정의 사회관계 영역은 나를 알고 존중하기, 나와 다른 사람의 감정 알고 조절하기, 가족을 소중히 여기기, 다른 사람과 더불어 생활하기, 사회에 관심 갖기로 구성되어 있다.

다른 사람과 더불어 생활하기 위해서는 타인과 의사소통을 원활히 하는 것은 매우 중요하다. 그런 맥락에서 몬테소리는 언어교육을 중시하였다. 몬테소리는 의사소통의 수단으로 듣기, 말하기, 쓰기, 읽기 능력을 향상시켜 사회 적응력을 키워 가도록 도와주어야 함을 강조하고 있다. 특히 읽기에 있어서 단지 음성적으로 읽는 것은 의미가 없으며, 모든 사람과 의사소통을 가능하게 하기 위해서는 의미를 파악하는 정신적 읽기가 가능해야 한다고 주장한다. 정신적으로 읽을 수 있는 어린이는 읽을 줄 아는 모든 사람과 의사소통이 가능해진다는 것이다. 어린이의 언어 능력은 사회적 발달과 밀접한 관련을 갖는다. 즉, 어린이의 언어 구사 능력은 어린이로 하여금 사회적인 접촉을 자극하도록 격려한다.

한편 몬테소리 일상생활교육의 목적 중 문화 인류학적 입장은 사회관계 영역의 목적과 맥을 같이 한다. 몬테소리는 어린이가 일상생활과정을 통해서 타인을 배려하는 방법을 배우게 되며, 이는 조화로운 인격 형성(formation of personality)의 기반이 된다고 하였다. 이는 일상생활 활동이 사회성 발달을 돕고 있음을 시사한다. 일상생활 교육 내용 중 사회적 관계를 위한 활동이 포함되어 있음이 이를 뒷받침한다. 사회적 관계를 위한 활동은 다양한 사회적 상황에서 바람직한 행동을 수행할 수 있는 능력을 기르는 내용들이다. 타인과의 예절교육은 어린이가 즐겁게 선택하여 활동하게 함으로써 자율성을 유도한다. 기다릴 줄 알고 양보할 수 있는 마음, 타인을 방해하지 않는 마음, 나눌 줄 아는 마음, 이러한 덕목들은 자신을 존중하고 타인을 존중할 줄 아는 질 높은 사회성이다. 존중은 사회적 관계 형성의 기초라고 할 수 있다(강수명, 1999: 19). 개인의 독립성과 자율성을 존중하지만 타인에 대한 존중은 반드시 전제되어야 한다. 그것은 제한된 자유라는 장치를 통해 여러 가지 상황을 경험해 보면서 자신을 제어할 수 있는 능력을 배우고 타인과의 바람직한 관계를 형성할 수 있게 된다.

또한 사회관계 영역과 몬테소리의 문화교육 연계가 가능하다. 문화교육은 기본적으로 삶을 위한 교육이다. 문화교육을 통해 자신의 위치를 파악하고 자기 정체성을 확인해 볼 수 있는 기회를 가짐으로써 자신이 어떻게 이 시점에 왔으며 어떻게 살아야 하는가에 대한 해답을 찾을 수 있기 때문이다. 인간이 존재한다는 것은 관계를 가진다는 것이며 다른 존재들과 연결되어 상호 협력한다는 것으로, 이러한 인식이 이루어질 때 인류는 평화로울 수 있다. 이러한 관점에서 몬테소리 문화교육은 평화를 위한 교육일 수 있고 생태학적 사고의 적용일 수 있다. 문화교육은 여타 존재와의 공존을 목표로 하는 교육이다.

위와 같은 관점들을 종합해 보면, 누리과정의 사회관계 영역은 몬테소리 일상생활·언어·문화 영역과 밀접한 관계를 형성하고 있다고 할 수 있다.

◆누리과정의 사회관계 영역과 몬테소리 언어·일상생활·문화 영역 내용의 접목

누리과정		몬테소리 언어 영역	몬테소리 일상생활 영역	몬테소리 문화 영역
범주	내용	내용	내용	내용
나를 알고 존중하기	나를 알기	보여주며 말하기, 새소식 발표하기, 주말 지낸 이야기 발표하기	외투 벗고 걸기, 신 벗고 신기, 단추 끼우기, 지퍼 올리기, 혁대 고리 끼우기, 손 씻기, 손톱 깎기, 머리 빗기와 머리 손질하기	아동의 역사, 과거·현재·미래, 생일 소개, 하루의 역정
	나를 소중히 여기기			
	나의 일 스스로 하기			
나와 다른 사람의 감정 알고 조절하기	나와 다른 사람의 감정 알고 표현하기	이야기·동시·노래 듣기, 손뼉음 듣고 따라 하기, 악기 소리 구별하기, 첫소리 듣기, 탐정 놀이	매트 주변으로 걷기, 선 따라 걷기	생일 소개, 하루의 역정
	나의 감정 조절하기			

누리과정		몬테소리 언어 영역	몬테소리 일상생활 영역	몬테소리 문화 영역
범주	내용	내용	내용	내용
가족을 소중히 여기기	가족과 화목하게 지내기	철판 도형 활동, 칠판 사용하기, 선 따라 긋기, 어린이가 부르는 것을 받아써 주기	빨래하기, 구두 닦기, 다림질하기, 책상 위 엎지른 물 닦기	가족의 역사
	가족과 협력하기			
다른 사람과 더불어 생활하기	친구와 사이좋게 지내기	자음과 모음 합성하여 글자 만들기, 받침 있는 글자 만들기	기침·재채기하기, 간식과 예절, 화장실 사용하기, 문 열고 닫기, 선 따라 걷기	진화론, 여러 가지 물건의 발달
	공동체에서 화목하게 지내기	첫소리 듣기·구별하기, 가운뎃 소리 듣기·구별하기, 끝소리 듣기·구별하기		
사회에 관심 갖기	지역 사회에 관심을 갖고 이해하기	작은 책, 주변의 사물 이름 카드 놓기, 그림과 문장, 문장의 지시대로 행동해 보기	숟가락 사용하기, 요리하기, 바느질하기	지구의 역사, 땅·물·공기, 수형·지형, 대륙, 방향, 우리나라 소개, 태양계, 시간 개념
	우리나라에 관심을 갖고 이해하기			
	세계와 여러 문화에 관심 가지기			
	사회적 가치를 알고 지키기			

4) 누리과정의 예술경험 영역과 몬테소리 일상생활·감각·언어·문화 영역

누리과정의 예술경험 영역은 아름다움 찾아보기, 예술적 표현하기, 예술 감상하기로 구성되어 있다. 예술경험 영역과 몬테소리 일상생활·감각·언어·문화 영역에서 어떻게 연계되어 기능하는지 살펴보고자 한다.

우선 일상생활 영역과 관련성을 살펴보면, 일상생활 영역의 손 작업은 예술을 창조하고 표현할 수 있는 기반이 된다는 점이다. 몬테소리는 인류가 삶을 지속시켜 올 수 있도록 기여한 것은 바로 인간의 손이라고 주장한다. 원시 시대로부터 인간은 손을 이용해 환경을 유용하게 만들어 왔다. 선사시대의 동굴벽화가 보여주듯이 인간은 손으로 예술을 창조하였으며, 이를 통해 우리는 그 시대를 예측할 수 있다. 조각가, 미술가, 음악가들은 손으로 그들의 예술을 표현한다. 음악가들의 손은 예민하게 악기를 느끼고 다루며, 그로 인하여 귀의 감각도 섬세해진다. 손은 섬세한 악기를 제작할 때도 필수적인 도구의 역할을 한다. 황무지를 열매 맺는 땅으로 만들거나 아름다운 정원을 가꾸는 것도 손이다. 기계가 발명되기 전에, 손의 역할은 정신과 대지와의 직접적인 연결 고리가 되어야 했다. 인간의 창조적인 작업을 중단하지 않기 위해서 손은 필수 불가결한 요소이다.

이러한 관점에서 인간의 동작은 정신 발달을 돕고 정신 발달은 더욱 향상된 동작과 활동으로 표출됨을 상기시킨다(몬테소리, 1946). 정신적 고귀함은 작업을 통해 이루어질 수 있으며 손에 의한 작업이 정서와 지능을 동반하여 정신과 육체가 조화롭게 발달되는 전인교육의 틀을 형성하게 된다고 본다.

몬테소리 감각 영역과의 관계는 감각 활동이 어린이의 심미적인 감각을 세련시켜 감각적인 느낌의 감상력을 계발하도록 돕는다. 그것은 예술경험 영역과 같은 목적을 지향한다. 감각 활동을 통해 어린이는 감각이 세련되어지고 또한 어린이가 환경 속의 아름다움을 발견할 수 있게 된다. 감각교육은 실제로 탁월한 관찰자가 되는 중요성을 강조한다.

모든 감각을 풍부하게 하고 자극의 미묘한 차이를 변별하는 능력 발달을 위한 교구 활동을 통해 크기·모양·색상·무게·온도와 같은 추상적인 속성들을 비교·판단할 수 있는 능력을 발달시키게 된다. 즉, 시각을 통해 색 감각을 세련시키고 심미감이 발전되어 감상력이 계발될 수 있다. 청각은 사물의 소리를 듣고 강·약·고·저를 식별하여 인지하며 나아가서 아름다운 소리까지 감상하여 정서가 안정된다. 이 시기의 어린이들은 소리에 매우 민감하므로 음악적 기초를 제공해 주는 것이 좋다.

몬테소리 언어 영역과의 관계는 언어라는 도구를 통해 예술경험을 표현하고 감상할 수 있다는 점에서 의의를 갖는다고 할 수 있다.

몬테소리는 문화 영역 활동을 통해 우주 속에서 자신의 위치를 파악하고 역사에 대한 이해심과 관심을 갖게 되며 문화적 의미를 표현할 수 있는 느낌을 발달시킨다고 하였다. 즉, 음악, 미술, 건축 양식, 조각 등의 감상을 통해 자신의 느낌을 표현할 수 있는 기회를 제공한다고 할 수 있다. 이러한 점은 누리과정의 예술경험 영역에서 감상을 돕고 자신의 호기심과 상상력을 고취시키는 활동과 연결해 보면 이해될 수 있다.

◆누리과정의 예술경험 영역과 몬테소리 일상생활·감각·언어·문화 영역 내용의 접목

누리과정		몬테소리 일상생활 영역	몬테소리 감각 영역	몬테소리 언어 영역	몬테소리 문화 영역
범주	내용	내용	내용	내용	내용
아름다움 찾아보기	음악적 요소 탐색하기 움직임과 춤 탐색하기 미술적 요소 탐색하기	머리 빗기와 머리 손질하기, 외투 벗고 걸기	분홍탑, 음감벨, 색판	악기 소리 구별하기, 손뼉음 듣고 따라 하기, 선 따라 긋기	수형·지형을 지도에서 찾기, 아동의 역사, 과거·현재·미래
예술적 표현하기	음악으로 표현하기 움직임과 춤으로 표현하기 미술 활동으로 표현하기 극놀이로 표현하기 통합적으로 표현하기	손 씻기, 손톱 깎기, 꽃꽂이	분홍탑과 갈색계단의 혼합	보여주며 말하기, 새소식 발표하기, 주말 지낸 이야기 발표하기	수형/지형 점토로 만들기, 생일 소개, 하루의 역정
예술 감상하기	다양한 예술 감상하기 전통예술 감상하기	매트 주변으로 걷기, 선 따라 걷기, 다림질하기	색원기둥, 기하도형 겹치기	이야기·동시·노래 듣기	태양계, 우리나라 및 세계 여러 나라

5) 누리과정의 자연탐구 영역과 몬테소리 감각·수학·언어·문화 영역

누리과정의 자연탐구 영역은 탐구하는 태도 기르기, 수학적 탐구하기, 과학적 탐구하기로 이루어져 있다. 몬테소리 감각·수학·언어·문화 영역과 관계있음을 이론적 토대를 통해 밝혀 보고자 한다.

몬테소리 감각교육은 오관을 통해 흡수되는 여러 가지 인상을 분류·정리하고 동시에 추상화의 과정을 거쳐 내면에 축적하는 것이다. 따라서 지적 활동의 기초가 되는 개념은 일련의 감각 운동에 의해 형성되는 것으로 감각의 발달은 고도의 정신적·지적 활동의 발달에 선행한다는 것이다.

감각교육은 유아기에 조직적으로 이루어져야 하며, 수·언어·문화 교육 등 사회생활을 위한 준비교육으로 전 기간에 걸쳐 계속되어야 한다.

자극의 미묘한 차이를 변별하는 교구 활동을 통해 크기·모양·색상·무게·온도와 같은 추상적인 속성들을 비교·판단할 수 있는 능력을 발달시키게 된다.

한편 몬테소리(1965)에 의하면, 자연의 세계는 탁월한 수학적 세계이다. 수학의 기본을 구성하는 모양, 형태, 직선, 곡선, 각도 등이 지상의 모든 만물에 존재하고 있다. 즉, 인간이 생활하고 있는 자연의 세계는 무한한 수학의 변용들로 가득 차 있다. 어디를 가든지 인간은 모양, 형태, 수량, 패턴, 크기, 면 등을 볼 수 있고 또한 어디를 가든지 자연의 법칙에 따른 질서, 관계, 계열, 순환 등을 경험할 수 있다. 하늘의 별에서 형태를 볼 수 있고 조류의 흐름에서 낮과 밤의 순환 주기를 체험할 수 있다. 또한 바닷가의 조개껍데기에서 다양한 모양을 관찰할 수 있고 나무의 열매를 세어 수량을 확인할 수 있다.

자연의 변형에 적응하기 위하여 인간은 이미 수학적 정신(Mathematical Mind)이라는 본질적 특성을 지니고 태어났다고 몬테소리는 주장한다.

탐구력과 호기심으로 가득 차 있는 어린이는 자신에게 제공된 자연의 세계를 예리하게 지각, 분석하여 무의식적으로 자신의 내적 세계에 저장함으로써 수학적인 세계를 구성한다. 수학 활동은 이러한 탐구 활동을 가능하도록 한다는 점에서 누리과정과 관련이 있다고 볼 수 있다.

또한 몬테소리 언어 영역을 통해 어린이는 시각적 변별력을 기르고 사물을 보며, 그 외형적인 속성을 알아낸다. 그리고 사물과 사물 간의 유사성과 차이점을 구별해 낼 수 있도록 한다. 이를 위하여 다양한 패턴 활동, 물체와 물체 짝 맞추기, 그림과 물체 짝 맞추기, 그림과 그림 짝 맞추기 활동 등을 제공하고 있다. 이와 같은 활동은 유아의 호기심을 충족시키고 탐구정신을 자극한다는 점에서 관련성을 찾을 수 있다.

몬테소리(1948: 5-6)는 어린이들에게 세계를 보여주고 문화의 씨앗을 많이 뿌릴 것을 주장하고 있다. 이러한 관점은 어린이가 호기심과 탐구심을 만족시키며 언어 확장의 기회를 확대하고 우주 내의 모든 생명체와 환경에 대하여 다각적인 측면에서 이해할 수 있는 완전하고 종합적인 세계적 안목을 갖도록 하는 데 의의가 있다.

어른들에게는 무의미하고 요점 없어 보이는 것들을 끊임없이 수집하는 어린이들은 그 자신의 근원, 자연, 발달 그리고 자신과 다른 모든 것들과 관계하는 일련의 질서정연한 체계들을 조직하면서 성장하고 있는 우주학자들이다.

어린이들이 우주의 사물들을 탐색하는 것은 우주의 부분, 예를 들어 돌멩이나 조개껍데기를 통해 우주 전체에 대한 신비감 내지 전체를 이해하려는 노력이다. 이러한 탐구를 지지하고 격려하는 것이 곧 문화교육이다.

몬테소리 문화교육의 내용은 크게 지리, 역사, 과학, 예술을 포함한다. 이 중 과학교육은 어린이가 주변 환경에 대하여 호기심을 갖고 탐색하는 과정에서 발생하는 의문점을 해결하기 위하여 끊임없이 탐구하고 관찰하고 조작해 봄으로써 과학적 원리를 발견해 가는 과정이다.

이러한 관점들이 곧 누리과정의 자연탐구 영역과 일맥상통한다고 볼 수 있다.

◆누리과정의 자연탐구 영역과 몬테소리 감각·수학·언어·문화 영역 내용의 접목

누리과정		몬테소리 감각 영역	몬테소리 수학 영역	몬테소리 언어 영역	몬테소리 문화 영역
범주	내용	내용	내용	내용	내용
탐구하는 태도 기르기	호기심을 유지하고 확장하기	촉각판, 비밀주머니, 분류하기, 소리 상자	수 막대	악기 소리 구별하기, 손뼉음 듣고 따라 하기, 이야기·동시·노래 듣기	땅·물·공기, 지구본, 수형·지형을 지도에서 찾기, 대륙 지도, 대륙의 특성, 우리나라
	탐구과정 즐기기				
	탐구기술 활용하기				
수학적 탐구하기	수와 연산의 기초 개념 형성하기	기하입체와 카드, 기본 도형, 1·2·3항식, 구성 삼각형 상자	방추형 봉, 숫자와 바둑알, 색비즈, 십진법 소개, 연속수 소개	모형 따라 구슬 꿰기, 그림 따라 구슬 꿰기, 차례 찾기	시간 개념 소개, 과거·현재·미래의 개념 소개, 역사의 이해
	공간과 도형의 기초 개념 형성하기				
	기초적인 측정하기				
	규칙성 이해하기				
	기초적인 자료 수집과 결과 나타내기				
과학적 탐구하기	물체와 물질 알아 보기	온도 감각병, 미각병, 후각병, 압력통, 무게 구별판			태양계, 생물·무생물, 동물, 식물
	생명체와 자연환경 알아보기				
	자연현상 알아보기				
	간단한 도구와 기계 활용하기				

5. 활용시 유의점

① 지역, 유치원 사정에 따라 적절히 활용할 수 있다.

② Ⅰ, Ⅱ, Ⅲ은 수준을 나타낸다.

③ 교구 내용 소재는 주제와 계절에 따라 달리 사용할 수 있다. 예를 들면, 봄의 주제에서는 나비, 봄꽃, 애벌레 등의 봄 관련 물체를 사용할 수 있다.

④ 만 4~5세에 입학한 유아의 경우에는 기본 내용을 습득하고, 다음 단계로 진행해야 효과적이다.

⑤ 기호의 범례

- ● 몬테소리 기본 교구를 나타낸다.
- ● 누리과정 주제에 맞게 제작한 교구를 나타낸다.
- − 몬테소리 기본 교구의 변형 및 응용 교구를 나타낸다.
- ● 누리과정 주제에 맞게 변형 및 응용으로 활용 가능함을 나타낸다.
- ♣ 예술경험에 있는 일상은 흥미 영역으로서 미술 활동 중심으로 주제에 맞게 제시해 놓은 것을 나타낸다.

(범례)

영역				
의사소통	언어	●물체 놓기 −모형과 대조	●그림과 이름 맞추기 −운동경기 ●자, 모음 합성하기 (기~히)	●그림과 문장 맞추기 −운동에 관계되는 것 ●관계있는 것 맞추기 −운동경기와 운동기구
예술경험	일상	♣펀칭−튜브	♣선긋기−배드민턴 라켓	♣꾸미기 : 직조하여 색칠 욕실 바닥 테니스 라켓

⑥ 교구가 없는 것은 창의적으로 만들어 사용하기 바라며, 다소 어려운 뒷부분은 몬테소리 초등과정으로 활용하기 위함이다.

6. 제한점

① 몬테소리교육 내용 중 계열성을 무시하고 생활 주제에 중점을 두어 편성할 수밖에 없는 경우도 발생하였다.

② 수학 영역은 계열성을 고려하여 제시함으로써 성취감을 느낄 수 있으므로 생활 주제와 관계없이 배치하였다.

③ 어떤 내용은 초등과의 연계를 넘어 발달 수준 이상의 내용이 소개된 경우도 있다. 그 이유는 수준 높은 유아의 경우, 흥미와 도전감을 유지할 수 있도록 개인차를 고려한 것이다.

7. 누리과정에 접목한 몬테소리교육의 5개 영역 월별 계획안

몬테소리교육의 5개 영역 내용을 누리과정 주제에 접목하여 월별로 계획안을 작성하였다. 각 영역의 기본 교구는 3세부터 점차 4~5세 순서로 제시하였다.

기본 교구의 경우, 계열성을 고려하여 개요 순서대로 제시하는 것이 몬테소리교육 철학에 적합하나 누리과정의 특성을 살려 생활 주제에 알맞도록 안배하여 편성하였음을 밝혀 둔다.

1) 일상 영역 주제별 계획안

월	주	주제	3세	4세	5세
3월 유치원과 친구	1	유치원의 환경	●화장실 사용하기 ●문 열고 닫기 ●신발 신고 벗기 ●나르기–쟁반, 매트 ●의자에 앉기 ●매트 주변으로 걷기 ●간식 예절 ●병뚜껑 열고 닫기	●화장실 사용하기 ●문 열고 닫기 ●신발 신고 벗기 ●나르기–의자, 책상 ●의자에 앉기 ●매트 주변으로 걷기	●화장실 사용하기 ●문 열고 닫기 ●신발 신고 벗기 ●나르기–의자, 책상 ●의자에 앉기 ●매트 주변으로 걷기
	2	유치원의 하루	●인사 예절 ●손 닦기 ●외투 벗고 걸기·입기 ●식사, 간식 예절 ●잡기·쥐기 ●숟가락 사용하기 ●선 따라 걷기 ●위험한 물건 다루기 –가위	●인사 예절 ●손 씻기 ●외투 벗고 걸기·입기 ●식사, 간식 예절 ●집게 사용 ●손톱깎이 ●운반하기 –의자, 책상	●인사 예절 ●손 씻기 ●외투 벗고 걸기·입기 ●식사, 간식 예절 ●옷틀–리본
	3	유치원에서의 친구	●마른 물체 옮겨 붓기 –한 그릇에서 한 그릇 ● 병뚜껑 열고 닫기 ●식사·간식 예절 ●친구의 작업을 관찰할 때–도움을 청할 때와 도움을 받고 난 후 ●도움을 주고받을 때 ●위험한 물건 다루기 –연필, 포크	●상 차리기 Ⅰ–양식 ●친구의 작업을 관찰할 때–도움을 청할 때와 도움을 받고 난 후 ●도움을 주고받을 때 ●위험한 물건 다루기 –칼, 망치 등	●상 차리기 Ⅱ–한식 ●친구의 작업을 관찰할 때–도움을 청할 때와 도움을 받고 난 후 ●도움을 주고받을 때
	4	봄	●잡기, 쥐기 Ⅰ ●씨앗 옮기기 (봄에 관련된 물체) ●가위 사용하기 –직선 자르기 ●집게 사용하기 Ⅰ –나비 모형 ●마른 물체 옮겨 붓기 –한 그릇에서 두 그릇 –꽃 옮기기(모형)	●숟가락 사용하기 Ⅱ –봄에 관련 물체	●숟가락 사용하기 Ⅲ –봄에 관련 물체 ●핀셋 사용하기 –봄의 꽃 모형 옮기기

월	주	주제	3세	4세	5세
4월 봄·동·식물과 생활	1	물과 흙과 바람과 우리 생활	●물 짜기 ●물 옮겨 붓기 -한 그릇에서 한 그릇 ●가위 사용하기	●스포이트 사용하기 -중간(중) ●책상에 엎지른 물 닦기 ●물 옮겨 붓기 -치수 있는 깔때기 사용	●스포이트 사용하기 -작은 것(소)
	2	동물과 우리의 생활	●빨래집게 꽂기 -동물 ●숟가락 사용하기 -엄마 닭과 달걀 -닭 모이 주기(대, 소) ●동물 먹이 주기 Ⅰ -금붕어	●젓가락 사용 -물고기 옮기기 -조개껍데기 옮기기 ●동물 먹이주기 Ⅱ -새, 햄스터	●먹이 주기 Ⅲ -토끼, 이구아나 ●새장 청소하기
	3	식물과 우리의 생활	●꽃과 나무에 물 주기 ●큰 스포이트 사용하기	●바닥 쓸기 ●화단에 물 주기	●화분 물 주기 ●꽃꽂이
	4	자연과 더불어 사는 우리	●나뭇잎 닦기 ●접기	●광내기-목각	●꽃물 갈아주기
5월 나와 가족	1	나의 몸과 마음	●기침, 재채기하기 ●머리 빗기와 손질 ●옷틀-단추	●옷틀-버클 ●인형 머리 빗기와 손질하기	●바느질 -수틀 사용(내 얼굴) ●나와 친구의 머리 빗기와 손질하기
	2	소중한 나	●접기 Ⅰ -내 양말 ●인형 옷 입히기	●옷 접기 ●인형 목욕시키기	●옷틀-끈 매기
	3	소중한 가족	●구두 먼지 닦기	●구두 닦기	●책상 위에 엎지른 물 닦기 ●다림질하기 -아버지 손수건
	4	가족의 생활과 문화	●상 차리기 Ⅰ ●예절 -가족에게 감사 인사하기	●빨래하기	●유리창 닦기 ●요리하기 -달걀 요리
6월 우리 동네	1	우리 동네 모습	●먼지 닦기 ●깔때기로 마른 물체 옮겨 붓기	●책상 닦기 ●나무 광내기 -집 모형	
	2	우리 동네 생활	●광내기-거울 ●교구 닦기 -병원 모형	●닦기 -소방관 모자(헬멧)	

월	주	주제	3세	4세	5세
6월 우리 동네	3	우리 동네 사람들	●교구 닦기 -파출소, 우체국 모형		●접기 -의사, 간호사, 요리사 가운 접기
	4	우리 동네 전통과 문화	●물 옮겨 붓기 -한 그릇에서 두 그릇 ●기관 방문 예절 -상황에 따른 인사법 I	●기관 방문 예절 -상황에 따른 인사법 II	●기관 방문 예절 -상황에 따른 인사법 III (다른 사람을 부를 때)
7·8월 여름·건강과 안전	1	여름	●거품 만들기 ●깔때기로 물 옮겨 붓기	●뜰채 사용하기 -물고기 옮기기 ●주사기로 물 옮기기	●젓가락으로 옮기기 -물고기 모형 ●수틀 바느질하기 -참외, 수박
	2	즐거운 운동과 휴식	●선 따라 걷기 I -운동기구 들고	●선 따라 걷기 II -다양한 공	●선 따라 걷기 III -운동기구-아령 -줄넘기 선 만들어 걷기
	3	깨끗한 나와 환경	●손 씻기 I ●이 닦기 ●돌 조개껍질 닦기	●손 씻기 II ●손톱깎이	●손 씻기 III
	4	맛있는 음식과 건강	●음식 준비하기 -빵 썰기	●음식 준비하기 -바나나 썰기	●껍질 벗기고 썰기 -오이, 당근
	5	안전한 놀이와 생활	●위험한 물건 주고받기 I -칼, 포크	●위험한 물건 주고받기 II	
9월 교통기관	1	교통기관의 종류	●단추 연결하기-기차 ●나사 빼기와 끼우기 ●젓가락 사용하기 -배 안의 조개껍데기 옮기기	●버클 연결하기 -기차	●리본 연결하기 -교통기관(기차)
	2	고마운 교통기관	●분류하기 -바퀴	●로또 게임-자동차	●바느질하기 -자동차
	3	교통기관의 변천과정과 구조	●먼지 닦기 -자동차 닦기 ●교구 닦기 -교통기관(버스) ●거울 광내기 응용 -자동차 후사경 닦기	●광내기 -버스 광내기	●자동차 닦기
	4	교통 통신과 교통생활	●빨래집게 꽂기 -교통기관에 관련된 것		●단추 달아 신호등 만들기

월	주	주제	3세	4세	5세
10월 우리나라	1	가 을	●손으로 옮기기 –호두, 가을 열매	●숟가락 사용하기 –도토리, 가을 열매 ●썰기 –무 썰기 ●꿰기 –무말랭이 만들기	●젓가락 사용하기 –가을 열매 ●요리하기 –밥 짓기 ●낙엽 쓸기
	2	우리나라 사람들의 생활	●바느질하기–직선 ●나무 광내기 –정승	●작은 절구 사용 –과자 갈아 먹기	●돌리기 –맷돌 돌리기 ●옷틀 –한복 옷고름 매기
	3	우리 나라의 놀이	●숟가락 사용하기 –공깃돌 옮기기	●핀셋 사용 –돌, 제기 옮기기 ●나무 광내기 –한국의 탈	●도구 사용 –팽이 돌리기 ●접기 –딱지 ●젓가락 사용 –공깃돌 옮기기
	4	우리 나라의 역사	●먼지 닦기 –우리나라 퍼즐 ●끼우기–엽전	●접기 –태극기 접어 함에 넣기	●고무신 닦기 ●한복 입히기
	5	우리나라의 자랑거리	●옷틀–지퍼 올리기	●접기 –한복·버선 접기(이어서)	●옷고름 매기 ●무궁화 꽃잎 모형에 꽂기(날 클립)
11월 세계 여러 나라	1	세계 여러 나라 사람들의 생활	●돌리기 –커피 갈기 ●요리하기 –카나페 만들기	●유리창 닦기 ●큰 단추 달기 ●차 마시기 ●요리하기 –김밥 말기(모형) –샌드위치 만들기	●요리하기 ●월남 쌈 만들기 ●차 마시기
	2	세계 여러 나라의 문화유산	●꿰기 Ⅰ –세계 여러 나라 의상·건축물·문화재·화폐 등	●꿰기 Ⅱ –건축물, 문화재 ●그릇 닦기	●실 꿰기
	3	세계 여러 나라와의 교류	●광내기 –파라오상 ●세계 여러 나라 의상 옷 입고 벗기	●광내기 –세계 여러 나라 주화 ●먼지 털기 –파라오상	
	4	세계의 자연과 사회 현상			

월	주	주제	3세	4세	5세
12월 겨울	1	겨 울	●빨래집게 꽂기 -눈 결정체 ●바느질하기 -벙어리 장갑 (돗 바느질)	●종이 바느질 -겨울 모자	●목도리 짜기
	2	빛과 우리 생활			●광내기 -촛대
	3	소리와 우리 생활			●먼지 닦기 : 라디오
1월 생활 도구	1	다양한 생활 도구와 도구로서의 미디어	●나사 빼기와 끼우기 ●스펀지 못 박기	●문 여닫이 ●통나무에 못 박기	●여러 가지 도구 분해 조립하기 -수도꼭지, 콘센트
	2	생활 도구를 움직이는 힘	●자물쇠와 열쇠 ●국수 뽑기	●물 짜기 -마늘 찧는 도구 사용	●숟가락 사용하기 -진주 구슬 옮기기
	3	미래 생활의 도구			
	4	우리 유치원의 역사			
	5	형님 반이 되어요(졸업과 수료)			

2) 감각 영역 주제별 계획안

월	주	주제	3세	4세	5세
3월 유치원과 친구	1	유치원의 환경		● 분홍탑 - 회전그네 - 정글짐 만들기 - 다양한 모양으로 구성해 보기 - 밑면 카드에 맞게 올려놓기 - 빠진 육면체 찾기	
	2	유치원의 하루		● 꼭지원기둥 - 원기둥 틀 안에 골판지 말아넣기 ● 색원기둥 - 우리 유치원 버스	● 꼭지원기둥 - 거리가 떨어져 있는 원기둥 틀에 찾아 넣기 - 2·3·4개 꼭지원기둥 합해서 사용하기
	3	유치원에서 만난 친구	● 꼭지원기둥	● 기하 입체 - 우리 유치원 만들기	
	4	봄	● 꼭지원기둥		● 기하 입체 - 기하 입체 전개도 만들기 - 입체 모빌 만들기
4월 봄·동·식물과 생활	1	물과 흙과 바람과 우리 생활			● 색판 3 - 흰 물감으로 채도 변화하기 - 물을 더해 명도차이 느껴보기
	2	동물과 우리의 생활	● 꼭지원기둥	● 색원기둥 - 귀여운 애벌레 - 나선형으로 나열하기 - 변화 있게 구성하기	● 기하 입체와 카드 - 동물의 집 만들기 - 그림 카드와 기하입체 짝 맞추기

월	주	주제	3세	4세	5세
4월 봄·동·식물과 생활	3	식물과 우리의 생활	●분홍탑	●색원기둥 -꽃이 피었어요	●색원기둥 -4조 원기둥에서 같은 크기 짝짓기 -응용판 위에 4조 색원기둥 나열하기
	4	자연과 더불어 사는 우리	●분홍탑	●색판 3 -나비, 애벌레의 색을 알아보아요 -바람개비·해 모양·기찻길 모양 구성하기	●3항식
5월 나와 가족	1	나의 몸과 마음	●갈색 계단	●색원기둥 -안경을 써보아요	
	2	소중한 나	●갈색 계단	●갈색 계단 -우리 가족 키만큼 놓기	
	3	소중한 가족	●빨간 막대	●기하 도형 서랍 ●촉각 맞추기 -누구의 옷일까? ●무게 구별판 -가족 무게 찾아주기	●기하 도형 서랍과 카드 -색종이로 도형을 오려 작은 책 만들기
	4	가족의 구조와 문화	●빨간 막대		
6월 우리 동네	1	우리 동네 모습	●색원기둥	●빨간 막대 -울타리 만들기 -가로수길 -달팽이 모양 만들기 -여러 가지 모양으로 구성하기 -색원기둥과 함께 구성하기	●기하 도형 겹치기
	2	우리 동네 생활	●색원기둥		

월	주	주제	3세	4세	5세
6월 우리 동네	3	우리 동네 사람들	●촉각 판 1, 2	●촉각판 3 –교실(실외)에서 거칠다·매끄럽다 찾아보기 –준비된 교구에서 거칠다·매끄럽다 분류	
	4	우리 동네 전통과 문화	●색판 I	●촉각판 맞추기 –우리 동네 가게 찾기 –거리 두고 같은 것 찾기 –느낌이 같은 벽지 찾기	●기하 도형 겹치기 –우리 동네 꾸미기
7·8월 여름·건강과 안전	1	여름	●촉각 판 3	●비밀주머니 –여름에 볼 수 있는 물체 ●여름 옷 촉감 맞추기	
	2	즐거운 운동과 휴식	●촉각 판 맞추기 –짝 맞추기(도미노)	●2항식	
	3	깨끗한 나와 환경	●촉각 판 맞추기 –짝 맞추기	●색판 II –염색 놀이 –얼음 그림 –색판 퍼즐 –색연필로 색판 모양 색 –자연(실내)에서 색판과 같은 색 찾기	
	4	맛있는 음식과 건강	●미각병 –여름 과일 맛보기	●비밀주머니 –과일 모형 알아맞히기 ●맛보기 –과일 맛보기	
	5	안전한 놀이와 생활	●비밀주머니 –공 찾기(골프·당구·탁구·테니스·야구)	●사각 상자	
9월 교통기관	1	교통기관의 종류	●소리 상자 –여러 가지 탈 것의 소리 찾기		●피타고라스
	2	고마운 교통기관	●소리 상자 –짝 맞추기	●삼각 상자	
	3	교통기관의 변천 과정과 구조	●침묵 놀이 –자연에 누워서 소리 듣기		

월	주	주제	3세	4세	5세
	4	교통 통신과 교통 생활	●색판 II	●큰 육각 상자 -도형 교통표지판 만들기	
10월 우리나라	1	가 을	●후각병 -가을 향기		
	2	우리나라 사람들의 생활	●1항식	●2항식 -조각보를 만들어요 (1항식+2항식)	●피타고라스 -조각보를 만들어요
	3	우리 나라의 놀이	●음감벨 I	●음감벨 II	●음감벨 III -전통 음악 듣기 -음을 패턴으로 만들어 반복하기
	4	우리 나라의 역사	●음감벨		
	5	우리 나라의 자랑거리			●파란 삼각형 상자 -각시 탈 만들기
11월 세계 여러 나라	1	세계 여러 나라 사람들의 생활	●옷감 상자 I	●옷감 상자 II -세계 여러 나라의 옷	●옷감 상자 III
	2	세계 여러 나라의 문화유산	●기하 입체		●파란 삼각 상자 -세계 도시를 삼각형으로 여행 가기
	3	세계 여러 나라와의 교류	●기하 입체	●작은 육각 상자	●대륙 위에 삼각형 만들기
	4	세계의 자연과 사회 현상	●기하 입체와 카드		

월	주	주제	3세	4세	5세
12월 겨울	1	겨 울	●온도 감각병	●파란 사각 상자	
	2	빛과 우리 생활		●도형 겹치기	●도형 겹치기
	3	소리와 우리 생활	●온도 감각판		
1·2월 생활 도구	1	다양한 생활 도구와 도구로서의 미디어	●압력통 -거리를 두고 짝 맞추기	●무게 구별판	●무게 구별판 -저울을 이용해서 구별 -몸의 무게 재기 -돌의 무게 재기
	2	생활 도구를 움직이는 힘		●1항식 -그림처럼 놓아보아요 -사진처럼 구성해 보아요	
	3	미래 생활의 도구	●무게 구별판	●기하 도형 서랍과 카드	
	4	우리 유치원의 역사	●기하 도형 서랍		
	5	형님 반이 되어요(졸업과 수료)			

3) 수학 영역 주제별 계획안

월	주	주제	3세	4세	5세
3월 유치원과 친구	1	유치원의 환경			●20판 놀이
	2	유치원의 하루			●더하기 막대 10 만들기
	3	유치원에서 만난 친구		●옷걸이에 핀 꽂기 ●친구 머리핀 꽂기 ●작은 수 막대 1	●더하기 막대
	4	봄		●마술 상자 ●작은 수 막대 II	●빼기 막대
4월 봄·동·식물과 생활	1	물과 흙과 바람과 우리 생활		●낚시 놀이 ●손에 손 잡고(동물 수 연결) ●애벌레 숫자 ●작은 수 막대 III	●더하기 막대, 빼기 막대
	2	동물과 우리의 생활		●연못 속의 오리 ●고양이 먹이 ●토끼와 당근 ●작은 수 막대 IV −10 만들기	●10대 분석
	3	식물과 우리의 생활		●장미 넝쿨에 장미꽃이 피었어요 ●작은 수 막대 V (감각적 덧셈)	●10대 분석
	4	자연과 더불어 사는 우리		●개구리와 연잎 ●작은 수 막대 색칠하기	●세강판 2 시범 I

월	주	주제	3세	4세	5세
5월 나와 가족	1	나의 몸과 마음	●수 막대 Ⅰ –1~5 감각적	●작은 수 막대 –색칠하고 숫자 쓰기	●세강판 2 시범 Ⅱ
	2	소중한 나	●수 막대 Ⅱ –1~5 읽기	●기억력 게임	●세강판 2 시범 Ⅱ –비즈만큼 수 만들기
	3	소중한 가족	●수 막대와 물체 대응 (1~5) –가족과 수 막대	●기억력 게임	●세강판 Ⅱ –수만큼 비즈 놓기
	4	가족의 구조와 문화	●수 막대 색칠하기 (1~5)	●기억력 게임 변형	●100판 Ⅰ
6월 우리 동네	1	우리 동네 모습	●모래판 숫자(1~5) –우리 집 모래판 숫자	●십진법 Ⅰ –양	●100판 Ⅱ
	2	우리 동네 생활	●모래판 숫자(1~5) –우체통 모래판 숫자	●십진법 Ⅱ –숫자 카드	●100판 –빠진 숫자 채우기
	3	우리 동네 사람들	●모래판 숫자와 숫자 카드(1~5)	●십진법 Ⅲ –양과 숫자 카드	●뱀 놀이 Ⅰ
	4	우리 동네 전통과 문화	●모래판 숫자 놀이 탁본 (1~5) ●자석 숫자판 ●모눈종이에 숫자 쓰기	●십진법 –도장 찍기	●뱀 놀이 Ⅱ

월	주	주제	3세	4세	5세
7·8월 여름·건강과 안전	1	여름	●수 막대와 숫자 카드 Ⅰ (1~5) ●우산과 빗방울	●9 쟁반 Ⅰ -19999 양	●뱀 놀이 -숫자 쓰기 답 적기
	2	즐거운 운동과 휴식	●수 막대와 숫자 카드 Ⅱ (1~5)	●9 쟁반 놀이 시범 Ⅱ -1999 숫자카드	●은행 놀이 소개(양) ●우체통에 우표 붙이기
	3	깨끗한 나와 환경	●수 막대과 숫자 카드 Ⅱ -수 막대 수만큼 색칠하기(1~5) ●모기향과 모기	●9 쟁반 놀이 시범 Ⅲ -1999 양과 숫자 카드	●은행 놀이 소개(양·수) ●우표 교환 게임
	4	맛있는 음식과 건강	●수 막대 놀이(1~10) ●아이스크림 퍼즐 ●곰돌이와 딸기잼	●9 쟁반 놀이 -도장 찍기	●은행 놀이(덧셈 1)
	5	안전한 놀이와 생활	●수 막대 Ⅱ (1~10)	●숫자 카드 나열 -9999	●은행 놀이(덧셈 2) ●셈 놀이 프레임 덧셈
9월 교통기관	1	교통기관의 종류	●수 막대와 숫자 카드 Ⅰ (1-10) 감각적 ●케이블카 승객 ●돛단배 승객	●큰 숫자 카드 부르는 수만큼 가져오기	●은행 놀이(곱셈 1) ●셈 놀이 프레임 곱셈
	2	고마운 교통기관	●수 막대와 숫자 카드 -숫자 카드 연합 (1~10) -기차에 짐을 싣고	●큰 숫자 카드와 작은 숫자 카드 짝 맞추기	●은행 놀이(곱셈 2)
	3	교통기관의 변천 과정과 구조	●수 막대 세어 수 카드 찾기 ●열기구에 사람 타기	●45 나열 수평식	●은행 놀이(뺄셈 1) ●셈 놀이 프레임 뺄셈
	4	교통통신과 교통 생활	●숫자 카드에 맞는 수 막대 가져오기 -수 시험관	●45 나열 수직식	●은행 놀이(뺄셈 2)

월	주	주제	3세	4세	5세
10월 우리나라	1	가 을	●방추형 봉 Ⅰ ●사과나무에 사과가 주렁주렁 ●감과 씨앗	●교환 게임	●은행 놀이(나눗셈 1)
	2	우리나라 사람들의 생활	●방추형 봉 Ⅱ －마구간의 말(0～9)	●교환 게임 －주사위 2개로	●은행 놀이(나눗셈 2)
	3	우리 나라의 놀이	●숫자와 바둑알 Ⅰ	●뱀 놀이 소개	●색비즈 곱셈 놀이
	4	우리 나라의 역사	●숫자와 바둑알 Ⅰ －숫자 밑에 빨간 색종이로 원을 만들어 붙이기	●뱀 놀이 Ⅰ	●색비즈 곱셈 놀이
	5	우리 나라의 자랑거리	●숫자와 바둑알 Ⅱ －홀수와 짝수 ●10의 개념 －한옥과 복주머니 －줄 당기기	●작은 수 막대 덧셈 Ⅰ ●수 막대자 덧셈 놀이	●색비즈 곱셈 놀이
11월 세계 여러 나라	1	세계 여러 나라 사람들의 생활	●숫자와 바둑알 놀이 단추 이용－홀수(빨간색) 짝수(파란색) ●냠냠 햄버거 ●딸기 케이크	●작은 수 막대 덧셈 Ⅱ	●곱셈판 놀이
	2	세계 여러 나라의 문화유산	●홀수와 짝수 색종이 오려붙이기	●작은 수 막대 뺄셈 Ⅰ －수 막대자 뺄셈 놀이	●곱셈판 놀이
	3	세계 여러 나라와의 교류	●작은 수 막대 Ⅰ (1～10 감각적)	●작은 수 막대 뺄셈 Ⅱ	●곱셈판 놀이
	4	세계의 자연과 사회 현상	●열대어 수족관 ●작은 수 막대 Ⅱ (1～10 숫자 카드 연합)	●우산 덧셈 놀이 ●색비즈 덧셈 Ⅰ	●나눗셈판 놀이

월	주	주제	3세	4세	5세
12월 겨울	1	겨 울	●김장독 ●스케이트(얼음지치기) ●눈사람 ●이글루와 펭귄 ●색비즈 Ⅰ (1~10 감각적)	●색비즈 덧셈 Ⅱ	●나눗셈판 놀이
	2	빛과 우리 생활	●색비즈 Ⅱ (1~10 색비즈 세기)	●색비즈 뺄셈 Ⅰ ●우산 뺄셈 놀이	●나눗셈판 놀이
	3	소리와 우리 생활	●크리스마스트리와 산타 장갑 ●색비즈 Ⅲ (1~10 숫자 카드 연합)	●색비즈 뺄셈 Ⅱ	●평방 줄비즈 세기
1·2월 생활 도구	1	다양한 생활 도구와 도구로서의 미디어	●색비즈 고리 걸기 －색비즈 케이크	●세강판 Ⅰ	●바구니 숫자 50 ●평방 줄비즈 소개
	2	생활 도구를 움직이는 힘	●색비즈 색칠하기 －색비즈 촉각 놀이	●세강판 Ⅰ	●분수 소개 －사과(감각적) －피자 분수
	3	미래 생활의 도구	●기억력 게임 놀이	●세강판 Ⅰ	●분수 놀이 －피자 분수 부등호
	4	우리 유치원의 역사	●기억력 게임 놀이	●세강판 고리 끼우기	●점, 선, 면, 체 소개
	5	형님 반이 되어요(졸업과 수료)	●기억력 게임 놀이 －나온 수만큼 과자 먹기	●세강판 Ⅰ 비즈에 색칠하고 숫자 쓰기	●점, 선, 면, 체 3단 카드

4) 언어 영역 주제별 계획안

월	주	주제	3세	4세	5세
3월 유치원과 친구	1	유치원의 환경	●주변 사물 이름 알려주기 ●물체와 물체 짝 맞추기 ●자기 이름 말하기	●환경에 있는 물건 이름 알기 ●분류 -실내, 실외에 있는 것 ●자기 소개하기	●교실에 있는 물건과 이름 -도미노 카드 ●자기 소개하기
	2	유치원의 하루	●물체의 명칭 -유치원에서 사용하는 물건 ●그림과 그림 맞추기 -유치원 버스에 타고 있는 친구와 같은 친구 찾기 -영역 표시와 영역 이름 매칭	●같은 이름 찾아 놓기 -교실에 있는 물건 ●차례 찾기 -옷 입는 순서 ●자음 판 놓기	●바른 자세로 듣기 ●차례 찾기 -유치원에 가려면 ●같은 글자 찾아놓기 -교실에 있는 물건
	3	유치원에서 만난 친구	●물체와 물체 맞추기 -유치원에서 사용하는 물건 ●그림과 그림 맞추기 -친구들 표정	●그림과 이름 카드 맞추기 -친구 이름 3단 카드 ●흑백 그림 맞추기 -친구들 얼굴 모양 ●모음 판 놓기	●첫소리로 친구 이름 부르기 ●이동 낱자 소개하기 ●내 친구 이름 쓰기
	4	봄	●선 따라 긋기-직선 -봄에 볼 수 있을 것 같은 그림 연결하기 ●그림의 명칭 알려주기 -봄에 피는 꽃 ●흑백 그림 맞추기 -나비	●반대말 카드 맞추기 ●그림과 그림 맞추기 -나비 도미노 ●조각 그림 맞추기 -나비	●글자 읽고 그림 찾기 ▲봄에 볼 수 있는 것 ●그림과 이름 맞추기 -나비 종류 3단 카드 ●전체와 부분 -봄에 피는 꽃

월	주	주제	3세	4세	5세
4월 봄·동·식물과 생활	1	물과 흙과 바람과 우리 생활	●차례 찾기 –얼음이 녹는 과정 ●분류하기 –물을 아껴 쓰는 그림과 그렇지 않은 그림	●평면 모양 판 맞추기 –4조각 ●같은 글자 찾아 놓기 –물과 관련된 그림 ●가~하로 시작하는 이름 카드 찾기	●주변 사물의 이름 카드 놓기 ●차례 찾기 –더러운 물이 깨끗해지기까지 ●평면 모양 판 맞추기 –9조각
	2	동물과 우리의 생활	●모양 따라 구슬 꿰기 ●물체와 물체 맞추기 –곤충 ●선 따라 긋기 –같은 동물 선으로 연결 ●조각 그림 맞추기 –동물 ●관계있는 것 맞추기 –동물이 사는 집	●그림과 그림 맞추기 –곤충 ●물체와 그림 맞추기 –애완동물 ●흑백 그림 맞추기 –개구리 그림자 ●탁본하기(가~하)	●그림과 이름 맞추기 –곤충 ●관계있는 것 찾기 –동물의 전체와 부분 ●제한된 상자–물체 –동물 이름 ●그림과 이름 맞추기 –개의 종류 –곤충
	3	식물과 우리의 생활	●물체와 그림 맞추기 –꽃 종류 ●흑백 그림 맞추기 –여러 가지 꽃	●패턴 놓기 –꽃 ●자, 모음 합성하기 –거~허	●물체와 이름 맞추기 –꽃, 꽃씨, 꽃 이름 3단 카드
	4	자연과 더불어 사는 우리	●갯벌에 사는 동물 그림자 맞추기	–갯벌 동물 그림과 이름 맞추기 ●탁본하기(거~허)	–멸종 위기의 동물 그림과 이름 맞추기
5월 나와 가족	1	나의 몸과 마음	●보여주며 말하기 ●분류 –손과 발이 하는 일 ●그림과 그림 맞추기 –아기 그림	●그림과 이름 맞추기 –표정 3단 카드 ●거~허로 시작하는 이름 카드 찾기	●분류하기 –감각기관이 하는 일 ●차례 찾기 –어린이의 성장과정
	2	소중한 나	●흑백 그림 맞추기 –옷 종류, 모자 종류 ●철판 도형 시범 1 ●그림과 그림 맞추기 –같은 신발 찾기	●조각 그림 맞추기 ●거울 속의 반쪽 그림 찾기 ●그림과 그림 맞추기 ●그림 속의 달라진 부분 찾기 ●그림과 이름 맞추기 ●여러 가지 옷 종류	●말하기–이름 삼행시 ●제한된 상자–그림 –신체부위 이름 ●동음이의어 맞추기

월	주	주제	3세	4세	5세
5월 나와 가족	3	소중한 가족	●패턴 놓기 –가족 얼굴 ●그림과 그림 맞추기 –여러 종류의 집 큰 그림, 작은 그림 ●흑백 그림 맞추기 –집에서 볼 수 있는 가구	●그림과 이름 맞추기 –가족 이름 3단 카드 ●바둑판 종이에 점 찍어 글자 만들기 ●고~호로 시작하는 단어 카드 찾기	●제한된 상자 –가족 호칭 이름 카드 ●끝말 잇기 ●글자 읽고 집 꾸미기
	4	가족의 생활과 문화	●흑백 그림 맞추기 –가족이 사용하는 물건 ●철판 도형 시범 2	●관계있는 것 맞추기 –가족에게 필요한 물건 ●탁본하기	●비슷한 말 찾기 ●존댓말 카드 맞추기 ●상황에 맞는 말 찾기 –말풍선
6월 우리 동네	1	우리 동네 모습	●칠판 사용하기 ●조각 그림 –여러 종류의 가게 ●모래판 낱자 (자음–ㄱ, ㄴ, ㄷ)	●분류 –가게 놀이 ●그림과 이름 맞추기 –과자 봉지에 있는 글자	●이름과 이름 맞추기 –시장에서 파는 물건 ●이동낱자 상자 –가게 이름 ●자·모음 도장으로 가게 간판 이름 찍기
	2	우리 동네 생활	●모래판 낱자 (자음–ㄹ, ㅁ, ㅂ) ●흑백 그림 맞추기 –여러 가지 건물 맞추기	●분류 –필요한 물건 찾기 ●탁본하기 ●자, 모음 합성하기 –구~후	●연상 놀이 –자연물과 인공물 ●수수께끼 –문장 읽고 우리 동네 기관 찾기
	3	우리 동네 사람들	●모래판 낱자 (자음–ㅅ, ㅇ, ㅈ) ●분류 –우리 동네 기관 ●관계있는 것 맞추기 –직업과 옷	●분류 –누구에게 필요할까요? ●그림과 이름 맞추기 –우리를 도와주는 사람들 ●구~후로 시작하는 단어 카드 찾기	●같은 글자 찾아 놓기 –우리를 도와주는 직업 ●이동 낱자 상자 –문장 만들기
	4	우리 동네 전통과 문화	●그림 따라 구슬 꿰기 ●조각 그림 맞추기 –우리 지역의 자랑거리 ●모래판 낱자 (자음–ㅊ, ㅋ, ㅌ)	●관계없는 것 찾기 ●그림과 그림 맞추기 –기억 놀이–우리 동네 ●탁본하기 ●자, 모음 합성하기 (그~흐)	●방언과 표준어 맞추기 ●그림과 이름 맞추기 –우리 지역의 자랑거리 ●같은 글자 찾아 놓기 –지역특산물

월	주	주제	3세	4세	5세
7·8월 여름·건강과 안전	1	여름	●분류하기 －여름에 볼 수 있는 것 ●모래판 낱자 (자음－ㅍ～ㅎ)	●그림과 이름 맞추기 －여름을 시원하게 하는 것 ●그～흐로 시작하는 단어 카드 찾기	●연상 놀이 －여름 ●자모음 도장으로 글자 찍기 －여름에 볼 수 있는 것
	2	즐거운 운동과 휴식	●물체 놓기 －모형과 대조	●그림과 이름 맞추기 －운동경기 ●자, 모음 합성하기 －기～히	●그림과 문장 맞추기 －운동에 관계되는 것 ●관계있는 것 맞추기 －운동경기와 운동기구
	3	깨끗한 나와 환경	●차례 찾기 －치과에 가면 ●그림과 그림 맞추기 －환경 보호 ●같은 단어 찾아놓기 －목욕용품	●관계있는 것 맞추기 －어느 병원에 가야 할까요? ●그림과 이름 맞추기 －병원 종류 ●기～히로 시작하는 단어 카드 찾기	●문장의 지시대로 행동해 보기 ●작은 책 만들기 －병원 종류
	4	맛있는 음식과 건강	●패턴 놓기 －요리 도구 ●그림과 이름 맞추기 －맛있는 음식	●이름과 이름 맞추기 －맛있는 음식 ●모래판 낱자 －받침 글자 만들기 ●받침 글자('ㄱ')	●수수께끼 ●책 만들기 －내가 좋아하는 음식 ●자·모음 도장 찍어 메뉴판 만들기
	5	안전한 놀이와 생활	●모래판 낱자 (모음－ㅏ, ㅑ) ●탁본하기 ●조각 그림 －안전한 행동을 하는 그림 ●분류하기 －안전한 놀이와 위험한 놀이	●그림과 그림 맞추기 －해변가의 많은 친구 중 한 친구 찾기 ●분류하기 －안전한 곳, 위험한 곳 ●작은 책 ●받침 글자('ㄴ')	●그림과 문장 －안전하게 행동하는 사람 찾기 ●문법 －명사 소개 ●명사판에 글자 놓기 －안전한 놀이 ●응급 전화번호부 만들기
9월 교통기관	1	교통 기관의 종류	●그림과 이름 맞추기 －교통기관 ●모래판 낱자 (모음－ㅓ, ㅕ)	●분류하기 －교통기관 ●같은 글자 찾아놓기 －교통기관 ●받침 글자('ㄹ')	●자, 모음 도장 찍기 －그림에 알맞은 교통기관 글자 만들기 ●동사 소개 ●동사판에 글자 놓기 ●수수께끼 －교통기관 찾기
	2	고마운 교통기관	●그림과 그림 맞추기 －자동차 바퀴 달기 ●모래판 낱자 (모음－ㅗ, ㅛ) ●어린이가 부르는 것 받아써 주기	●그림과 이름 맞추기 －교통기관－도미노 ●받침 글자('ㅇ') ●그림 보고 받침 글자 찾기	●그림과 이름 맞추기 －자동차 부분 명칭 ●동사 반대말 카드 맞추기 ●동사책 만들기 ●명사와 동사

월	주	주제	3세	4세	5세
9월 교통기관	3	교통기관의 변천 과정과 구조	●물체와 이름 맞추기 -자동차 ●모래판 낱자 (모음-ㅜ, ㅠ)	●기억 놀이 ●받침 글자('ㅂ') ●쌍자음으로 시작하는 글자 찾기	●짧은 이야기 책 ●조사 소개 ●그림 보고 조사 카드 놓기
	4	교통통신과 교통생활	●모래판 낱자 (모음-ㅡ, ㅣ) ●모음 판에 모음 놓기 ●조각 그림 맞추기 -교통표지판 반쪽 그림 완성하기	●그림과 그림 맞추기 -교통표지판-도미노 ●받침 글자('ㄱ')	●그림과 이름 -교통표지판-도미노 ●명사+조사+동사 카드 맞추기 ●그림에 맞는 전치사
10월 우리나라	1	가 을	●패턴 놓기 -나뭇잎 ●조각 그림 맞추기 -메뚜기 ●흑백 그림 맞추기 -가을에 볼 수 있는 것	●물체와 이름 맞추기 -가을 열매 ●그림과 그림 맞추기 -곤충과 이름 도미노 ●숨은 그림 찾기 ●이중 모음 찾기('ㅘ')	●관계있는 것 맞추기 -과일의 겉과 속 모양 ●차례 찾기 -벼의 성장과정 ●가을에 추수하는 곡식, 과일, 채소 단어장 만들기
	2	우리나라 사람들의 생활	●물체와 물체-전통 물건 ●그림과 그림 맞추기 -고무신 ●그림과 그림 맞추기 -김치, 떡 도미노 ●조각 그림 맞추기 -떡	●첫소리 듣기 ●그림과 이름 맞추기 -김치 종류 ●조각 그림 맞추기 -김치 ●받침 글자(ㅅ, ㅊ, ㅌ)	●분류 -떡 종류 ●조각 그림 맞추기 -전통 문양 ●형용사 소개 ●그림에 알맞은 형용사 찾기 ●형용사 반대말 카드 맞추기 ●문장 읽고 전통 인형 찾기
	3	우리 나라의 놀이	●물체와 그림 맞추기 -하회탈 ●그림과 그림 맞추기 -옛날 화가 그림 ●모래판 낱자 -자·모음 합성	●조각 그림 맞추기 -옛날 화가 그림 ●물체와 이름 맞추기 -전통 탈 ●같은 글자 찾아 놓기 -민속놀이 ●받침 글자('ㅍ')	●그림과 이름 맞추기 -전통 악기 ●명사에 어울리는 형용사 찾기 ●옛날 화가 그림에서 명사, 동사, 형용사 찾아서 글자 놓기

월	주	주제	3세	4세	5세
10월 우리나라	4	우리 나라의 역사	●조각 그림 맞추기 –전통 문양 ●그림과 그림 맞추기 –전통 문양 ●글자판 따라 쓰기 ●모래판 낱자 –자·모음 합성	●첫소리 구별하기 ●그림과 그림 맞추기 –도미노–전통 문양 ●받침 글자판 놓기 ●같은 글자 찾아 놓기 –우리나라 발명품	●이동 낱자 상자 –우리나라의 발명품 ●부사 소개 ●우리말과 북한말 맞추기 ●동사에 어울리는 부사 찾기
	5	우리 나라의 자랑거리	●그림과 그림 맞추기 –문화재 도미노 ●패턴 놓기 –우리나라를 나타내는 것 ●모래판 낱자 –자·모음 합성	●그림과 이름 맞추기 –우리나라 국보 ●이중 모음 찾기('ㅐ') ●자음·모음 합성 판에 글자 놓기 ●단어의 공통 글자 찾기	●그림과 이름 맞추기 –위인 ●국보 책 만들기
11월 세계 여러 나라	1	세계 여러 나라 사람들의 생활	●그림과 그림 맞추기 –여러 나라 축제 큰 그림, 작은 그림 맞추기 ●가~하 같은 글자 찾아 도장 찍기	●가운데 소리 듣기 ●조각 그림 맞추기 –여러 나라 축제 ●이중 모음 찾기('ㅚ')	●그림과 이름 –여러 나라 생활
	2	세계 여러 나라의 문화유산	●흑백 그림 맞추기 –세계 여러 나라 탈 ●점, 선 따라 그리기 –세계의 건축물	●그림과 그림 맞추기 –명화 ●그림과 그림 맞추기 –악기와 악기를 연주하는 사람 ●같은 글자 찾아놓기 –세계의 건축물 ●이중 모음 찾기('ㅖ')	●이동 낱자 상자 –건축물 ●수수께끼 –세계 여러 나라의 명소
	3	세계 여러 나라와의 교류	●조각 그림 맞추기 –세계의 스포츠 ●패턴 놓기 –여러 나라의 동전	●가운데 소리 구별하기 ●그림과 이름 맞추기 –세계의 관광지 ●이중 모음 찾기('ㅔ')	●이동 낱자 상자 –세계 여러 나라 축제 ●책 만들기 –월드컵 축구 개최국
	4	세계의 자연과 사회 현상	●그림 보며 이야기하기 ●그림과 그림 맞추기 –세계의 자연	●조각 그림 맞추기 –세계의 재해 ●이중 모음 찾기('ㅞ')	●신문이 만들어지기까지 ●편지 쓰기 –어려움에 처한 친구에게 편지 쓰기

월	주	주제	3세	4세	5세
12월 겨울	1	겨 울	●그림과 그림 맞추기 -눈 결정체 ●그림과 이름 맞추기 -겨울철 놀이 ●차례 찾기 -눈이 왔어요	●관계있는 것 -눈 위의 발자국 찾기 ●이중 모음 찾기('ㅢ') ●그림에 맞는 글자 카드 -겨울에 필요한 물건	●그림과 문장 -겨울에 볼 수 있는 것 ●같은 글자 찾아 놓기 -겨울 낱말 퀴즈 ●편지 쓰기 -산타할아버지께
	2	빛과 우리 생활	●흑백 그림 맞추기 -손으로 표현한 동물 그림자	●분류하기 -낮과 밤 ●이중 모음 찾기('ㅟ')	●수수께끼
	3	소리와 우리 생활	●소리 구별하기 ●손뼉음 듣고 따라 하기 ●첫소리 들려주기	●손뼉음 듣고 따라 하기 ●탐정 놀이	●녹음된 소리 듣고 그림 카드 찾기 ●소리 듣고 숨겨진 멜로디 상자 찾기
1·2월 생활 도구	1	다양한 생활 도구와 도구로서의 미디어	●흑백 그림 맞추기 -선만 있는 그림·생활 도구 ●관계있는 것 맞추기 -생활 도구 전체와 부분 ●자·모음 찾아 합성하여 글자 만들기 -컴퓨터 자판 그림	●끝소리 듣기 ●끝소리 구별하기 ●그림과 이름 맞추기 -컴퓨터 부품 명칭 ●관계있는 것 맞추기 -생활 도구	●책 만들기 -생활 도구 ●컴퓨터 부품 사전 만들기
	2	생활 도구를 움직이는 힘	●흑백 그림 맞추기 -선만 있는 가전제품	●그림과 이름 맞추기 -가전제품	●차례 찾기 -재생용품이 되기까지
	3	미래 생활의 도구	●조각 그림 맞추기 -에너지 마크	●그림과 이름 -어떤 에너지가 있을까요?	●나만의 발명노트 만들기
	4	우리 유치원의 역사	●조각 그림 맞추기 -유치원 로고	●조각 그림 맞추기 -유치원 전경	●편지 쓰기 -고마우신 선생님께
	5	형님 반이 되어요(졸업과 수료)	●동생 반이 생겼어요	●진급을 하였어요	●초등학교에 가요

5) 문화 영역 주제별 계획안

월	주	주제	3세	4세	5세
3월 유치원과 친구	1	유치원의 환경			
	2	유치원의 하루			● 지구의 이야기
	3	유치원에서 만난 친구			● 대륙별 지도 만들기
	4	봄	● 땅, 물, 공기 –감각적 소개 ● 공기 실험	● 땅, 물, 공기 분류 –그림 카드 ● 물체와 그림 –봄에 피는 꽃	● 봄에 피는 꽃과 이름 맞추기 ● 민들레의 성장과정 ● 농촌·어촌·광산·사막 분류하기–그림 카드
4월 봄·동·식물과 생활	1	물과 흙과 바람과 우리 생활	● 모래 지구본	● 수형, 지형 감각적 소개 ● 물에 뜨는 것과 가라앉는 것 분류(물체)	● 수형, 지형 사전 만들기 ● 물에 뜨는 것과 가라앉는 것 분류–그림 카드 ● 곤충 3단 카드 ● 동물의 부분 –어류, 양서류
	2	동물과 우리의 생활	● 살아있는 것과 살아있지 않은 것 구분 ● 물체와 물체 맞추기 –동물	● 어디에서 사는가? –집짐승과 들짐승 ● 동물의 부분 찾기 –전체와 부분 –새의 부리 찾기	● 무엇을 먹는가? –육식·잡식·초식 동물 ● 어디에서 사는가? –땅, 물, 땅과 물
	3	식물과 우리의 생활	● 식물의 부분 (실물) –나무 감각적 소개	● 나무 퍼즐	● 동물의 부분 –파충류, 조류 ● 과일나무의 꽃잎과 열매 ● 채소 꽃과 열매
	4	자연과 더불어 사는 우리	● 동물과 식물 모형 분류	● 나무 3단 카드 ● 동물과 식물 분류 –그림 카드	● 동물의 성장과정 –개구리/ 닭/개미 등 ● 나무 사전 만들기 ● 산과 들에서 나는 식물

<table>
<tr><th>월</th><th>주</th><th>주제</th><th>3세</th><th>4세</th><th>5세</th></tr>
<tr><td rowspan="4">5월
나와 가족</td><td>1</td><td>나의 몸과 마음</td><td>●여러 가지 시계 소개
(실물)
(감각적 소개)
●아동의 역사
●나의 몸–외부 기관</td><td>●시각 소개</td><td>●시계 그리기
●동물의 부분–포유류</td></tr>
<tr><td>2</td><td>소중한 나</td><td>●나의 역사–생일 소개</td><td>●하루의 일과
●하루는 24시간</td><td>●몸속의 기관 소개
–소화기관·순환기관·호흡기관
●몸속의 기관
–암호를 풀자
●우주 탑</td></tr>
<tr><td>3</td><td>소중한 가족</td><td></td><td>●꽃 퍼즐
●꽃 3단 카드
●어미와 새끼</td><td>●꽃 사전 만들기</td></tr>
<tr><td>4</td><td>가족의 생활과 문화</td><td>●모계 가족
–러시아 인형 소개</td><td>●가족의 역사
–가족 나무(직계 가족)
●식물 소개 (실물)
–꽃 감각적 소개</td><td>●가족의 역사
–가족 나무(사촌)
●무척추동물의 부분
–곤충</td></tr>
<tr><td rowspan="4">6월
우리 동네</td><td>1</td><td>우리 동네 모습</td><td>●색채 지구본</td><td>●수형·지형 점토 이용
–섬, 호수</td><td>●종이로 수형·지형
책 만들기</td></tr>
<tr><td>2</td><td>우리 동네 생활</td><td></td><td>●수형·지형 모형판
–섬, 호수</td><td>●동물의 뼈 맞추기</td></tr>
<tr><td>3</td><td>우리 동네 사람들</td><td>●풍선 지구본 대륙 지도
퍼즐 소개</td><td>●수형·지형 점토 이용
–만, 반도 만들기</td><td>●잡지 또는 지도에서
수형·지형 찾기</td></tr>
<tr><td>4</td><td>우리 동네 전통과 문화</td><td></td><td>●수형·지형 모형판
–만, 반도</td><td>●수형·지형 3단 카드</td></tr>
</table>

월	주	주제	3세	4세	5세
7·8월 여름·건강과 안전	1	여름	●사계절 소개 –계절 퍼즐(3, 4조각)	●계절 소개–나무 ●봄·여름·가을·겨울 분류	●계절 책 만들기 ●4계절의 변화
	2	즐거운 운동과 휴식	●달력 소개 –감각적 소개	●과거·현재·미래 소개 ●한 달은 며칠일까요?	●달력 만들기 ●1주일의 유래
	3	깨끗한 나와 환경	●쓰레기 분리 배출	●재활용품 분류	●몸속 기관의 명칭 3단 카드 ●분리 배출
	4	맛있는 음식과 건강	●우리가 먹는 음식 분류 –이로운 음식과 해로운 음식	●채소와 과일 분류(모형) ●채소와 과일 분류(그림) ●동물이 인간에게 주는 영향	●식물의 생태 (인간에게 주는 영향) –채소 분류하기 –열매를 먹는 채소 –과일 분류하기
	5	안전한 놀이와 생활			●안전 표지판
9월 교통기관	1	교통기관의 종류	●교통기관의 분류(모형) –땅, 물, 하늘	●동·서·남·북 소개 ●분류하기 –교통기관(그림 카드)	●교통의 발달–육상
	2	고마운 교통기관	●일하는 교통기관 –소방차, 응급차 등	●기본 방향 판 소개	●고속도로 여행
	3	교통기관의 변천과정과 구조	●동반구, 서반구 소개	●교통기관의 분류 –육상교통 용도별 분류하기	●교통의 발달–해상
	4	교통통신과 교통생활	●대륙 지도 퍼즐 감각적 소개–(5대양 6대주)	●대륙 지도 만들기	●교통의 발달–항공

월	주	주제	3세	4세	5세
10월 우리나라	1	가 을	●과일의 겉과 속(실물)	●식물 소개(실물)-잎 ●잎 퍼즐 ●잎 3단 카드 ●가을 열매의 겉과 속	●잎 사전 만들기 ●밥이 되기까지 ●가을을 알리는 곤충
	2	우리나라 사람들의 생활	●우리나라 지도 퍼즐 맞추기	●한국 음식과 외국 음식 분류 ●우리나라 민화 감상	●우리나라 지도 만들기 ●우리 음식에 쓰이는 채소의 꽃과 열매 ●김홍도 그림 감상
	3	우리나라의 놀이	●민속놀이	●달의 변화 ●나무의 종류 소개	●우리나라의 민속과 풍속
	4	우리 나라의 역사	●태극기 퍼즐	●우리나라 각 도 이름 소개 ●태극기 만들기 ●우리나라의 악기	●우리나라 각 도의 특성 ●옛날 물건
	5	우리 나라의 자랑거리	●무궁화 퍼즐	●우리나라 각 도 이름 소개 ●우리나라의 악기	●우리나라 여행 ●우리나라를 빛낸 사람
11월 세계 여러 나라	1	세계 여러나라 사람들의 생활	●세계 여러 나라의 인사말 ●세계 여러 나라 의상 짝 맞추기	●각 대륙별 나라 지도 퍼즐 맞추기(색 정정판) ●잎 상자 서랍 -시범 1 ●열대과일의 종류	●잎 상자 서랍 -시범 2 (카드) ●대륙별 문화 상자 ●대륙별 축제 ●열대과일의 겉과 속
	2	세계 여러 나라의 문화유산	●세계 여러 나라 국기 짝 맞추기	●각 대륙별 나라 이름 소개 ●각 대륙별 국기 소개 ●국기 짝 맞추기	●세계 여러 나라의 여행 ●화가와 명화 ●국기 만들기 ●세계 여러 나라 화폐 ●세계의 축제와 국기 짝 맞추기
	3	세계 여러 나라와의 교류	●피부색은 달라도 우리는 하나	●각 대륙별 나라 의상과 국기 짝 맞추기	●각 대륙별 나라 의상 ●의상과 국기 짝 맞추기 ●나라의 위치와 국기-G20개국 ●올림픽의 역사 ●대륙별 스크랩북 ●세계 여러 나라 민속춤
	4	세계의 자연과 사회 현상		●대륙의 동물들 ●식물의 생태 연구 -어디에서 나는가 1 (땅과 물에서 나는 식물) ●나무에서 나는 과일	●식물의 생태 연구 -어떻게 번식하는가? ●식물의 생태 연구 -어디에서 나는가 2 (밭과 과수원에서 나는 식물) ●밭에서 나는 과일, 채소

월	주	주제	3세	4세	5세
12월 겨울	1	겨 울	●겨울잠을 자는 동물 -모형	●동물의 분류 -척추, 무척추동물	●겨울잠을 자는 동물 ●철새와 텃새 분류 ●1년은 365일
	2	빛과 우리 생활	●빛의 종류	●태양계 퍼즐 -감각적 소개	●태양계 작은 책 만들기 ●달의 변화
	3	소리와 우리 생활		●태양계 행성 소개 ●태양계 3단 카드	●태양계 역할 놀이 ●별자리 짝 맞추기 ●전화기의 발달
1·2월 생활 도구	1	다양한 생활 도구와 도구로서의 미디어		●도구와 기계 분류	●분류 -전기를 사용하는 것과 사용하지 않는 것 ●옛날의 것과 현대의 것 분류
	2	생활 도구를 움직이는 힘		●척추동물의 분류	
	3	미래 생활의 도구			
	4	우리 유치원의 역사		●동물의 생태 -어떻게 번식하는가? -어떻게 움직이는가?	●바닷속 식물 ●잎의 모양 ●유치원의 역사 도미노
	5	형님 반이 되어요(졸업과 수료)			

8. 교육계획안 예시

1) 주간교육계획 예시

<table>
<tr><td colspan="2">반 이 름</td><td colspan="2">ㅇㅇ반 (7세)</td><td>시 기</td><td colspan="2">ㅇㅇㅇㅇ년 ㅇㅇ월 ㅇㅇ주</td></tr>
<tr><td colspan="2">생활주제</td><td colspan="2">우리나라</td><td>주 제</td><td colspan="2">우리나라 사람들의 생활</td></tr>
<tr><td colspan="2">목 표</td><td colspan="5">• 옛 조상들의 의식주 생활에 관심을 갖고 경험해 본다
• 우리나라 고유의 생활 문화에 관심을 갖고 자랑스러움을 느낀다.</td></tr>
<tr><td colspan="2">요일 / 구분</td><td>1(월)</td><td>2(화)</td><td>3(수)</td><td>4(목)</td><td>5(금)</td></tr>
<tr><td colspan="2">소 주 제</td><td>우리나라 사람들의 옛 생활 도구</td><td>우리나라 사람들의 옛 생활 모습</td><td>우리나라 전통 가옥</td><td>우리나라 전통 한복</td><td>[현장학습] 전통 물건 박물관 견학</td></tr>
<tr><td rowspan="6">교구활동</td><td>일 상</td><td colspan="5">접어 오리기-한복/미니 절구 사용하기-과자 갈아 먹기</td></tr>
<tr><td>감 각</td><td colspan="5">3항식(변형 및 응용-우리나라 탑 만들기)</td></tr>
<tr><td>수</td><td colspan="5">은행 놀이 나눗셈(시범1)</td></tr>
<tr><td>언 어</td><td colspan="5">문장 읽고 전통 인형 찾기/조각 그림 맞추기(전통 문양)/분류(떡 종류)</td></tr>
<tr><td>문 화</td><td colspan="5">우리나라 지도 만들기(색종이 핀 포킹)/옛날 물건과 오늘날 물건</td></tr>
<tr><td>생태프로젝트</td><td colspan="5">생태주제 : 우리나라의 들꽃/들꽃을 주제로 한 명화들</td></tr>
<tr><td rowspan="6">대·소집단활동</td><td>이야기 나누기</td><td>옛날과 오늘날의 물건을 비교해요</td><td>옛날 사람들의 생활 모습을 알아보아요</td><td>전통 가옥에는 어떤 것들이 있을까요?</td><td>우리나라의 전통 한복을 알아보아요</td><td rowspan="6">[현장학습] 전통 물건 박물관 견학</td></tr>
<tr><td>동화/동시</td><td colspan="4">동시 짓기-아름다운 한복/동화-팥죽 할멈과 호랑이</td></tr>
<tr><td>음 악</td><td colspan="4">새노래-연시(전래동요)/전통 음악 감상하기</td></tr>
<tr><td>신 체</td><td colspan="4">한삼 체조</td></tr>
<tr><td>미 술</td><td colspan="4">어처구니 만들기/민화 감상하기</td></tr>
<tr><td>바깥놀이</td><td colspan="4">대문 놀이</td></tr>
<tr><td colspan="2">부모님께 드리는 글</td><td colspan="5">안녕하십니까? '우리나라'의 주제는 유아들이 대한민국의 국민으로서 자신이 속한 국가에 대한 정확한 이해와 친숙함 그리고 자긍심을 가지고 문화적 정체성을 분명히 가지도록 하는 중요한 주제입니다. 우리나라의 옛 전통문화가 과거뿐만 아니라 현재와 미래에서도 가치를 가질 수 있는 자랑스러운 것임을 알고 소중히 여길 수 있도록 함께 하겠습니다. 자기 자신에 대한 신뢰와 정체성의 기초를 형성하는 중요한 시기에 있는 우리 아이들에게 긍정적인 자아의 정체성을 가질 수 있는 계기가 될 것입니다.</td></tr>
</table>

2) 일일교육계획예시

<table>
<tr><td rowspan="2">결
재</td><td>담임</td><td>원장</td></tr>
<tr><td></td><td></td></tr>
</table>

<table>
<tr><td>학급명</td><td>○○반</td><td>유아연령</td><td>만 5세</td><td>지도교사</td><td>○○○</td><td>시 기</td><td>○○○년 ○○월 ○○일</td></tr>
<tr><td>생활주제</td><td>우리나라</td><td>주 제</td><td colspan="2">우리나라의 생활</td><td>소주제</td><td colspan="2">우리나라의 생활 도구 알아보기</td></tr>
<tr><td>목 표</td><td colspan="7">• 물건들의 변천과정을 안다.
• 옛날 물건과 오늘날의 물건의 쓰임새와 사용법을 연결 지을 수 있다.</td></tr>
<tr><td rowspan="5">일일
시간표</td><td colspan="3">• ~10:20 몬테소리 교구 활동</td><td colspan="4">• 11:40~13:30 점심 및 바깥 놀이</td></tr>
<tr><td colspan="3">• 10:20~10:40 정리 및 음악 감상</td><td colspan="4">• 13:30~13:35 간 식</td></tr>
<tr><td colspan="3">• 10:40~10:50 아침 모임</td><td colspan="4">• 13:35~13:50 새노래</td></tr>
<tr><td colspan="3">• 10:50~11:10 이야기 나누기</td><td colspan="4">• 13:50~14:00 평가 및 귀가 지도</td></tr>
<tr><td colspan="3">• 11:10~11:40 주제 연계 활동</td><td colspan="4"></td></tr>
<tr><td>시간/
활동명</td><td>활동목표</td><td colspan="4">활 동 내 용</td><td>자료 및
유의점</td><td>평가</td></tr>
<tr><td>~10:20
등원 및
몬테소리
교구 활동</td><td>• 바르게 인사한다.

• 자신의 물건을 정해진 자리에 바르게 정리하고 일과를 준비한다.

• 활동을 자유롭게 선택하여 작업한다.</td><td colspan="4">• 선생님, 친구들과 반갑게 인사를 나눈다.
• 유아와 눈을 맞추고 기분과 건강상태를 체크한다.
-외투, 신발, 가방을 정해진 자리에 바르게 정리한다.
-달력을 보며 출석 체크를 하고, 정해진 바구니에 담아둔다.

<table><tr><td>몬테소리
교구 활동</td><td>● 사회관계 : 나를 알고 존중하기-나의 일 스스로 하기
● 사회관계 : 나와 다른 사람의 감정 알고 조절하기
● 의사소통 : 읽기에 관심 가지기/쓰기에 관심 가지기</td></tr></table>
• 교구 활동을 자유롭게 계획하고 선택하여 작업한다.
• 교구 활동 소개 : 일상(접어 오리기-한복/미니 절구 사용하기-과자 갈아 먹기)

<table><tr><td>일상</td><td>접어 오리기-한복/미니 절구 사용하기-과자 갈아 먹기</td></tr><tr><td>감각</td><td>3항식(변형 및 응용-우리나라 탑 만들기)</td></tr><tr><td>수</td><td>은행 놀이(나눗셈 시범 1)</td></tr><tr><td>언어</td><td>문장 읽고 전통 인형 찾기/조각 그림 맞추기(전통 문양)/분류(떡 종류)</td></tr><tr><td>문화</td><td>우리나라 지도 만들기/옛날과 오늘날의 물건</td></tr></table></td><td>• 출석카드
• 달력
• 필기도구

• 활동계획표
• 영역별 교구</td><td></td></tr>
</table>

시간/ 활동명	활동목표	활 동 내 용	자료 및 유의점	평가
10:20 ~10:40 정리정돈 및 모둠 평가	• 교구를 정해진 자리에 바르게 정리한다. • 자유선택 활동 및 평화에 대한 모둠 평가를 한다.	• 정리 신호(종소리)와 함께 정리 음악을 들려준다. • 유아는 음악을 들으며 자기 활동을 스스로 마무리한다. • 교구를 정해진 자리에 바르게 정리한다. • 정리가 끝난 친구는 모둠 친구들과 함께 자리를 만들어 앉는다. • 음악을 들으며 나머지 친구들을 기다린다. • 자유선택활동에 대한 모둠 평가를 한다. • 평화에 대한 느낌이나 실천에 대해 모둠 평가를 한다.	• 정리 음악 • 카세트 • 알림종	
10:40 ~10:50 모둠 평가 및 아침 모임	• 대그룹 활동 자리에 모여 전체 평가를 한다. • 식사 예절을 바르게 알고 지킨다.	• 음악에 따라 노래를 부르며 모임 순서대로 대그룹 활동 자리에 모여 앉는다. • 자유선택(교구)활동 및 모둠 평가에 대한 이야기를 나눈다. [기본 생활습관 지도] '식사 전과 후 감사 인사하기' –식사 중에 버릇없이 구는 사진을 보며 느낌을 이야기 나눈다. –식사 예절에 대해 알아본다. –식사 전과 후에 감사인사를 전하는 방법과 실천을 해 본다.	• 음악 • 날짜, 달력 • 자유선택활동 시간표 • 인성교육 예절교육	
10:50 ~11:10 이야기 나누기	• 물건들의 변천과정을 안다. • 옛날 물건과 오늘날의 물건의 쓰임새와 사용법을 연결 지을 수 있다.	[옛날의 생활 도구] 누리과정 관련 요소: ● 자연탐구 : 탐구하는 태도 기르기–탐구과정 즐기기 ● 사회관계 : 사회에 관심 갖기–우리나라에 관심 갖고 이해하기 ● 의사소통 : 말하기–느낌, 생각, 경험 말하기 • 오늘날의 물건 카드를 보며 이야기 나눈다. –이 물건은 무엇이니? 어디에 사용하는 물건이니? –왜 이런 물건을 사용했을까? –아주 오래전 옛날에는 이 물건 대신 어떤 것을 사용했을까? • 옛날에 사용했던 물건들에 대해 이야기 나눈다. –아주 오래전에도 이러한 도구들을 사용했을까? –오늘날과 어떻게 달랐을까? • 옛날 물건과 오늘날의 물건을 찾아 연결 지어 본다. (그림 카드 활용) –옛날 물건과 오늘날 물건들을 보면서 같이 사용하는 것들끼리 짝을 지어볼 수 있겠니? (친구들이 직접 참여하여 짝짓기–자석 칠판 활용) • 옛날 물건과 오늘날 물건의 다른 점을 비교해 본다. –짝지어진 물건들을 살펴볼까? 어떤 점이 같은지 찾아 볼 수 있겠니?	–사진자료 –그림 카드 자석판 [창의성] • 인지적 요소 –문제해결력 [인성] • 협력 –긍정적인 상호 의존성	

시간/ 활동명	활동목표	활 동 내 용	자료 및 유의점	평가
		-어떤 점이 달라졌니? 우리 친구들은 어떤 물건을 사용하고 싶니? • 언어 교구장에 두어 교구 활동으로 반복해 볼 수 있도록 비치해 둔다. -이 카드를 어디에 두고 활용해 보면 좋을까?		
11:10 ~11:40 주제 연계 활동	• 주말에 있었던 이야기를 그림과 글로 표현해 본다.	• 주말을 보낸 이야기를 나눈다. -주말을 보낸 내용을 회상하며 친구들과 이야기 나눈다. -활동을 생각하며 느꼈던 감정을 말로 표현한다. • 활동지를 보며 자신의 주말 이야기를 그림이나 글로 표현해 본다. • 활동이 끝나면 다시 대그룹 자리에 앉는다. • 자신의 주말 이야기를 친구들에게 소개해 본다. • 친구의 이야기를 듣고 자신의 느낌도 이야기해 본다.	• 활동지 • 필기 도구 • 색칠 도구	
11:40 ~13:30 점심 및 바깥 놀이	• 점심을 먹고 자리를 정리한다. • 안전에 유의하며 바깥 놀이를 한다.	• 차례를 지키며 손을 씻은 후 도시락을 펼친다. • 준비가 끝난 분단부터 차례대로 밥과 반찬을 받아간다. • 식사 기도 후 편식하지 않고 맛있게 먹는다. • 다 먹은 유아는 자신의 자리를 정돈하고 양치질을 한다. • 바깥 놀이에 대한 안전 약속을 이야기 나눈다. • 놀이시설을 안전하게 이용하여 즐겁게 놀이한다. • 활동이 끝나면 놀이 도구 및 주변을 깨끗이 정리한다. • 둥글게 모여 손, 발, 옷에 묻은 먼지를 털어낸다. • 차례대로 줄을 지어 신발을 정리한 후 교실로 들어온다.	• 도시락 • 수저 • 양치 도구 • 손걸레	
13:30 ~13:35 간 식	• 간식을 맛있게 먹고, 스스로 정리한다.	• 도우미 친구가 간식을 준비하고 차례로 우유를 들고 간다. • 간식(우유)을 맛있게 먹는다. • 다 먹은 우유갑은 정해진 자리에 잘 접어 정리한다.	• 우유 • 책상 걸레 • 정리 상자	
13:35 ~13:50 새노래	• 반주에 맞추어 즐겁게 노래를 한다.	• 노래 내용을 이야기 형식으로 들려준다. • 가사를 함께 읽어보고 전곡을 함께 들어본다. • 노래의 느낌을 함께 이야기 나누어 본다. • 한음으로 반주에 맞춰 불러보며 음을 익힌다. • 한 소절씩 피아노 반주에 맞추어 따라 불러본다. • 다양한 방법(멜로디만 듣기)으로 노래를 불러보며 가사를 익힌다. -교사(모둠별, 성별, 자릿순)와 번갈아가며 나누어 불러보기 • 전곡을 함께 부른다.	• 가사판 • 카세트 • 음악 CD	

시간/활동명	활동목표	활 동 내 용	자료 및 유의점	평가
13:50 ~14:00 평가 및 귀가 지도	• 하루를 회상해 보고 평가한다. • 안전하게 귀가한다.	• 대그룹 자리에 모여 앉는다. • 음악을 들으며 하루의 일과를 회상한다. • 오늘 하루의 일과에 대한 평가를 한다. (기억에 남는 활동, 힘들었던 일, 즐거웠던 일, 내일 해 보고 싶은 일...) • 내일 일과에 대해 소개한다. (주제에 대해, 저금하는 날 알림...) • 선생님과 친구들 모두 함께 귀가 인사를 나눈다. • 귀가 차량별로 선생님의 지도하에 안전하게 귀가한다.	• 카세트 • 음악 CD • 옷 • 가방 • 신발	
평 가	• 물건들의 변천과정을 알 수 있었는가? • 옛날 물건과 오늘날 물건의 쓰임새와 사용법을 연결 지을 수 있었는가?			
종 평				

3) 언어 영역 예시–우리나라

누리과정 '우리나라' 생활 주제에 몬테소리 언어 영역 교육 내용을 접목하여 활용하기 위한 예를 다음과 같이 제시하고자 한다.

① 생활 주제

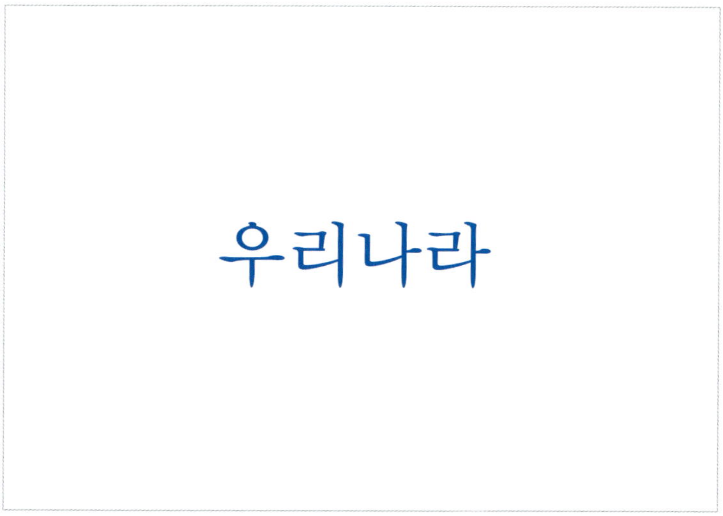

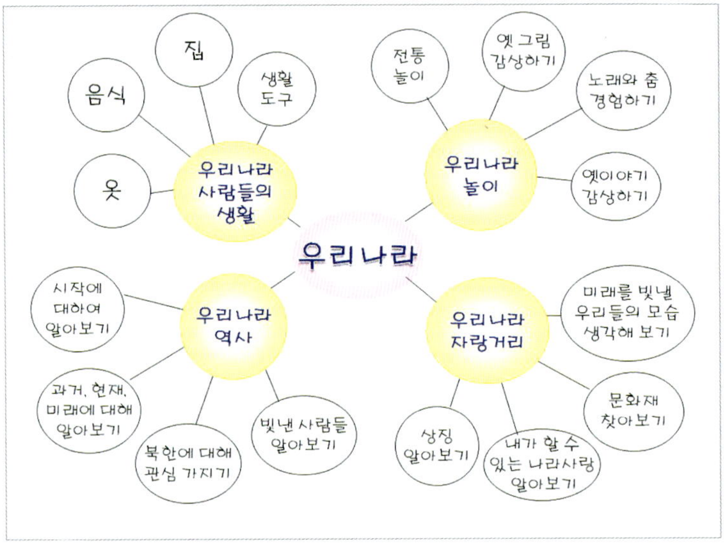
우리나라
우리나라 사람들의 생활
옷
음식
집
생활 도구
우리나라 놀이
전통 놀이
옛 그림 감상하기
노래와 춤 경험하기
옛이야기 감상하기
우리나라 역사
시작에 대하여 알아보기
과거, 현재, 미래에 대해 알아보기
북한에 대해 관심 가지기
빛낸 사람들 알아보기
우리나라 자랑거리
미래를 빛낼 우리들의 모습 생각해 보기
문화재 찾아보기
상징 알아보기
내가 할 수 있는 나라사랑 알아보기

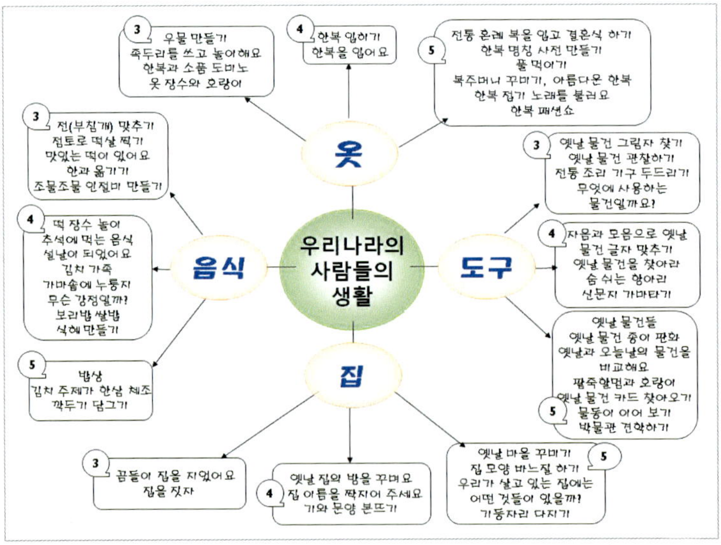
우리나라의 사람들의 생활
옷
3 우물 만들기 족두리를 쓰고 놀아해요 한복과 소품 도미노 옷 장수와 호랑이
4 한복 입히기 한복을 입어요
5 전통 혼례 복을 입고 결혼식 하기 한복 명칭 사전 만들기 풀 먹이기 복주머니 꾸미기, 아름다운 한복 한복 접기 노래를 불러요 한복 패션쇼
음식
3 전(부침개) 맞추기 점토로 떡살 찍기 맛있는 떡이 있어요 한과 옮기기 조물조물 인절미 만들기
4 떡 장수 놀이 추석에 먹는 음식 설날이 되었어요 김치 가족 가마솥에 누룽지 무슨 강정일까? 보리밥 쌀밥 식혜 만들기
5 밥상 김치 주제가 한삼 체조 깍두기 담그기
도구
3 옛날 물건 그림자 찾기 옛날 물건 관찰하기 전통 조리 기구 두드리기 무엇에 사용하는 물건일까요?
4 자음과 모음으로 옛날 물건 글자 맞추기 옛날 물건을 찾아라 숨 쉬는 항아리 신문지 가마타기
5 옛날 물건들 옛날 물건 종이 판화 옛날과 오늘날의 물건을 비교해요 팥죽할멈과 호랑이 옛날 물건 카드 찾아오기 물동이 이어 보기 박물관 견학하기
집
3 곰돌이 집을 지었어요 집을 짓자
4 옛날 집의 방을 꾸며요 집 이름을 짝지어 주세요 기와 문양 본뜨기
5 옛날 마을 꾸미기 집 모양 바느질 하기 우리가 살고 있는 집에는 어떤 것들이 있을까? 기둥자리 다지기

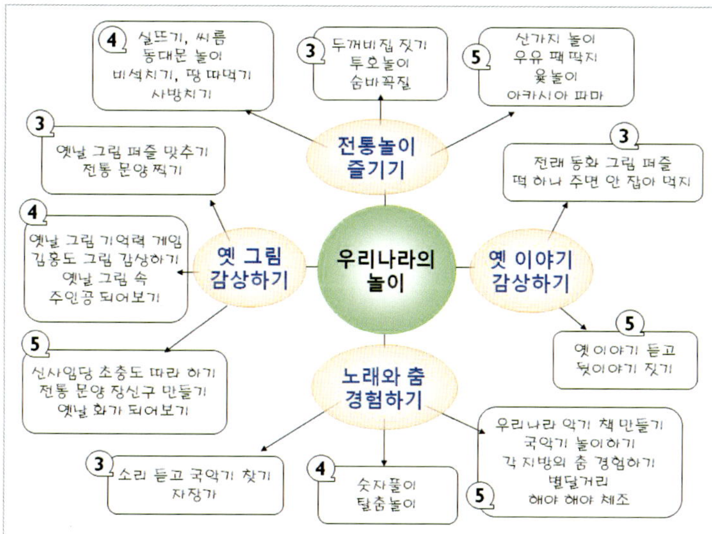
우리나라의 놀이
전통놀이 즐기기
4 실뜨기, 씨름 동대문 놀이 비석치기, 땅 따먹기 사방치기
3 두꺼비집 짓기 투호놀이 숨바꼭질
5 산가지 놀이 우유 팩 딱지 윷놀이 아카시아 파마
옛 그림 감상하기
3 옛날 그림 퍼즐 맞추기 전통 문양 찍기
4 옛날 그림 기억력 게임 김홍도 그림 감상하기 옛날 그림 속 주인공 되어보기
5 신사임당 초충도 따라 하기 전통 문양 장신구 만들기 옛날 화가 되어보기
옛 이야기 감상하기
3 전래 동화 그림 퍼즐 떡 하나 주면 안 잡아 먹지
5 옛 이야기 듣고 뒷이야기 짓기
노래와 춤 경험하기
3 소리 듣고 국악기 찾기 자장가
4 숫자풀이 탈춤 놀이
5 우리나라 악기 책 만들기 국악기 놀이하기 각 지방의 춤 경험하기 별달거리 해야 해야 체조

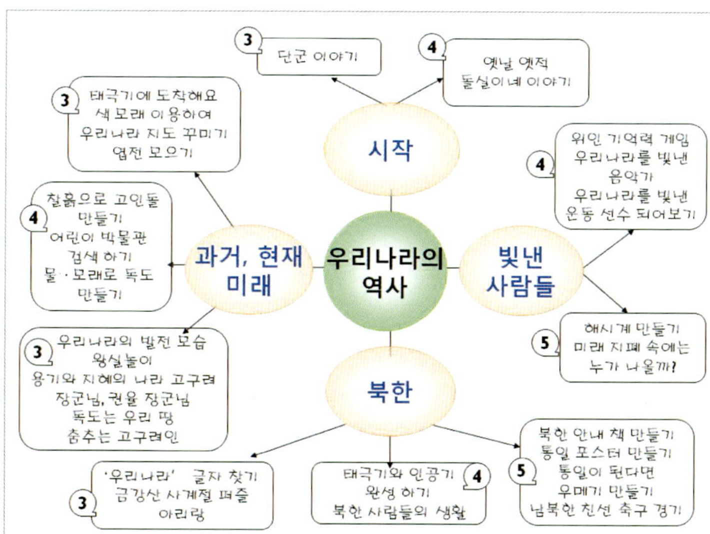
우리나라의 역사
시작
3 단군 이야기
4 옛날 옛적 돌실이네 이야기
과거, 현재 미래
3 태극기에 도착해요 색 모래 이용하여 우리나라 지도 꾸미기 엽전 모으기
4 찰흙으로 고인돌 만들기 어린이 박물관 검색 하기 물·모래로 독도 만들기
3 우리나라의 발전 모습 왕실놀이 용기와 지혜의 나라 고구려 장군님, 권율 장군님 독도는 우리 땅 춤추는 고구려인
빛낸 사람들
4 위인 기억력 게임 우리나라를 빛낸 음악가 우리나라를 빛낸 운동 선수 되어보기
5 해시계 만들기 미래 지폐 속에는 누가 나올까?
북한
3 '우리나라' 글자 찾기 금강산 사계절 퍼즐 아리랑
4 태극기와 인공기 완성 하기 북한 사람들의 생활
5 북한 안내 책 만들기 통일 포스터 만들기 통일이 된다면 우메기 만들기 남북한 친선 축구 경기

② 몬테소리 언어 영역의 개요

1. 듣기와 말하기의 준비	2. 읽기의 준비 (시각으로 구별)
듣기 / 말하기 주변의 사물 이름 알려주기 / 물체의 이름 알려주기 그림의 이름 알려주기 / 분류 관계있는 것 짝 맞추기 / 차례 찾기 연상 놀이 / 반대 그림 카드 짝 맞추기	물체와 물체 짝 맞추기 / 물체와 그림 짝 맞추기 그림과 그림 짝 맞추기 / 이름과 이름 짝 맞추기 흑백 그림 맞추기 / 조각 그림 맞추기 평면 모양 판 맞추기 / 같은 글자 찾아 놓기 모형 따라 구슬 꿰기 / 그림 따라 구슬 꿰기 물체 놓기
3. 쓰기의 준비	**4. 쓰기**
철판 도형	칠판 사용하기 어린이가 부르는 것을 받아써 주기 선 따라 긋기
5. 읽기	**6. 읽기의 강화**
(모래판 낱자) 모래판 낱자를 쓸면서 이름과 음 말하기 받침 있는 글자 만들기 자음과 모음 합성하여 글자 만들기 (이동 낱자) 이동 낱자 소개하기 / 이동 낱자 찾아내기 첫소리 듣기 / 첫소리 구별하기 가운데 소리 듣기 / 가운데 소리 구별하기 끝소리 듣기 / 끝소리 구별하기 제한된 상자 / 이동 낱자 상자	작은 책 주변의 사물 이름 카드 놓기 그림과 문장 문장의 지시대로 행동해 보기 기 타
7. 문 법	**8. 문장의 구성 및 읽기와 쓰기**
명사 / 동사 부사 / 형용사 조사 / 수사 감탄사 / 접속사 관형사	문장의 구성과 분석 문장 부호의 쓰임 시 제

③ 개요 순서에 따른 주제별 교구 활용의 예

말하기 – 보여주며 말하기

교구 사진 – 듣기, 말하기의 준비

물체의 이름 알려주기

그림의 이름 알려주기

교구 사진 - 듣기, 말하기

분 류

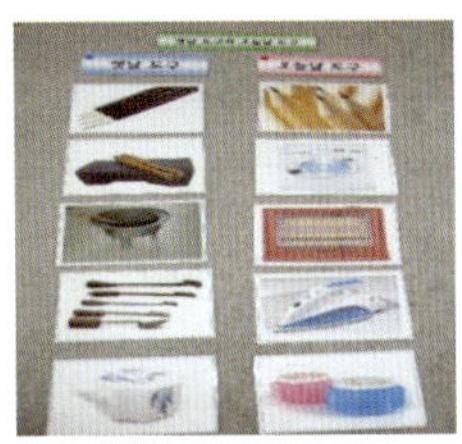

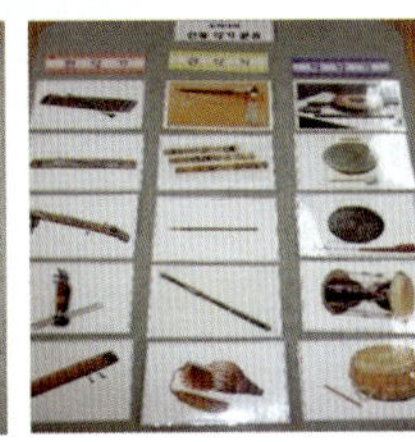

교구 사진 - 듣기, 말하기

관계 있는 것 짝 맞추기

관계 없는 것 짝 맞추기

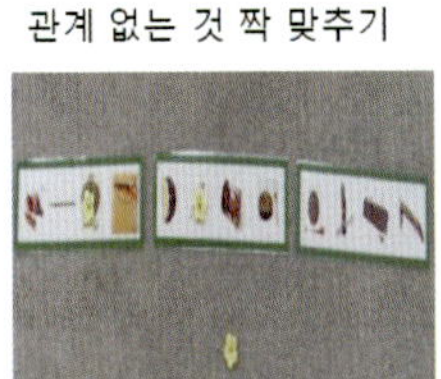
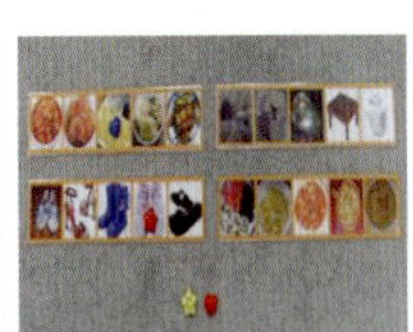

교구 사진 – 듣기, 말하기

전체와 부분

차례 찾기

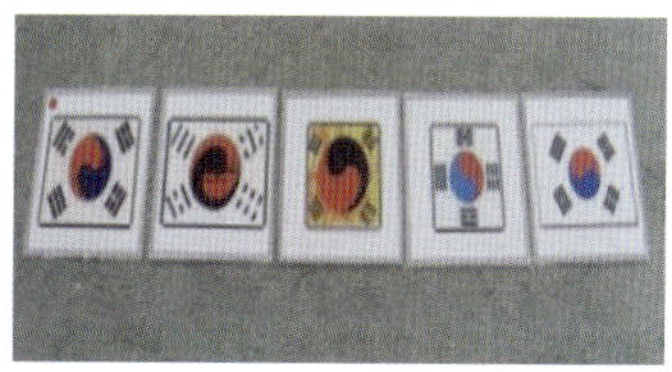

말하기 – 연상놀이

교구 사진 - 읽기의 준비

물체와 물체 짝 맞추기

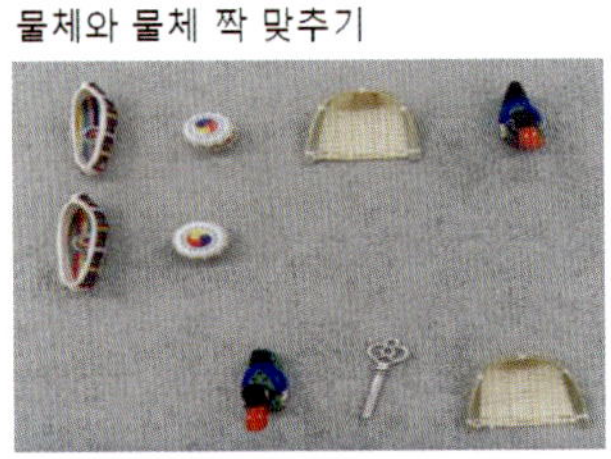

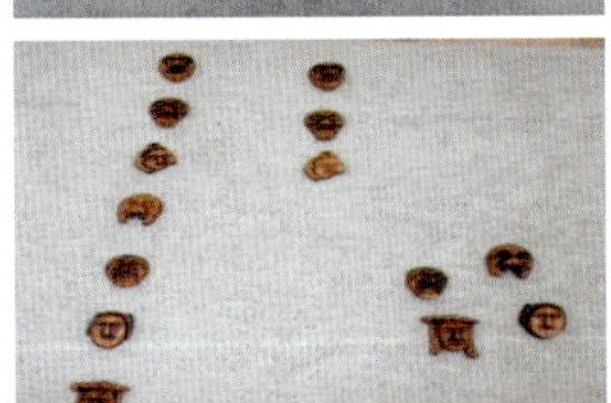

물체와 그림 짝 맞추기

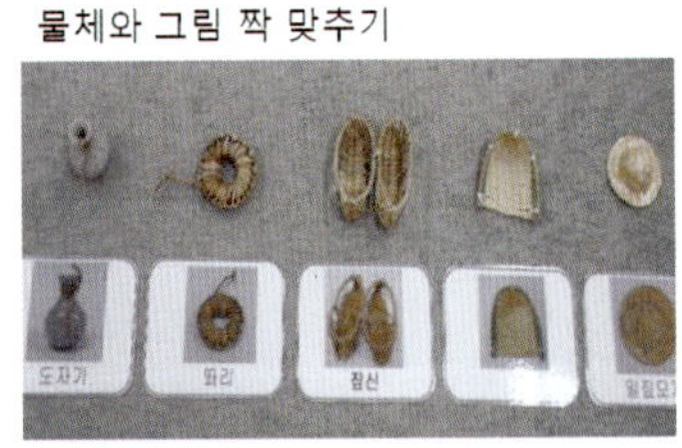

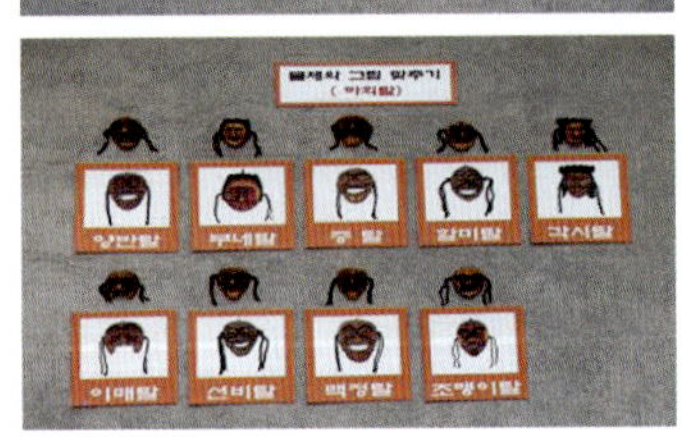

교구사진 - 읽기의 준비

그림과 그림 짝 맞추기

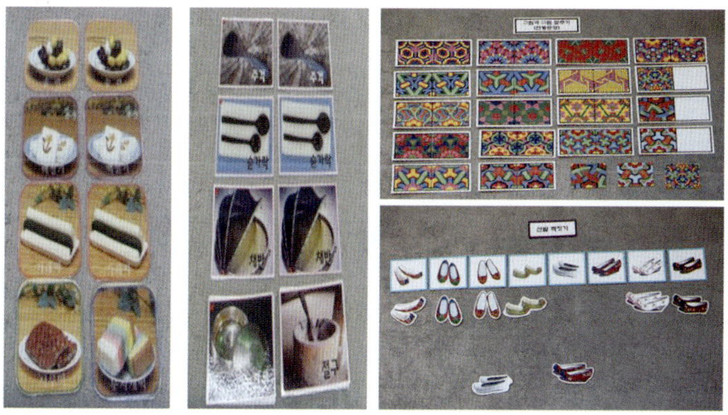

교구사진 - 읽기의 준비

그림과 이름 짝 맞추기

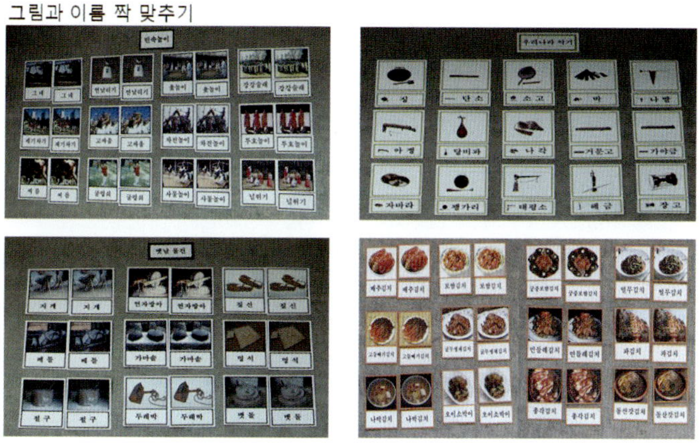

교구 사진 - 읽기의 준비

흑백그림 짝 맞추기

교구 사진 - 읽기의 준비

조각 그림 맞추기

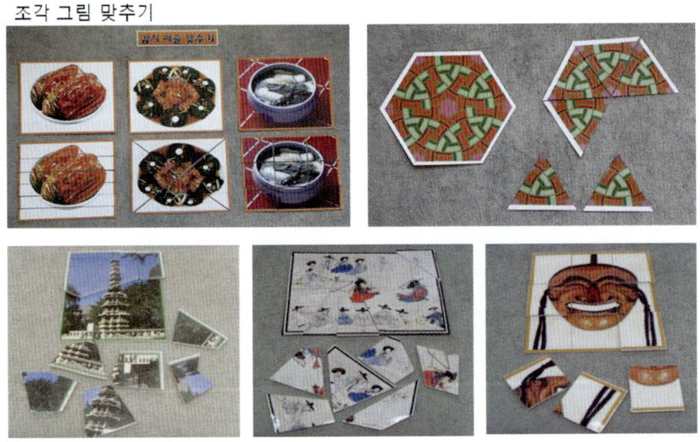

교구 사진 – 읽기의 준비

같은 글자 찾기

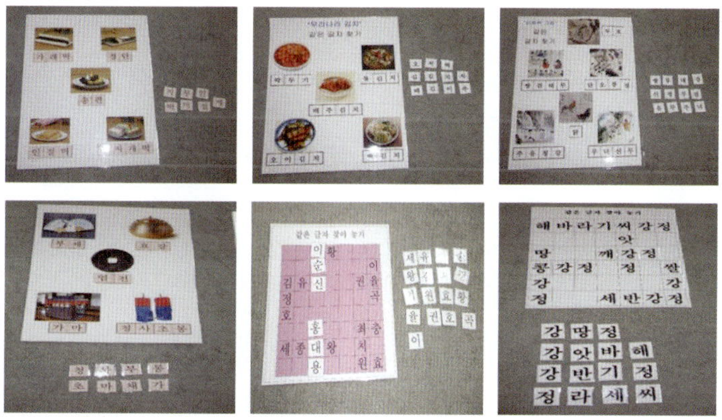

교구 사진 – 읽기의 준비

도미노 게임

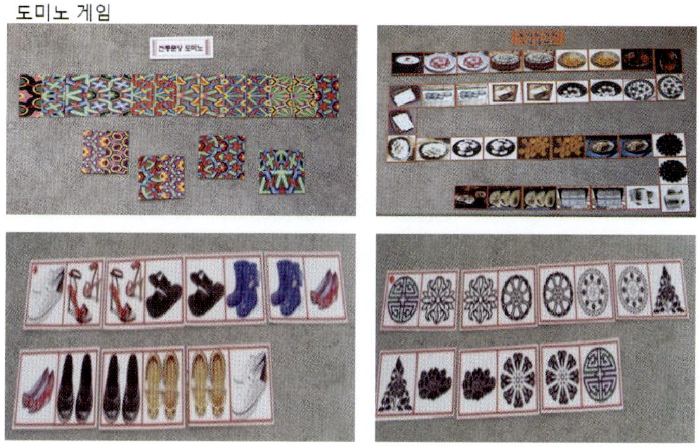

교구 사진 - 읽기의 준비

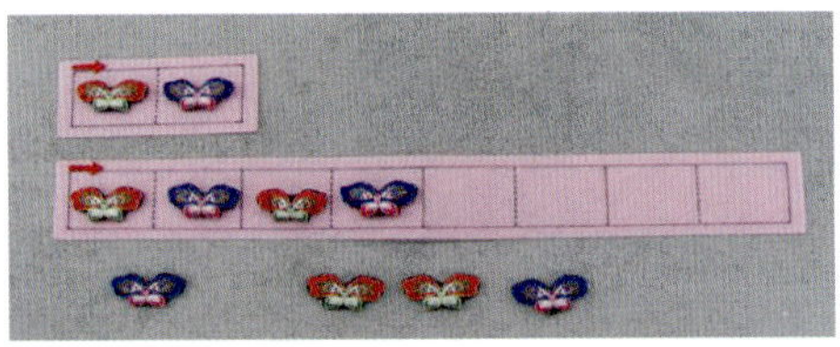

물체 놓기

교구 사진 - 쓰기

선 따라 긋기

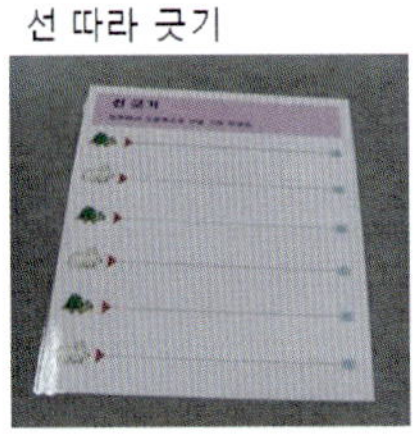

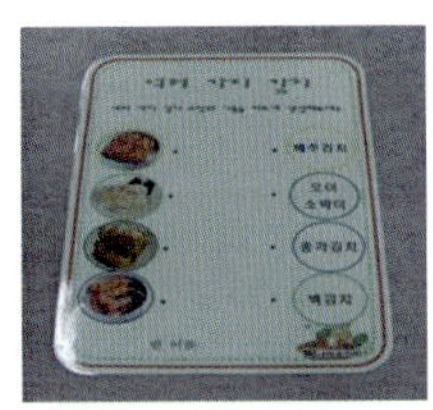

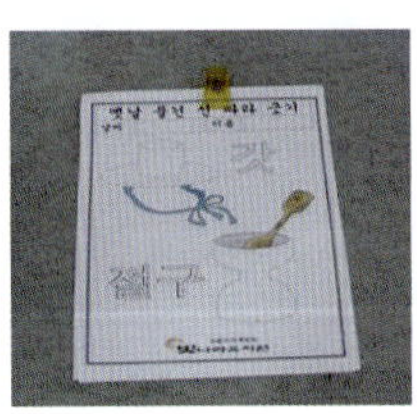

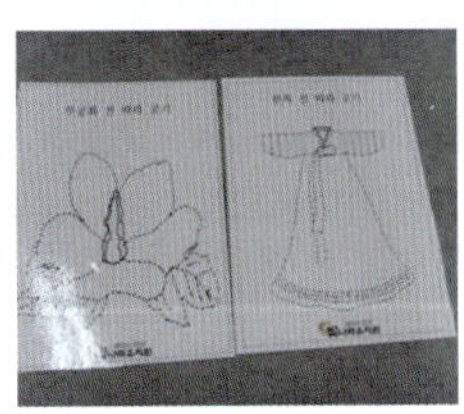

읽기 – 첫소리 구별하기

교구사진 – 읽기

첫소리

가운데소리

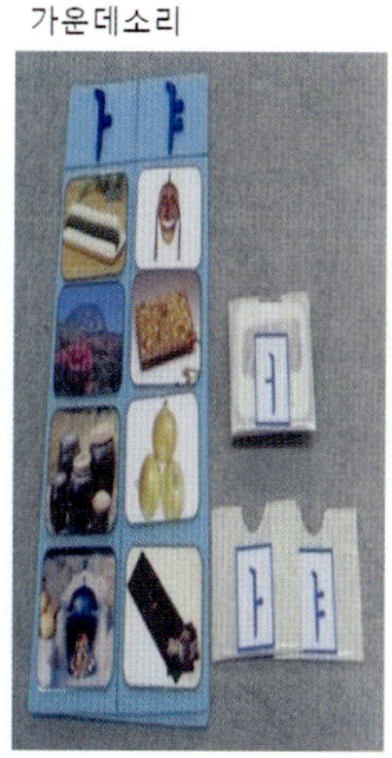

끝소리

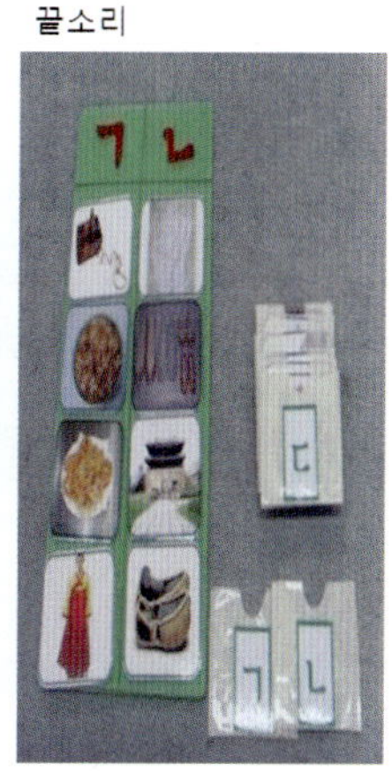

교구 사진 - 읽기

이동 날자 상자

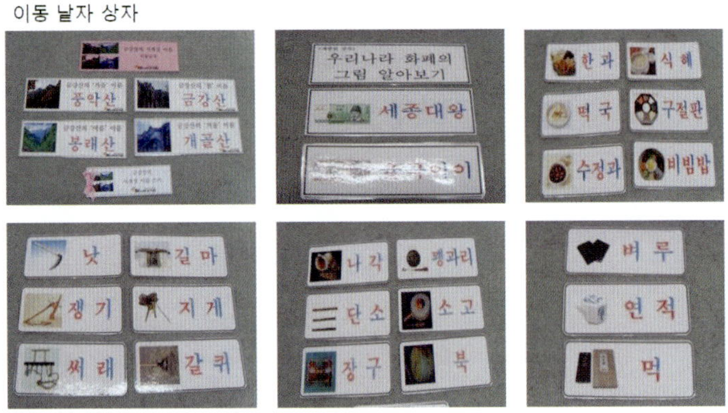

교구 사진 - 읽기의 강화

그림과 문장

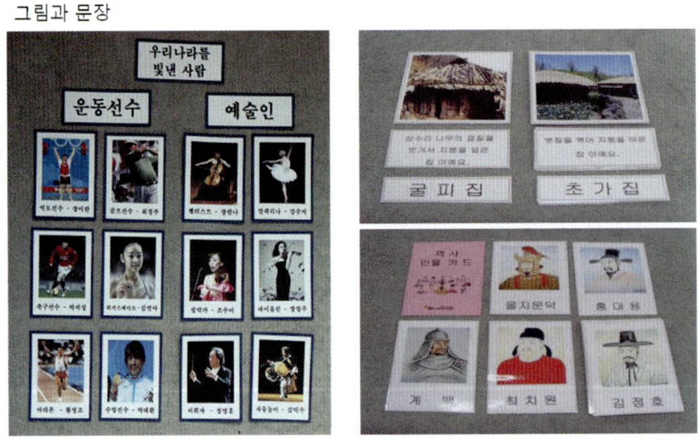

교구 사진 - 문 법, 문장의 구성

비슷한 말

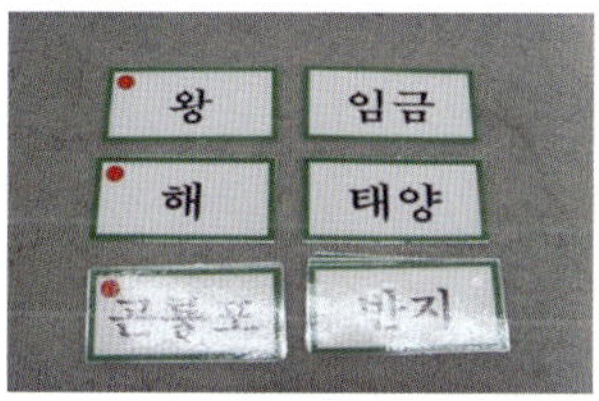

끝말잇기

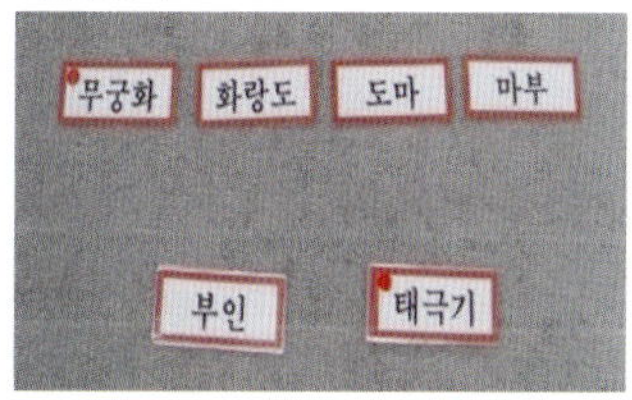

수수께끼

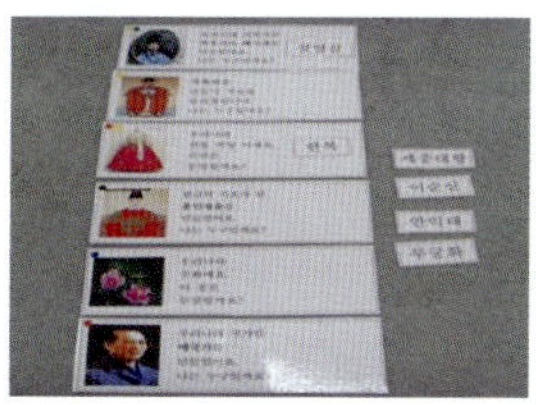

교구 사진 - 문 법, 문장의 구성

명사

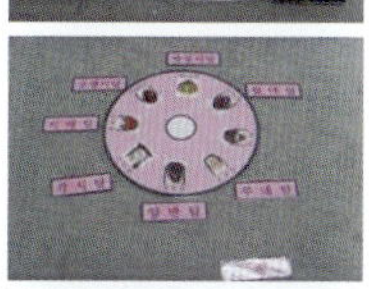

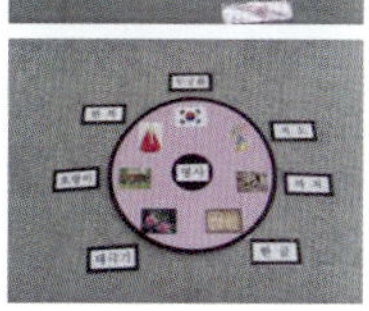

동사

명사, 동사

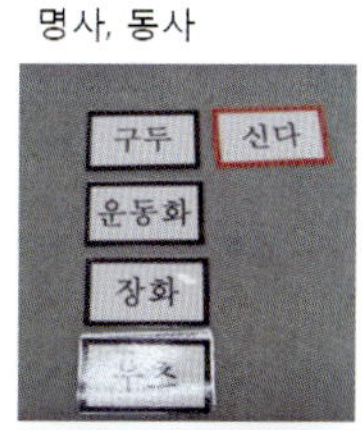

교구 사진 - 문법, 문장의 구성

명사, 조사, 동사

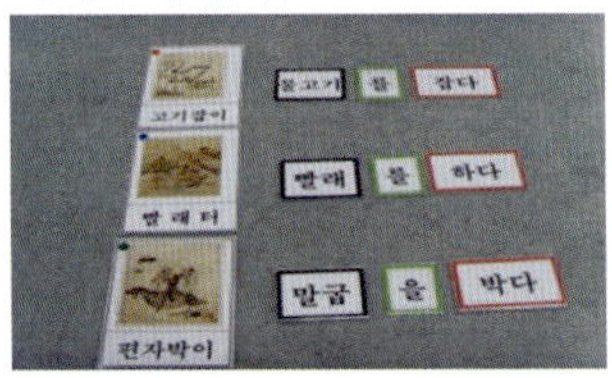

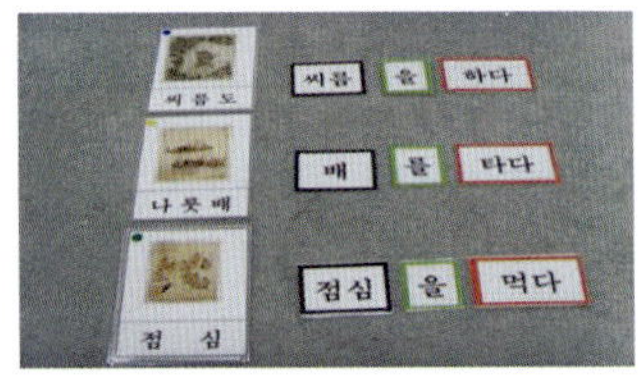

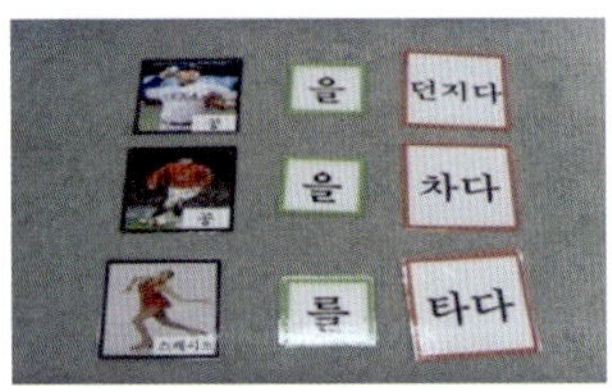

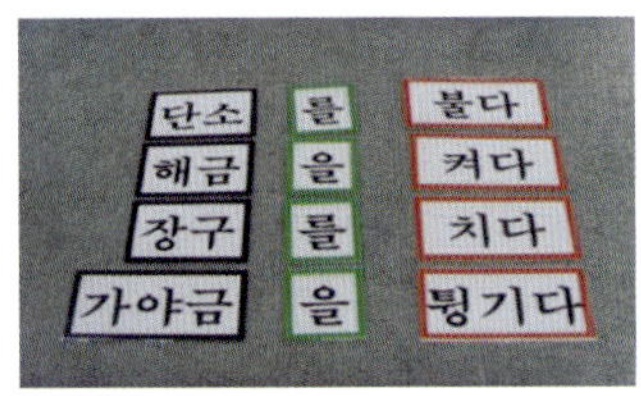

교구 사진 - 문법, 문장의 구성

부사

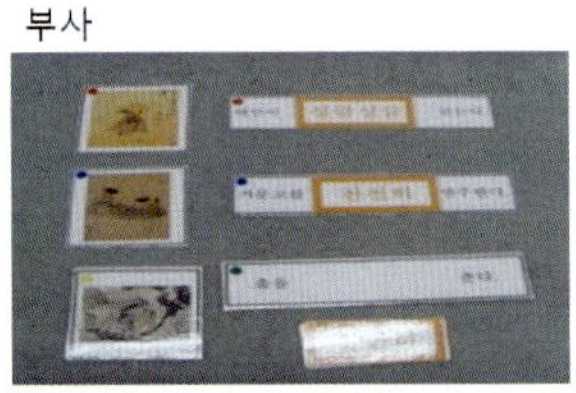

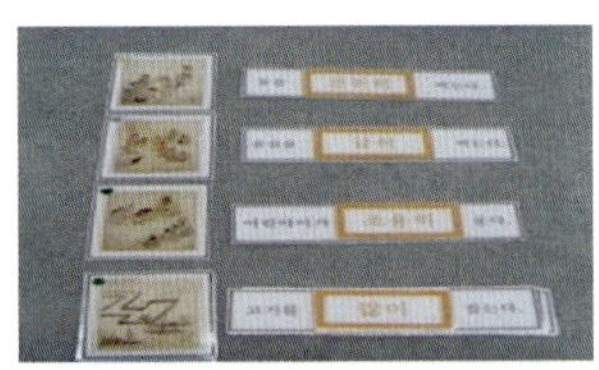

접속사

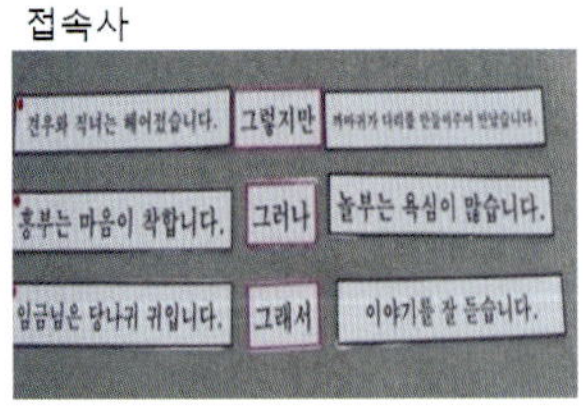

문장의 구성

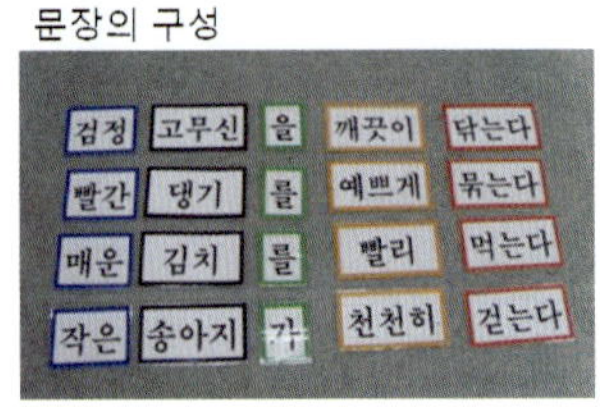

④ 주제망에 따른 교구 활용의 예

누리과정에 접목한

몬테소리교육

누리과정에 접목한

몬테소리교육

제 2 부

활동편

누리과정에 접목한

몬테소리교육

3월

유치원과 친구, 봄

3월 1주

소주제 : 유치원의 환경

목표 : • 유치원이라는 새로운 환경에 적응할 수 있다.
• 유아가 유치원과 교실, 함께 지내는 사람들, 시설물에 대해 안다.

			3세	4세	5세
자유선택	신체운동·건강	일상	●화장실 사용하기 ●문 열고 닫기 ●신발 신고 벗기 ●나르기-쟁반, 매트 ●병뚜껑 열고 닫기 ●의자에 앉기	●화장실 사용하기 ●문 열고 닫기 ●신발 신고 벗기 ●나르기-의자, 책상 ●의자에 앉기	●화장실 사용하기 ●문 열고 닫기 ●신발 신고 벗기 ●나르기-의자, 책상 ●의자에 앉기
	의사소통	언어	●주변 사물 이름 알려 주기 ●물체와 물체 맞추기	●환경에 있는 물건 이름 알기 ●분류 -실내, 실외에 있는 것	•교실에 있는 물건과 이름 -도미노 카드
	사회관계	일상	●매트 주변으로 걷기 ●간식 예절	●매트 주변으로 걷기	●매트 주변으로 걷기
		언어	●자기 이름 말하기	●자기 소개하기	●자기 소개하기
	예술경험	일상	♣색칠-유치원 버스 유치원 놀이기구	♣색칠-우리 유치원 건물 ♣꾸미기-나의 교실	♣색칠-유치원 로고 ♣푸싱핀-유치원 건물 ♣우리 반 로고 만들기
	자연탐구	감각		●분홍탑 -회전 그네 -정글짐 만들기 -다양한 모양으로 구성하기 -밑면 카드에 맞게 올려 놓기 -빠진 육면체 찾기	
		수학			●20판 놀이

회전 그네

감각 : 4세

교 구 회전 그네 그림판, 분홍탑

시 범

1. 매트 가운데 그림판을 놓고 그 아래에 분홍탑을 자유롭게 놓는다.
2. 그림판에 맞는 크기의 분홍탑을 놓는다.
3. 교구를 정리한다.

특기사항

1. 회전 그네의 그림을 다양하게 만들 수 있다.
2. 회전 그네를 꼭지원기둥, 색원기둥으로 다양하게 만들 수 있다.

변형 및 응용

분홍탑 변형 및 응용

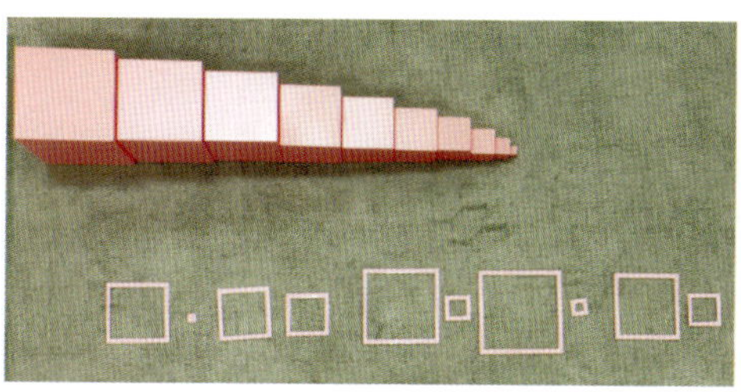

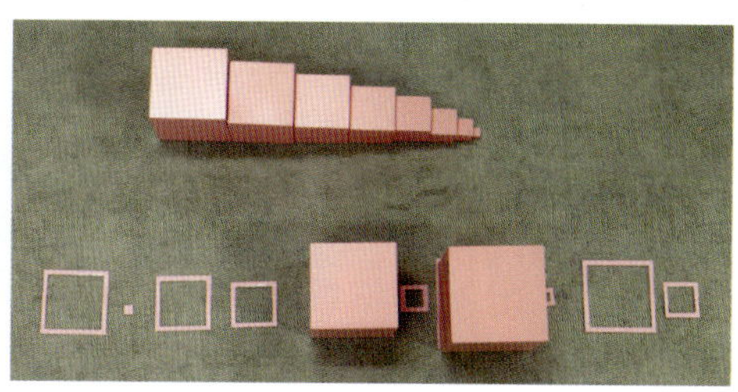

정글짐 만들기

감각 : 4세

교 구 분홍탑의 둘레와 같은 분홍색 고리 10개, 파란색 고리 10개

시 범

1. 분홍탑 모양의 고리를 자유롭게 나열한다.
2. 고리를 차례로 포개어 그림처럼 구성해 본다.
3. 파란색도 같은 방법으로 해 본다.
4. 교구를 정리한다.

특기사항

다양한 모양의 정글짐을 만들어 본다.

변형 및 응용

분홍탑 변형 및 응용

3월 2주

소주제 : 유치원의 하루

목표 : • 유치원에서의 집단생활에 즐겁게 적응할 수 있다.
• 또래와의 협동적인 놀이방식과 규칙을 합의하고 이를 지켜나가는 경험을 가진다.

			3세	4세	5세
자유선택	신체운동·건강	일상	●손 닦기 ●외투 벗고 걸기·입기 ●잡기·쥐기 ●숟가락 사용하기 ●선 따라 걷기 ●위험한 물건 다루기 –가위	●손 씻기 ●외투 벗고 걸기·입기 ●운반하기–의자, 책상 ●집게 사용 ●손톱깎이	●손 씻기 ●외투 벗고 걸기·입기 ●옷틀–리본
	의사소통	언어	●물체의 명칭 –유치원에서 사용하는 물건 ●영역 표시와 영역 이름 매칭	●같은 이름 찾아 놓기 –교실에 있는 물건 ●차례 찾기 –옷 입는 순서 ●자음 판 놓기	●같은 글자 찾아 놓기 –교실에 있는 물건 ●차례 찾기 –유치원에 가려면 ●바른 자세로 듣기
	사회관계	일상	●인사 예절 ●식사, 간식 예절	●인사 예절 ●식사, 간식 예절	●인사 예절 ●식사, 간식 예절
		언어	●그림과 그림 맞추기 –유치원 버스에 타고 있는 친구와 같은 친구 찾기		
	예술경험	일상	♣색칠–유치원 ♣붙이기–모양대로 붙이기	♣선 긋기–지그재그	♣꾸미기–그네 타기
	자연탐구	감각		●꼭지원기둥 –원기둥 틀 안에 골판지 말아 넣기 ●색원기둥 –우리 유치원 버스	●꼭지원기둥 –거리가 떨어져 있는 원기둥 틀에 찾아넣기 –2.3.4개 꼭지원기둥 합해서 사용하기
		수학			●더하기 막대 10 만들기
		문화			●지구의 이야기

우리 유치원 버스

감각 : 4세

교 구 꼭지원기둥 또는 색원기둥

시 범

1. 매트에 버스 그림을 왼쪽에서 오른쪽으로 나열한다.
2. 그 아래에 꼭지원기둥 또는 색원기둥을 자유롭게 놓는다.
3. 바퀴 크기에 맞는 크기의 꼭지원기둥 또는 색원기둥을 놓아 본다.
4. 교구를 정리한다.

특기사항

다양한 크기의 자동차 종류에 색원기둥 바퀴를 만들어 본다.

원기둥 틀 안에 골판지 말아 넣기

감각 : 4세

교 구

꼭지원기둥 1, 길이가 다른 골판지 10장
(각 골판지의 길이는 말았을 때 해당 원기둥과 크기가 같도록 준비한다)

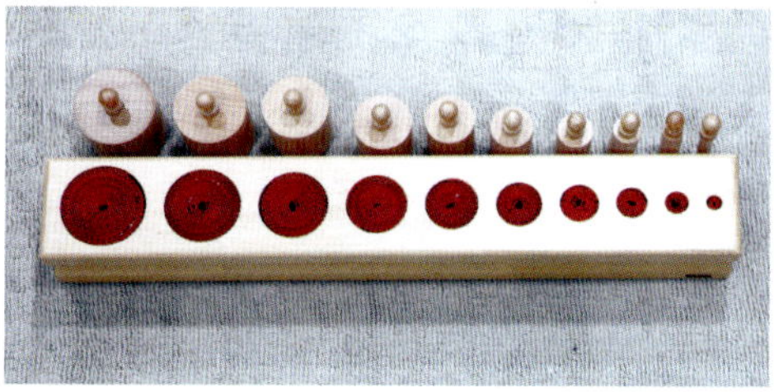
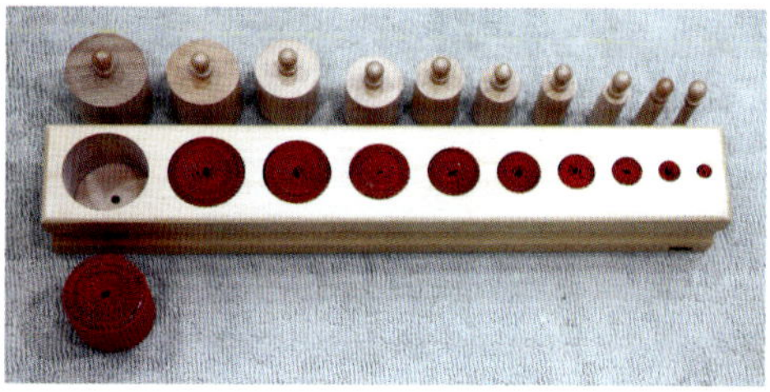

시 범

1. 매트 중앙에 꼭지원기둥 1을 놓는다.
2. 꼭지원기둥을 차례로 원기둥 틀 뒤쪽에 빼 놓는다.
3. 준비된 골판지를 제일 굵은 원기둥부터 안으로 돌돌 만다.
4. 말아 놓은 골판지를 꼭지원기둥 틀 안에 넣는다.
5. 나머지 골판지도 같은 방법으로 틀 안에 넣는다.
6. 골판지를 꺼내고 다시 꼭지원기둥을 넣어 정리한다.

특기사항

골판지는 꼭지원기둥의 틀보다 1cm 정도 높아 어린이가 꺼내기 쉽도록 한다.

같은 이름 찾아 놓기-교실에 있는 물건 I

언어 : 4세

교 구

교실에 있는 물건 그림과 이름 카드(정정 카드), 이름 카드(짝 맞추기 카드)

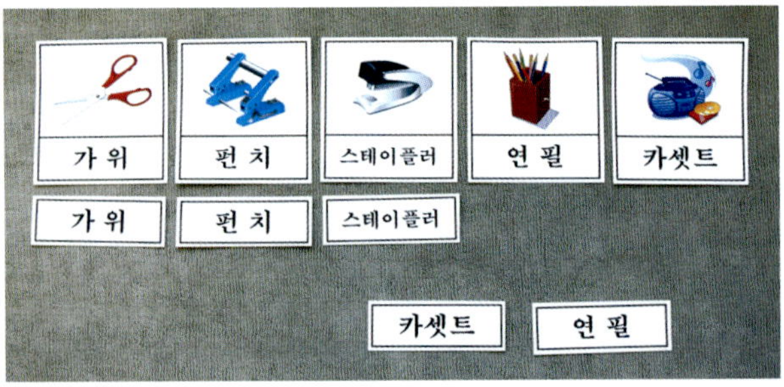

같은 이름 찾아 놓기

시 범

1. 교실에 있는 물건 그림과 이름이 있는 카드를 매트 위에 나열한다.
2. 이름만 있는 카드는 왼쪽의 정정 카드를 보고 같은 이름 카드를 찾아 맞추어 놓는다.
3. 나머지 이름 카드도 같은 방법으로 맞춘다.
4. 교구를 정리한다.

특기사항

유아의 발달 단계에 따라 카드의 수를 조절한다.

같은 글자 찾아 놓기-교실에 있는 물건 2

언어 : 5세

교 구

교실에 있는 물건 그림과 이름 카드(정정 카드), 낱글자 카드

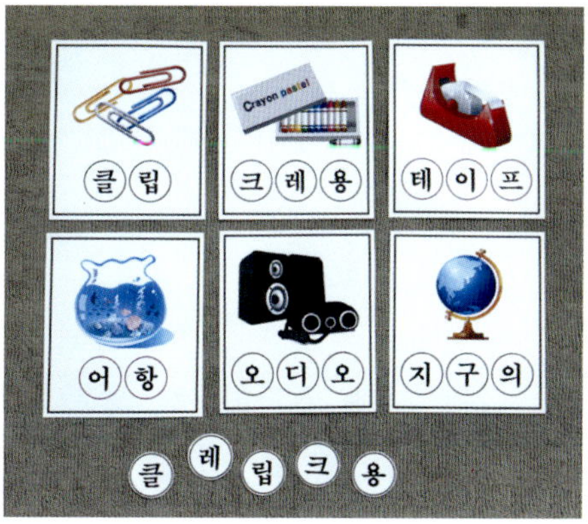

같은 글자 찾아 놓기

시 범

1. 교실에 있는 물건과 이름이 있는 카드를 나열한다.
2. 낱글자 카드를 매트 아래에 놓는다.
3. 그림 카드의 글자를 보고 같은 글자를 찾아 맞추어 놓는다.
4. 나머지 낱글자 카드도 같은 방법으로 맞춘다.
5. 교구를 정리한다.

특기사항

유아의 발달 단계에 따라 카드의 수를 조절한다.

3월 3주

소주제 : 유치원에서 만난 친구

목표 : • 유아가 친구를 인식하여 친구를 배려하고 존중한다는 것을 안다.
• 친구들과의 생활을 통해 자신감과 독립심을 기를 수 있다.

			3세	4세	5세
자유선택	신체운동·건강	일상	●마른 물체 옮겨 붓기 -한 그릇에서 한 그릇 ●국자 사용하기 Ⅰ ●쟁반 위에 부스러기 쓸기 ●병뚜껑 열고 닫기 ●위험한 물건 다루기 -가위, 연필, 포크	●상 차리기 Ⅰ-양식 ●위험한 물건 다루기 -칼, 망치 등	●상 차리기 Ⅱ-한식
		감각	●꼭지원기둥	●기하 입체 -우리 유치원 만들기	
	의사소통	언어	●물체와 물체 맞추기 -유치원에서 사용하는 물건 ●그림과 그림 맞추기 -친구들 표정	●그림과 이름 카드 맞추기 -친구 이름 3단 카드 ●흑백 그림 맞추기 -친구들 얼굴 모양 ●모음 판 놓기	●첫소리로 친구 이름 부르기 ●이동 낱자 소개하기 ●내 친구 이름 쓰기
	사회관계	일상	●친구의 작업을 관찰할 때 ●도움을 주고받을 때 -도움을 청할 때와 도움을 받고 난 후	●친구의 작업을 관찰할 때 ●도움을 주고받을 때 -도움을 청할 때와 도움을 받고 난 후	●친구의 작업을 관찰할 때 ●도움을 주고받을 때 -도움을 청할 때와 도움을 받고 난 후
		문화			●대륙별 지도 만들기
	예술경험	일상	♣색칠하기-친구 ♣꾸미기-친구 ♣선 긋기-직선	♣꾸미기(도형) -친구들과의 합창 ♣직조 짜기(한 줄) -유치원 버스	♣그리기-친구 ♣푸싱핀-배려하는 마음
	자연탐구	감각		●기하 입체 -우리 유치원 만들기	
		수학		●옷걸이에 핀 꽂기 ●친구 머리핀 꽂기 ●작은 수 막대 1	●더하기 막대

옷걸이에 핀 꽂기

수학 : 4세

교 구

옷걸이 1~10, 핀 55개, 바구니

옷걸이에 핀 꽂기

시 범

1. 옷걸이 1~10을 매트 위 왼쪽에서 오른쪽으로 나열한다.
2. 옷걸이에 적혀 있는 숫자만큼 핀을 옷걸이에 걸어 놓는다.
3. 숫자를 읽고 핀을 세어 확인한다.
4. 바구니에 핀을 정리한다.
5. 교구를 정리한다.

특기사항

매트 크기에 따라 옷걸이를 한 줄 또는 두 줄로 놓을 수 있다.

친구 머리에 핀 꽂기

수학 : 4세

교 구

머리 숫자 카드 1~10, 머리핀 55개, 바구니

친구 머리에 핀 꽂기

시 범

1. 머리 숫자 카드 1~10을 매트 위 왼쪽에서 오른쪽으로 나열한다.
2. 카드에 적혀 있는 숫자만큼 머리핀을 머리 위에 놓는다.
3. 숫자를 읽고 머리핀을 세어 확인한다.
4. 바구니에 머리핀을 정리한다.
5. 교구를 정리한다.

특기사항

매트 크기에 따라 머리 숫자 카드를 한 줄 또는 두 줄로 놓을 수 있다.

3월 4주

소주제 : 봄

목표 : • 봄이라는 계절의 특성 및 날씨의 변화를 알고 이해한다.
• 봄이 상징하는 것들을 알고 봄의 아름다움을 느끼고 즐긴다.
• 봄철 건강과 안전을 위해 지켜야 할 일을 실천한다.

			3세	4세	5세
자유선택	신체운동·건강	일상	●잡기, 쥐기 ●씨앗 옮기기(봄 관련 물체) ●꽃 옮기기(모형) ●집게 사용하기 –나비 모형 ●마른 물체 옮겨 붓기 –한 그릇에서 두 그릇 ●가위 사용하기 –직선 자르기	●숟가락 사용하기 II –봄에 관련된 물체	●숟가락 사용하기 III –봄에 관련된 물체 ●핀셋 사용하기 –봄의 꽃 모형 옮기기
		감각	●꼭지원기둥		
	의사소통	언어	●선 따라 긋기–직선 –봄에 볼 수 있을 것 같은 그림 연결하기 ●그림의 명칭 알려주기 –봄에 피는 꽃 ●흑백 그림 맞추기 –나비	●반대말 맞추기 ●그림과 그림 맞추기 –나비 도미노 ●조각 그림 맞추기 –나비	●글자 읽고 그림 찾기 –봄에 볼 수 있는 것 ●그림과 이름 맞추기 –나비 종류 3단 카드 ●전체와 부분 –봄에 피는 꽃
	사회관계	문화			●농촌·어촌·광산·사막 분류하기–그림 카드
	예술경험	일상	♣종이 접기–나비·튤립 봄 풍경 꾸미기 ♣색칠–봄의 꽃·나비 ♣붙이기–꽃다발	♣접기–나비 ♣반 접어 오리기–나비 ♣펀칭–꽃 ♣붙이기–꽃다발	♣종이 접기–꽃 ♣오리기–꽃잎, 개구리, 봄 동산 ♣접어 연결–꽃, 나비 ♣직조 짜기–꽃마차
	자연탐구	감각			●기하 입체 –기하 입체 전개도 만들기 –입체 모빌 만들기
		수학		●마술 상자 ●작은 수 막대 II	●빼기 막대
		문화	●땅, 물, 공기 –감각적 소개, ●공기 실험	●땅, 물, 공기 분류 –그림 카드 ●물체와 그림 –봄에 피는 꽃	●봄에 피는 꽃과 이름 맞추기 ●민들레의 성장과정

씨앗 옮기기

일상 : 3세

교 구

그릇 2개, 씨앗(2/3 정도 담을 분량), 쟁반

시 범

1. 한 손으로 씨앗을 움켜 쥐고 오른쪽에 있는 빈 그릇에 옮긴다.
2. 오른쪽에 있는 씨앗을 같은 방법으로 왼쪽으로 옮긴다.
3. 떨어진 내용물이 있으면 하나씩 주워 담는다.
4. 교구를 정리한다.

특기사항

- 그릇에 2/3 정도의 내용물만 넣어 준다.
- 계절에 따라 다양한 물체를 제시해 준다. (밤, 호두, 은행, 도토리 등)

꽃 옮기기

일상 : 3세

교 구

그릇 2개, 꽃 모형, 쟁반, 매트

시 범

1. 세 손가락으로 꽃을 한 송이씩 잡아 오른쪽에 있는 빈 그릇에 옮긴다.
2. 오른쪽에 있는 꽃을 왼쪽으로 옮긴다.
3. 교구를 정리한다.

특기사항

- 봄에 피는 다양한 꽃의 모형을 준비한다.
- 꽃 모양 그릇을 준비한다.

가위 사용하기-직선 자르기

일상 : 3세

교 구

봄 주제에 맞는 꽃 그림, 그릇, 가위, 쟁반, 매트

시 범

1. 한 손으로 잎 또는 꽃 그림 종이를 잡고, 다른 손으로 가위를 열고 대고 닫으라고 말하며 종이를 그릇 안에 자른다.
2. 자른 종잇조각들을 빈 그릇에 모은다.
3. 교구를 정리한다.

특기사항

자른 종이들을 모아서 미술 시간에 활용한다.

마술 상자

수학 : 4세

교 구

마술 상자 1~10(상자의 색 홀수는 빨간색, 짝수는 파란색)으로 되어 있고 상자 안은 구슬이 통할 수 있도록 2칸으로 나누어져 있으며, 각각의 통 안에는 제시된 숫자만큼 1구슬들이 들어 있다.

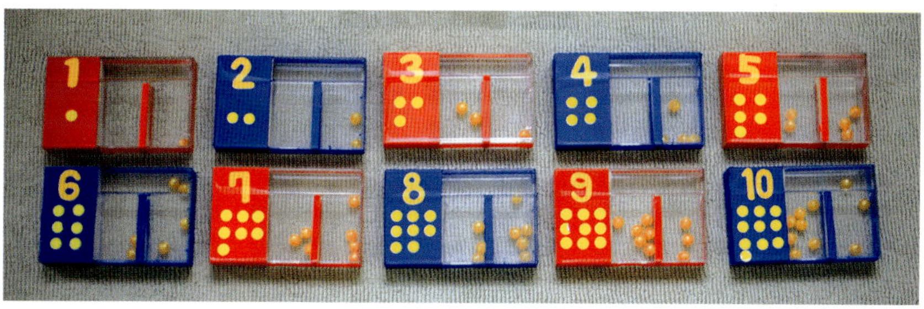

마술 상자

시 범

1. 상자를 흔들어 두 칸으로 구슬을 나누어 놓는다.
2. 나누어진 구슬의 합이 쓰인 숫자가 된다.
3. 다시 상자를 흔들어 구슬을 나누어 본다.
4. 두 칸의 다른 구슬의 합이 동일함을 알 수 있다

   예 1+2, 2+1, 0+3, 3+0, 답 3

5. 교구를 정리한다.

특기사항

제한된 상자의 숫자로 문제를 만들어 구슬을 나누어 볼 수도 있다.

흑백 그림 맞추기-나비

언어 : 3세

교 구

나비 흑백 그림판, 나비 그림

흑백 대조(나비)

시 범

1. 나비 흑백 그림판을 매트에 놓는다.
2. 나비 그림은 매트 아래에 나열한다.
3. 나비 흑백 그림판의 왼쪽 그림을 손으로 짚은 후, 아래에서 같은 나비 카드를 찾아 맞춘다.
4. 같은 방법으로 나머지 나비 그림도 맞춘다.
5. 교구를 정리한다.

특기사항

유아의 발달 단계에 따라 나비 수를 조절한다.

조각 그림 맞추기-나비

언어 : 4세

교 구

나비 조각 그림, 정정판

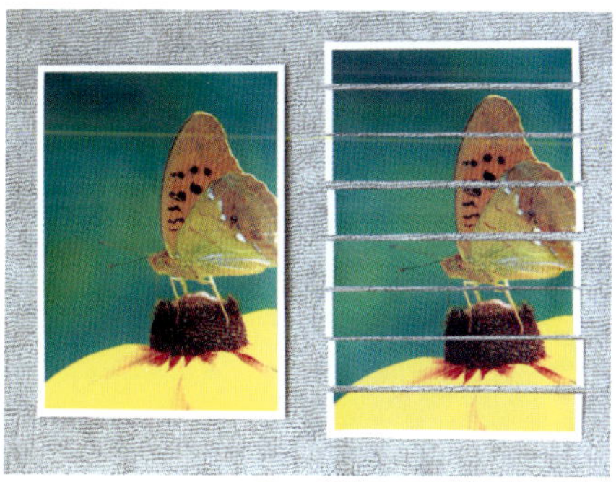

시 범

1. 매트에 나비 조각 그림을 나열한다.
2. 정정판을 보고 조각 그림을 맞춘다.
3. 교구를 정리한다.

특기사항

유아의 발달 단계에 따라 조각 수를 조절한다.

그림과 그림 맞추기-나비 도미노

언어 : 4세

교 구

도미노 카드(나비)

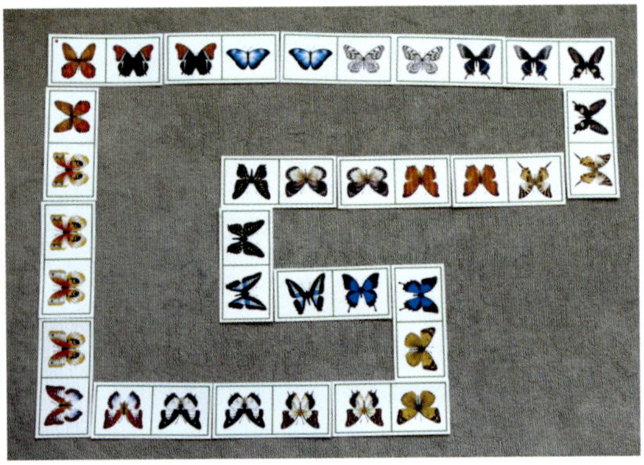

나비 도미노

시 범

1. 나비 카드를 매트 아래에 나열한다.
2. 시작 카드를 매트 왼쪽에 놓고 같은 나비 그림을 아래에서 찾는다.
3. 같은 방법으로 나비 카드를 맞추어 놓는다.
4. 교구를 정리한다.

특기사항

유아의 발달 단계에 따라 카드 수를 조절한다.

반대말 맞추기

언어 : 4세

교 구

반대말 글자판, 반대말 그림 카드

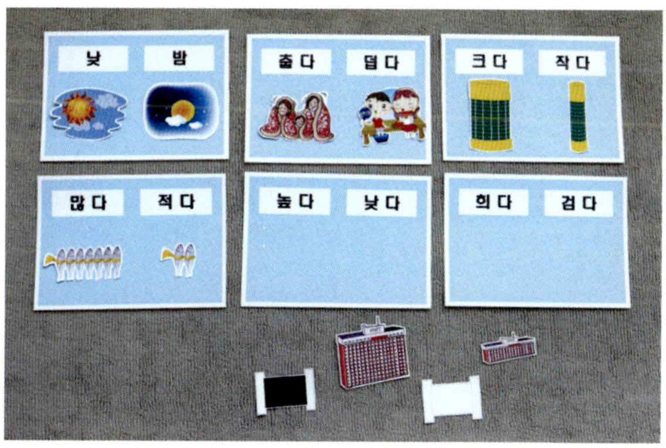

반대말 맞추기

시 범

1. 반대말 글자판을 매트에 나열한다.
2. 그림 카드를 매트 아래에 나열한다.
3. 반대말 글자를 읽고 아래에서 그림을 찾아 글자판에 놓는다.
4. 그림 카드 뒷면에 있는 정정표시를 확인한다.
5. 교구를 정리한다.

특기사항

그림 카드 뒷면에 글자를 넣어 정정표시를 한다.

글자 읽고 그림 찾기-봄에 볼 수 있는 것

언어 : 5세

교 구 봄에 볼 수 있는 것(활동판, 그림 카드, 정정판)

시 범

1. 봄에 볼 수 있는 것의 활동판과 그림 카드를 매트에 나열한다.
2. 활동판의 글자를 읽고 그림을 찾아 놓는다.
3. 정정판을 보고 확인한다.
4. 교구를 정리한다.

특기사항

교구의 정정판을 만들어 놓는다.

변형 및 응용

봄에 볼 수 있는 것

전체와 부분-봄에 피는 꽃

언어 : 5세

교 구

봄에 피는 꽃(꽃밭 카드, 꽃 카드)

봄에 피는 꽃(전체와 부분)

시 범

1. 꽃밭 카드를 나열한다.
2. 꽃 카드를 매트 아래에 나열한다.
3. 꽃밭 카드에 맞는 꽃 카드를 찾아 맞춘다.
4. 꽃 카드 뒷면에 글자를 정정표시로 확인한다.
5. 교구를 정리한다.

특기사항

카드 뒷면에 정정표시를 한다.

봄에 피는 꽃과 이름 맞추기

문화 : 5세

교 구

봄에 피는 꽃의 그림 카드, 봄에 피는 꽃의 이름 카드

시 범

1. 봄에 피는 꽃에 대해 이야기를 한다.
2. 봄에 피는 꽃의 그림 카드를 매트 위쪽에 나열한다.
3. 이름 카드를 매트 아래에 자유롭게 놓는다.
4. 왼쪽의 꽃 그림 카드를 손으로 짚은 후, 아래의 짝 맞추기 이름 카드를 찾아 놓는다.
5. 나머지 그림 카드도 같은 방법으로 맞추어 놓는다.
6. 교구를 정리한다.

특기사항

유아의 발달 단계에 따라 카드 수를 조절한다.

민들레의 성장과정

문화 : 5세

교 구

민들레의 성장과정 그림 카드

민들레 성장과정

시 범

1. 민들레의 성장과정 그림 카드를 자유롭게 매트 아래에 놓는다.
2. 민들레의 성장과정을 순서대로 이야기하며 그림 카드를 나열한다.
3. 카드 뒷면의 정정표시를 확인한다.
4. 교구를 정리한다.

특기사항

카드 뒷면에 정정표시를 한다.

엉겅퀴 성장

농촌·어촌·광산·사막 분류하기-그림 카드

문화 : 5세

교 구

농촌·어촌·광산·사막 이름 카드, 농촌·어촌·광산·사막 그림 카드

시 범

1. 농촌·어촌·광산·사막의 특징을 이야기한다.
2. 농촌·어촌·광산·사막의 이름 카드를 놓는다.
3. 그림 카드를 매트 아래에 나열한다.
4. 그림 카드를 1개씩 제시하며 이름과 특징을 말하고 해당 이름 카드 아래에 분류하며 놓는다.
5. 분류한 그림 카드를 보고 카드 뒷면의 정정표시를 확인한다.
6. 교구를 정리한다.

특기사항

- 카드 뒷면에 정정표시를 한다.
- 유아의 발달 단계에 따라 카드 수를 조절한다.

4월

동·식물과 자연

4월 1주

소주제 : 물·흙·바람과 우리 생활

목표 : • 물·흙·바람의 특성과 현상에 대하여 알고 이해한다.
• 물·흙·바람이 우리 생활에 다양한 쓰임과 활용 방안에 대하여 안다.

			3세	4세	5세
자유선택	신체운동·건강	일상	●물 짜기 ●물 옮겨 붓기 –한 그릇에서 한 그릇 ●집게 사용하기 (돌 옮기기)	●스포이트 사용하기 –물 옮기기 ●책상의 엎지른 물 닦기 ●물 옮겨 붓기 –치수 있는 깔때기 사용	●작은 스포이트 사용하기 –작은 것(소)
	의사소통	언어	●차례 찾기 –얼음이 녹는 과정	●평면 모양 판 맞추기 –4조각 ●가~하로 시작하는 이름 카드 찾기	●주변 사물의 이름 카드 놓기 ●평면 모양 판 맞추기 –9조각
	사회관계	언어	●분류하기 –물을 아껴 쓰는 그림과 그렇지 않은 그림	●같은 글자 찾아 놓기 –물과 관련된 그림	●차례 찾기 –더러운 물이 깨끗해지기까지
		문화	●모래 지구본	●수형, 지형 감각적 소개	●수형, 지형 사전 만들기
	예술경험	일상	♣꾸미기–모래 놀이 ♣바람(스티커 붙여 색칠) ♣선 긋기–사선	♣꾸미기 –물뿌리개	♣종이 접기–풍선
		감각			●색판 3 –흰 물감으로 채도 경험하기 –물을 첨가해 명도 차이 알기
	자연탐구	수학		●낚시 놀이 ●애벌레 숫자 ●작은 수 막대 Ⅲ –손에 손 잡고(동물 수 연결)	●더하기 막대, 빼기 막대
		문화		•물에 뜨는 것과 가라앉는 것(분류–물체)	●물에 뜨는 것과 가라앉는 것 분류–그림 카드 ●곤충 3단 카드 ●동물의 부분 –어류, 양서류

집게 사용-돌 옮기기

일상 : 3세

교 구

얼음 상자 2개, 돌, 집게, 쟁반, 매트

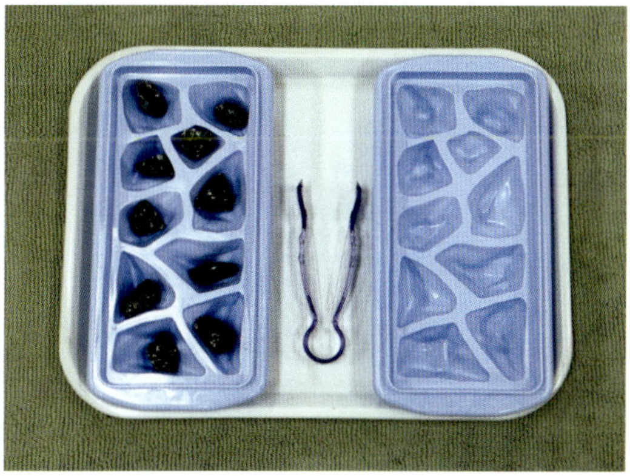

시 범

1. 세 손가락으로 집게를 잡고 돌을 한 개씩 오른쪽 그릇에 옮긴다.
2. 오른쪽에 있는 돌을 같은 방법으로 왼쪽으로 다시 옮긴다.
3. 교구를 정리한다.

스포이트 사용하기-물 옮기기

일상 : 4세

교 구

그릇(거북이 모형), 색 물, 스펀지, 스포이트, 쟁반, 비닐 매트

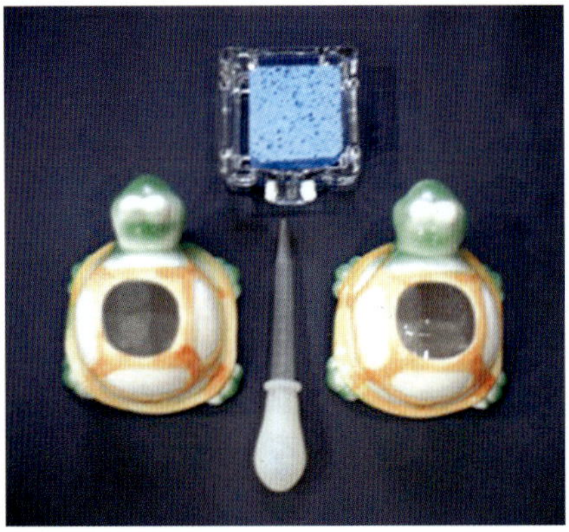

시 범

1. 스포이트를 사용하여 왼쪽 그릇의 색 물을 오른쪽 그릇으로 옮긴다.
2. 오른쪽 그릇의 색 물을 같은 방법으로 스포이트를 사용하여 왼쪽 그릇으로 옮긴다.
3. 스포이트에 묻은 물기를 스펀지로 닦는다.
4. 스펀지로 매트 위의 물기를 닦는다.
5. 교구를 정리한다.

특기사항

생활 주제에 맞도록 그릇의 모양을 바꾼다.

낚시 놀이

수학 : 4세

교 구

어항 카드 1~10, 물고기 55마리, 낚싯대, 바구니

물고기 낚시

시 범

1. 어항 1~10을 매트 위 왼쪽에서 오른쪽으로 나열한다.
2. 어항에 적혀 있는 숫자만큼 물고기를 낚싯대로 낚아 어항에 넣는다.
3. 숫자를 읽고 물고기를 센다.
4. 교구를 정리한다.

특기사항

매트 크기에 따라 어항을 한 줄 또는 두 줄로 놓을 수 있다.

애벌레 숫자

수학 : 4세

교 구

작은 빨래집게 55개, 바구니, 애벌레 머리, 애벌레 몸마디 1～10
(숫자로 되어 있는 몸마디 왼쪽에는 찍찍이가 붙어 있어 연결할 수 있다. 배쪽은 구멍이 있고 고리가 걸려 있다)

애벌레 숫자

시 범

1. 애벌레 머리를 기준으로 왼쪽에서 오른쪽으로 1～10 몸마디에 찍찍이를 붙여 애벌레를 완성한다.
2. 각 고리에 적혀 있는 숫자만큼 집게를 고리에 걸어 놓는다.
3. 숫자를 읽고 빨래집게를 센다.
4. 바구니에 빨래집게를 정리하고 애벌레를 분리하여 정리한다.

특기사항

집게 대신 고리를 걸어도 된다.

'가~하'로 시작하는 이름 카드 찾기

언어 : 4세

교 구

'가~하'로 시작하는 그림판, 이름 카드

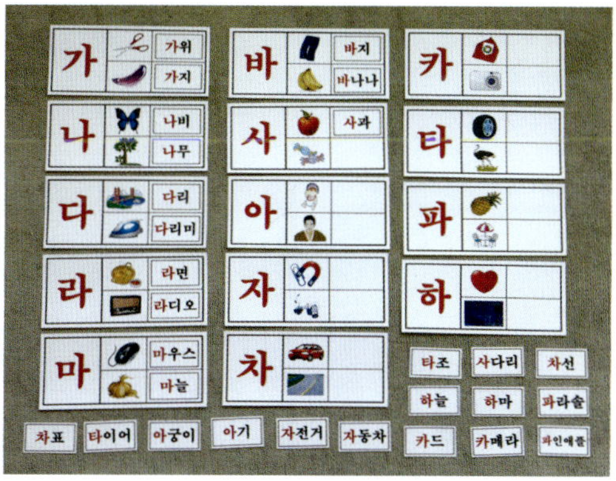

가~하로 시작하는 이름 카드

시 범

1. '가~하'로 시작하는 그림판을 나열한다.
2. 그림판 아래쪽에 이름 카드를 나열한다.
3. '가 그림판'의 글자를 읽고 '가'로 시작하는 그림에 맞는 이름 카드를 찾아 놓는다.
4. 나머지 그림판도 같은 방법으로 맞추어 놓는다.
5. 카드 뒷면의 정정표시를 확인한다.
6. 교구를 정리한다.

특기사항

- 발달 단계에 맞추어 카드 수를 나누어 제시할 수 있다.
- 카드 뒷면에 정정표시를 한다.

거~허로 시작하는 이름 카드

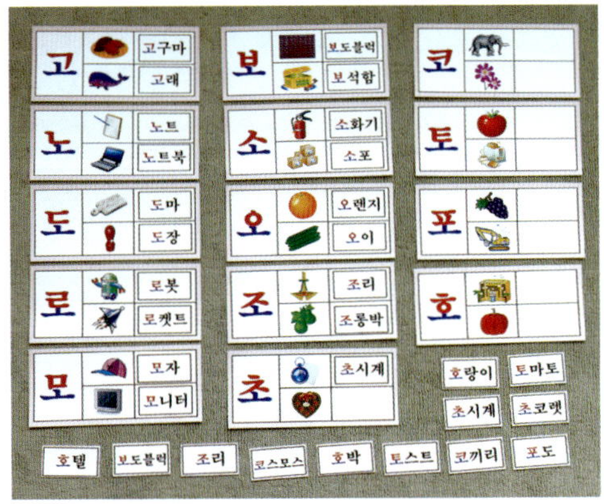

고~호로 시작하는 이름 카드

구~후로 시작하는 이름 카드

기~히로 시작하는 이름 카드

그~흐로 시작하는 이름 카드

comment

- 모음(ㅏ ~ ㅡ)으로 시작되는 이름 카드 찾기 교구 제공방법이 동일하므로 모아서 함께 제시하였다.
- 영역별 연간교육계획안에는 순서대로 제시하였으나 주제에 따라 시기를 고려하여 자율적으로 활용하기 바란다.

물에 뜨는 것과 가라앉는 것

문화 : 4세

교 구

물에 뜨는 것과 물에 가라앉는 것의 이름 카드와 그림 카드

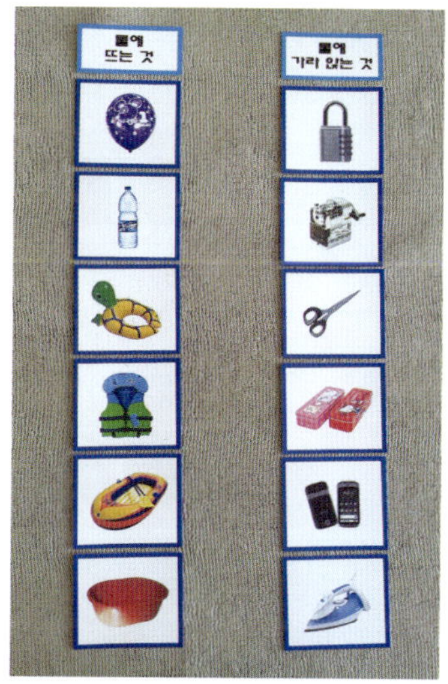

시 범

1. 물에 뜨는 것과 물에 가라앉는 것의 특징을 이야기한다.
2. 물에 뜨는 것과 물에 가라앉는 것의 이름 카드를 나열한다.
3. 그림 카드를 매트 아래에 나열한다.
4. 그림 카드를 1개씩 제시하며 이름과 특징을 말하고 해당 이름 카드 아래에 놓는다.
5. 분류한 그림 카드를 보고 카드 뒷면의 정정표시를 확인한다.
6. 교구를 정리한다.

특기사항

카드 뒷면에 정정표시를 한다.

변형 및 응용

물에 뜨는 것과 가라앉는 것

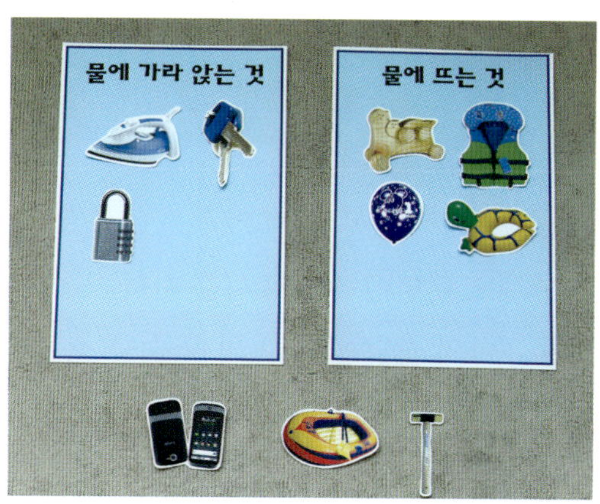

곤충 3단 카드

문화 : 5세

교 구

곤충 3단 카드(그림과 이름이 있는 카드, 그림 카드, 이름 카드)

곤충 3단 카드

시 범

1. 곤충의 특징을 이야기한다.
2. 그림과 이름 카드를 매트 왼쪽에서 오른쪽으로 나열한다.
3. 그림 카드를 매트 아래 나열한 후 맞춘다.
4. 이름 카드도 같은 방법으로 맞춘다.
5. 정정표시를 확인한다.
6. 교구를 정리한다.

특기사항

- 카드 뒷면에 정정표시를 한다.
- 유아의 발달에 따라 카드 수를 조절한다.

4월 2주

소주제 : 동물과 우리 생활

목표 : • 사람들이 가까이 두고 기르는 동물에 대해 안다.
• 동물이 우리에게 주는 유익함을 알아본다.
• 동물을 소중하게 여기고 보호하는 태도를 가진다.

			3세	4세	5세
자유선택	신체운동·건강	일상	●빨래집게 꽂기 -동물 ●숫가락 사용하기 -엄마 닭과 달걀 -닭 모이 주기(大, 小)	●젓가락 사용하기 -물고기 옮기기 -조개껍데기 옮기기	
	의사소통	언어	●모양 따라 구슬 꿰기 ●물체와 물체 맞추기 -곤충 ●선 따라 긋기 -같은 동물 선으로 연결 ●조각 그림 맞추기 -동물 ●관계있는 것 맞추기 -동물이 사는 집	●그림과 그림 맞추기 -곤충 ●물체와 그림 맞추기 -애완동물 ●흑백 그림 맞추기 -개구리 그림자 ●탁본하기(가~하)	●그림과 이름 맞추기 -곤충 ●관계있는 것 찾기 -동물의 전체와 부분 ●제한된 상자(물체) -동물 이름 ●그림과 이름 맞추기 -개의 종류 -곤충
	사회관계	일상	●동물 먹이주기 Ⅰ -금붕어	●동물 먹이주기 Ⅱ -새, 햄스터	●동물 먹이주기 Ⅲ -토끼, 이구아나 ●새장 청소하기
		문화		●수형, 지형 감각적 소개	●수형, 지형 사전 만들기
	예술경험	일상	♣색칠하기-물고기, 곰 ♣색종이 접기-강아지	♣오리기-물고기 ♣색칠하기-돌고래, 문어, 백조 등	♣푸싱 핀-토끼 ♣직조 짜기-물고기
		감각	●꼭지원기둥	●색원기둥 ●귀여운 애벌레 -나선형으로 나열하기 -변화있게 구성하기	
	자연탐구	감각			●기하 입체와 카드 -동물의 집 만들기 -그림 카드와 기하 입체 짝 맞추기
		수학		●연못 속의 오리 ●고양이 먹이 ●토끼와 당근 ●작은 수 막대 Ⅳ -10 만들기	●10대 분석
		문화	●살아있는 것과 살아있지 않은 것 구분(생물과 무생물) ●물체와 물체 맞추기 -동물	●어디에서 사는가? -집짐승과 들짐승 ●동물의 부분 찾기 -전체와 부분 -새의 부리 찾기	●무엇을 먹는가? -육식·잡식·초식 동물 ●어디에서 사는가? -땅, 물, 땅과 물

빨래집게 꽂기-동물

일상 : 3세

교 구 동물 집게, 바구니

시 범

1. 동물 집게를 하나씩 꺼내어 통에 붙어 있는 그림과 같은 동물을 찾아 놓는다.
2. 동물 집게를 세 손가락으로 잡고 눌러 통의 윗줄에 꽂는다.
3. 나머지 빨래집게도 위와 같은 방법으로 한다.
4. 동물 집게를 세 손가락으로 잡고 눌러 줄에서 뺀다.
5. 동물 집게를 바구니에 담는다.
6. 교구를 정리한다.

특기사항

유아의 발달 단계에 맞게 내용물의 양을 조절한다.

숟가락 사용하기-엄마 닭과 달걀

일상 : 3세

교 구

달걀 모형, 숟가락, 닭 모형, 달걀 담는 그릇, 바구니(닭 둥지)

시 범

1. 숟가락으로 왼쪽 그릇의 달걀을 하나씩 떠서 오른쪽 닭 둥지 모양 바구니에 옮긴다.
2. 달걀을 모두 옮긴 후 오른쪽에서 왼쪽 그릇으로 옮겨 놓는다.
3. 교구를 정리한다.

특기사항

오목한 모양의 숟가락이 좋다.

닭 모이 주기

젓가락 사용하기-물고기 옮기기

일상 : 4세

교 구

물고기 그릇, 젓가락, 물고기 모형

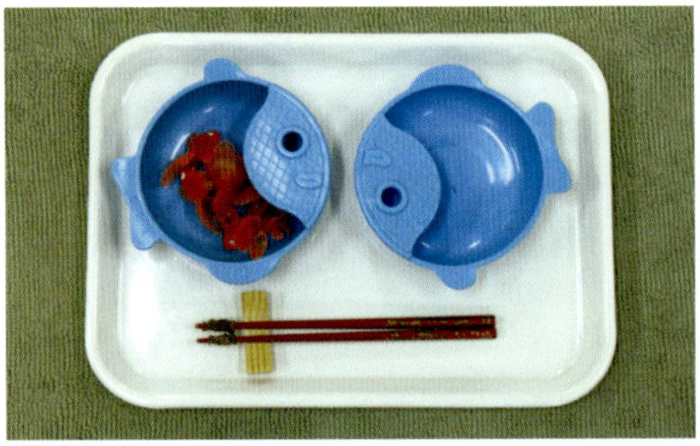

시 범

1. 세 손가락으로 젓가락을 들고 왼쪽 물고기를 집어서 오른쪽 그릇에 옮긴다.
2. 오른쪽 그릇의 물고기를 왼쪽 그릇에 같은 방법으로 옮긴다.
3. 교구를 정리한다.

특기사항

유아의 발달 단계에 맞게 내용물의 양을 조절하여 제공한다.

조개껍데기 옮기기

색원기둥-귀여운 애벌레

감각 : 4세

교구

색원기둥 1, 그림판

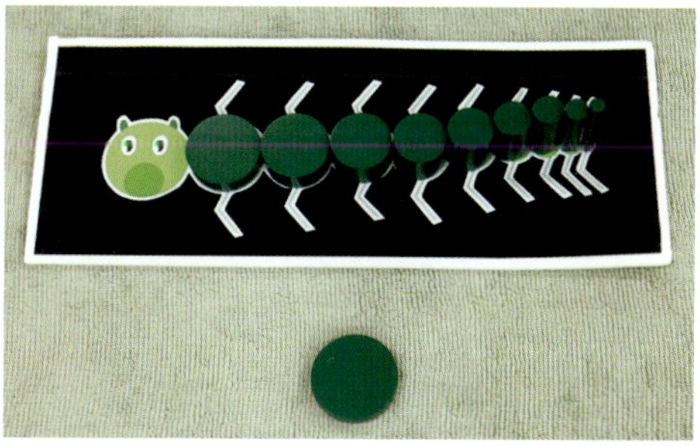

시범

1. 매트 왼쪽에 그림판을 놓고 오른쪽에 색원기둥 1 상자를 놓은 후 뚜껑을 연다.
2. 색원기둥을 크기대로 그림판에 올려 놓는다.
3. 교구를 정리한다.

특기사항

밑그림이 없이 여러 가지 모양의 애벌레를 구성해 볼 수 있다.

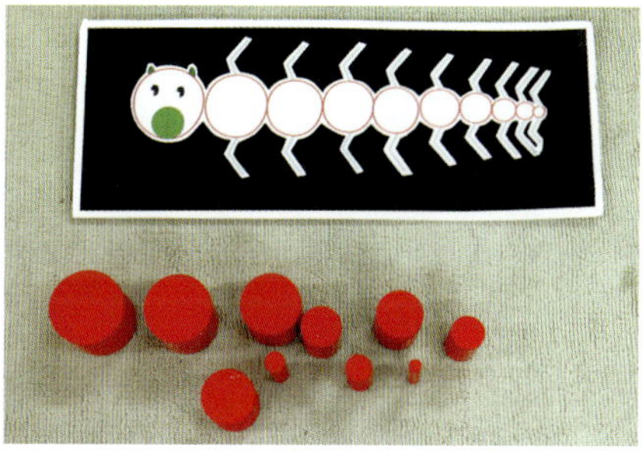

연못 속의 오리

수학 : 4세

교 구

부직포로 만든 연못 1～10, 오리 55마리, 바구니

시 범

1. 연못 1～10을 매트 위 왼쪽에서 오른쪽으로 나열한다.
2. 연못에 적혀 있는 숫자만큼 오리를 연못에 놓는다.
3. 숫자를 읽고 오리를 센다.
4. 교구를 정리한다.

특기사항

매트 크기에 따라 연못을 한 줄 또는 두 줄로 놓을 수 있다.

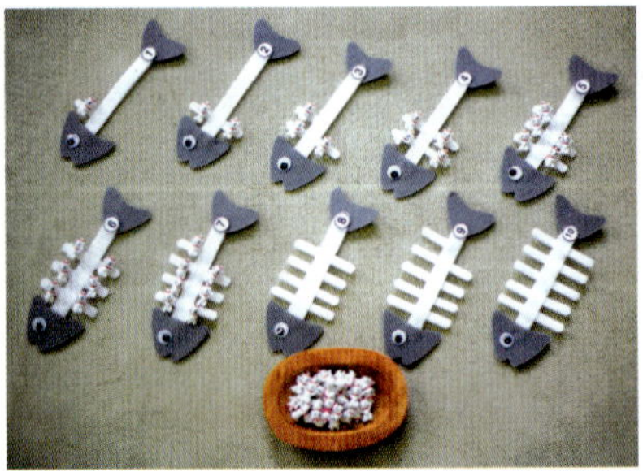

고양이 먹이

토끼와 당근

수학 : 4세

교 구 당근 1~10, 토끼 55마리, 바구니

시 범 1

1. 당근 1~10을 매트 위 왼쪽에서 오른쪽으로 나열한다.
2. 당근에 적혀 있는 숫자만큼 토끼를 당근 위에 두 줄로 놓는다.
3. 숫자를 읽고 토끼를 센다.
4. 토끼와 당근을 정리한다.

시 범 2

1. 당근 1~10을 매트 위 왼쪽에서 오른쪽으로 나열한다.
2. 당근에 적혀 있는 숫자만큼 토끼를 당근 위에 두 줄로 놓는다.
3. 마지막 토끼가 혼자 있는 것은 홀수이고, 짝이 있는 것은 짝수이다.
4. 홀수를 찾아보자. '일, 삼, 오, 칠, 구'
5. 짝수를 찾아보자. '이, 사, 육, 팔, 십'
6. 교구를 정리한다.

그림과 이름 맞추기-개의 종류

언어 : 5세

교 구

개의 종류 3단 카드(그림과 이름이 있는 카드, 그림 카드, 이름 카드)

시 범

1. 그림과 이름이 있는 카드를 매트 위에 나열한다.
2. 그림 카드를 나열한 후 맞춘다.
3. 이름 카드도 같은 방법으로 맞춘다.
4. 교구를 정리한다.

특기사항

카드 뒷면에 정정표시를 한다.

그림과 이름 맞추기-곤충

언어 : 5세

교 구

곤충 3단 카드(그림과 이름이 있는 카드, 그림 카드, 이름 카드)

같은 글자 찾아 놓기

시 범

1. 곤충의 특징을 이야기한다.
2. 그림과 이름 카드를 매트 왼쪽에서 오른쪽으로 나열한다.
3. 그림 카드를 매트 아래 나열한 후 맞춘다.
4. 이름 카드도 같은 방법으로 맞춘다.
5. 정정표시를 확인한다.
6. 교구를 정리한다.

특기사항

- 카드 뒷면에 정정표시를 한다.
- 유아의 발달에 따라 카드 수를 조절한다.

동물의 부분 찾기

문화 : 4세

교 구

동물 카드, 동물 부분 카드

시 범

1. 동물 카드를 매트 위 왼쪽에서 오른쪽으로 놓는다.
2. 동물 부분 카드를 매트 아래에 놓는다.
3. 왼쪽 동물 카드를 손으로 짚은 후 부분 카드를 찾아 맞추어 놓는다.
4. 카드 뒷면의 정정표시를 확인한다.
5. 교구를 정리한다.

특기사항

- 카드 뒷면에 정정표시를 한다.
- 동물의 부분 찾기를 다양한 부분으로 바꿔 제공할 수 있다.

어디에 사는가?-집짐승과 들짐승

문화 : 4세

교 구

분류 카드, 집짐승과 들짐승 카드

시 범

1. 집짐승과 들짐승의 특징에 대해 이야기한다.
2. 분류 카드를 매트 왼쪽에서 오른쪽으로 나열한다.
3. 집짐승과 들짐승 그림 카드를 매트 아래에 나열한다.
4. 분류 카드에 맞추어 그림 카드를 분류하여 놓는다.
5. 카드 뒷면의 정정표시를 확인한다.
6. 교구를 정리한다.

특기사항

카드 뒷면에 정정표시를 한다.

어디에서 사는가?–땅, 물, 땅과 물

문화 : 5세

교 구 땅, 물, 땅과 물의 분류 카드

시 범

1. 장소에 따라 사는 동물의 종류가 다양함에 대해 이야기한다.
2. 분류 카드를 매트 왼쪽에서 오른쪽으로 나열한다.
3. 땅, 물, 땅과 물에서 사는 동물 그림 카드를 매트 아래에 나열한다.
4. 분류 카드에 맞추어 그림 카드를 분류하여 놓는다.
5. 카드 뒷면의 정정표시를 확인한다.
6. 교구를 정리한다.

특기사항

카드 뒷면에 정정표시를 한다.

무엇을 먹는가?–육식·잡식·초식 동물

문화 : 5세

교 구

육식·잡식·초식 동물 분류 카드, 그림 카드

시 범

1. 육식 · 잡식 · 초식 동물의 특징을 이야기한다.
2. 분류 카드를 매트 위에 놓는다.
3. 그림 카드를 매트 아래에 자유롭게 놓는다.
4. 그림 카드를 1장씩 보며 이름과 특징을 말하고 해당 분류 카드 아래에 놓는다.
5. 분류한 그림 카드 뒷면의 정정표시를 확인한다.
6. 교구를 정리한다.

특기사항

카드 뒷면에 정정표시를 한다.

4월 3주

소주제 : 식물과 우리 생활

목표 : • 사람이 사람에게 주는 유익함을 알고 고마움을 느낀다.
• 식물을 잘 가꾸기 위해 우리가 할 수 있는 일을 안다.
• 풀과 꽃, 나무 등 자연물을 이용한 놀이를 즐긴다.

			3세	4세	5세
자유선택	신체운동·건강	일상	●큰 스포이트로 물 옮기기	●바닥 쓸기	●화분 물주기
		감각	●분홍탑		
	의사소통	언어	●물체와 그림 맞추기 -꽃 종류 ●흑백 그림 맞추기 -여러 가지 꽃	●패턴 놓기 -꽃 ●자·모음 합성하기 ▲거~허	●물체와 이름 맞추기 -꽃, 꽃씨, 꽃 이름 3단 카드
	사회관계	일상	●꽃과 나무에 물 주기	●화단에 물 주기	●꽃꽂이
	예술경험	일상	♣도장 찍어 꾸미기 -꽃에 물 주기 ♣종이 접어 숲 꾸미기 -나무	♣꾸미기-나팔꽃 ♣선 긋기-튤립	♣푸싱핀-완두콩, 무
		감각		●색원기둥 ●꽃이 피었어요	●색원기둥 -4조 원기둥에서 같은 크기, 짝 짓기 -응용판 위에 4조 색원기둥 나열하기
	자연탐구	수학		●장미 넝쿨에 장미꽃이 피었어요 ●작은 수 막대 V(감각적 덧셈)	●10대 분석
		문화	●식물의 부분 (실물) -나무 감각적 소개	●나무 퍼즐	●동물의 부분 -파충류, 조류 ●과일나무의 꽃잎과 열매 ●채소 꽃과 열매

색원기둥-꽃이 피었어요의 이전 활동

감각 : 4세

교 구

색원기둥, 색원기둥 굵기의 고리 10개

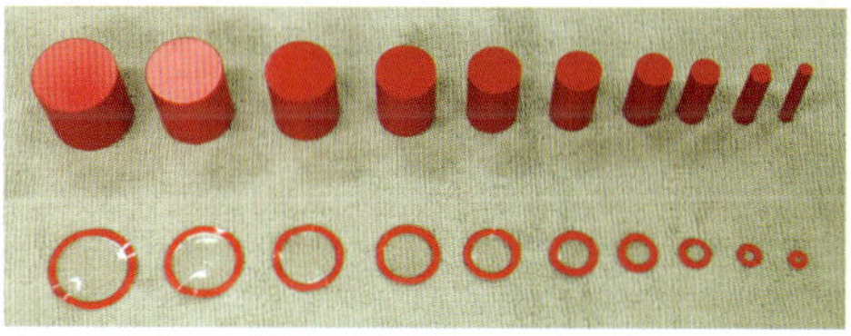

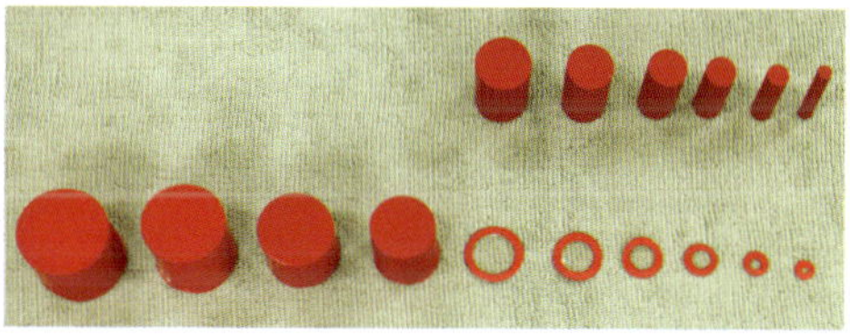

시 범

1. 색원기둥을 꺼내 놓는다.
2. 그림판과 고리를 꺼내 놓는다.
3. 고리 위에 색원기둥을 크기대로 올려놓는다.
4. 색원기둥을 제자리에 놓는다.
5. 교구를 정리한다.

특기사항

고리는 EVA 또는 색상지에 색원기둥 밑면을 놓고 원을 그려 오려 코팅한다.

꽃이 피었어요

감각 : 4세

교 구 색원기둥, 줄기와 잎 그림판, 색원기둥 굵기의 고리 10개

시 범

1. 색원기둥을 꺼내 놓는다.
2. 그림판과 고리를 꺼내 놓는다.
3. 고리 위에 색원기둥을 크기대로 올려놓는다.
4. 색원기둥을 제자리에 놓는다.
5. 교구를 정리한다.

특기사항

- 밑그림이 없이 여러 가지 모양의 꽃을 구성해 볼 수 있다.
- 고리는 EVA 또는 색상지에 코팅한다.

장미 넝쿨에 장미꽃이 피었어요

수학 : 4세

교 구

장미나무 1~10그루, 장미꽃 55송이, 바구니

장미 넝쿨에 장미꽃이

시 범

1. 장미나무 1~10을 매트 위 왼쪽에서 오른쪽으로 나열한다.
2. 장미나무에 적혀 있는 숫자만큼 장미꽃을 나무 위에 놓는다.
3. 숫자를 읽고 장미꽃을 센다.
4. 교구를 정리한다.

특기사항

홀수와 짝수 활동을 할 수 있다.

과일나무의 꽃잎과 열매

문화 : 5세

교 구

과일나무 그림판, 과일 그림 카드

시 범

1. 과일나무 그림판을 매트에 놓는다.
2. 과일 열매 카드를 매트 아래에 놓는다.
3. 과일나무에 맞는 열매를 찾아 꽃 그림판 옆에 놓는다.
4. 정정표시를 확인한다.
5. 교구를 정리하다.

특기사항

카드 뒷면에 정정표시를 한다.

채소 꽃과 열매

문화 : 5세

교 구

꽃 그림판, 열매 그림 카드

시 범

1. 꽃 그림판을 매트에 놓는다.
2. 열매 카드를 매트 아래에 놓는다.
3. 꽃 이름에 맞는 열매를 찾아 꽃 그림판 옆에 놓는다.
4. 정정표시를 확인한다.
5. 교구를 정리하다.

특기사항

카드 뒷면에 정정표시를 한다.

4월 4주

소주제 : 자연과 더불어 사는 우리

목표 : • 동식물과 사람은 자연 속에서 서로 관계를 맺고 살아간다.
• 아름다운 자연을 느끼고 감사한 마음을 가진다.

			3세	4세	5세
자유선택	신체운동·건강	일상	●나뭇잎 닦기 ●접기	●광내기-목각	
		감각	●분홍탑		
	의사소통	언어		•탁본하기(거~허)	•멸종 위기의 동물 그림과 이름 맞추기
	사회관계	일상			●꽃물 갈아주기
		언어	•갯벌에 사는 동물 그림자 맞추기	•갯벌 동물 그림과 이름 맞추기	
	예술경험	일상	♣종이 접어 숲 꾸미기 -나무	♣꾸미기-나팔꽃 ♣푸싱핀-닭, 달걀, 소, 우유, 여러 동물	♣푸싱핀-완두콩, 무 ♣색칠하기-농장 꾸미기
	자연탐구	감각		●색판 3 -호랑나비 -초록애벌레	●3항식
		수학		●개구리와 연잎 ●작은 수 막대 색칠하기	●세강판 2의 시범 I
		문화	●동물과 식물 모형 분류	●나무 3단 카드 ●동물과 식물 분류 -그림 카드	●동물의 성장과정 -개구리, 닭, 개미 등 ●나무 사전 만들기 ●산과 들에서 나는 식물

호랑나비

감각 : 4세

교 구

나비 퍼즐, 나비 선 그림판

시 범

1. 매트의 왼쪽에 나비 퍼즐판을 놓고 오른쪽에 나비 선 그림판을 놓는다.
2. 퍼즐판에 있는 조각들을 선 그림 위로 옮겨 놓는다.
3. 완성된 나비를 확인하고 퍼즐 조각을 나비 퍼즐 판 위에 정리한다.
4. 교구를 정리한다.

특기사항

선 그림이 없이 매트 위에 놓아 보고 정정판을 보며 확인할 수 있다.

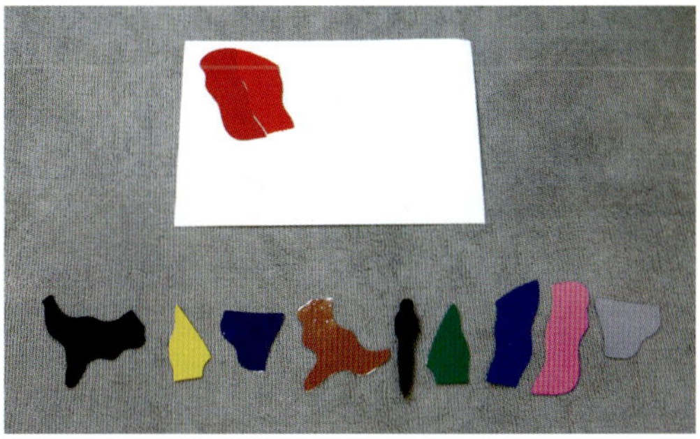

초록애벌레

감각 : 4세

교 구

애벌레 퍼즐, 애벌레 선 그림판

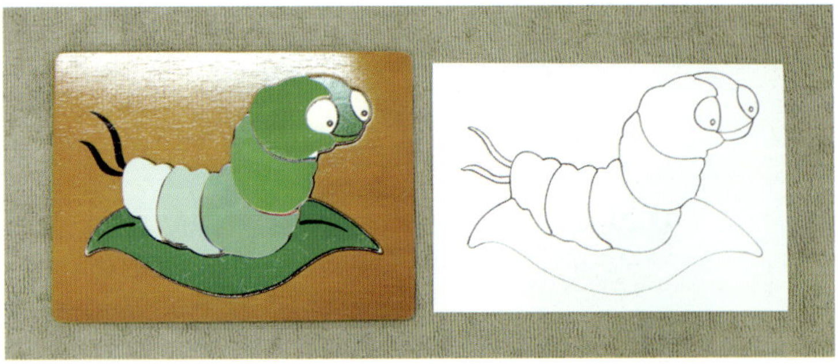

시 범

1. 매트의 왼쪽에 애벌레 퍼즐 판을 놓고 오른쪽에 애벌레 선 그림판을 놓는다.
2. 퍼즐 판에 있는 조각들을 선 그림 위로 옮겨 놓는다.
3. 완성된 애벌레를 확인하고 퍼즐 조각을 애벌레 퍼즐 판 위에 정리한다.
4. 교구를 정리한다.

특기사항

선 그림이 없이 매트 위에 놓아 보고 정정판을 보며 확인할 수 있다.

개구리와 연잎

수학 : 4세

교 구

연잎 1~10, 개구리 55마리

개구리와 연잎

시 범

1. 연잎 1~10을 매트 위 왼쪽에서 오른쪽으로 나열한다.
2. 연잎에 적혀 있는 숫자만큼 개구리를 연잎 위에 놓는다.
3. 숫자를 읽고 개구리를 센다.
4. 교구를 정리한다.

특기사항

선 그림이 없이 매트 위에 놓아 보고 정정판을 보며 확인할 수 있다.

동물과 식물 분류-그림 카드

문화 : 4세

교 구

분류 카드, 동물·식물 카드

시 범

1. 동물과 식물의 특징에 대해 이야기한다.
2. 분류 카드를 매트 왼쪽에서 오른쪽으로 나열한다.
3. 동물과 식물 그림 카드를 매트 아래에 나열한다.
4. 분류 카드에 맞추어 그림 카드를 분류하여 놓는다.
5. 카드 뒷면의 정정표시를 확인한다.
6. 교구를 정리한다.

특기사항

카드 뒷면에 정정표시를 한다.

산과 들에서 나는 식물

문화 : 5세

교 구

산에서 나는 식물과 들에서 나는 식물의 글자 카드와 그림 카드

산에서 나는 식물 　　 들에서 나는 식물

시 범

1. 산과 들에서 나는 식물의 특징을 이야기한다.
2. 산과 들에서 나는 식물의 글자 카드를 나열한다.
3. 그림 카드를 매트 아래에 나열한다.
4. 그림 카드를 1장씩 제시하며 이름과 특징을 말하고 해당 이름 카드 아래에 놓는다.
5. 분류한 그림 카드를 보고 카드 뒷면의 정정표시를 확인한다.
6. 교구를 정리한다.

특기사항

카드 뒷면에 정정표시를 한다.

누리과정에 접목한

몬테소리교육

5월

나와 가족

5월 1주

소주제 : 나의 몸과 마음

목표 : • 자신의 몸과 마음에 대한 이해를 토대로 긍정적인 자아 개념을 가지도록 한다.

			3세	4세	5세
자유선택	신체운동·건강	일상	●기침, 재채기하기 ●머리 빗기와 손질 ●옷틀–단추	●옷틀–버클 ●인형 머리 꾸미기	●바느질–수틀 사용 (내 얼굴) ●나와 친구의 머리 빗기와 손질하기
		감각	●갈색 계단	●색원기둥 –안경을 써 보아요	
	의사소통	언어	●보여주며 말하기 ●분류 –손과 발이 하는 일 ●그림과 그림 맞추기 –아기 그림	●그림과 이름 맞추기 –표정 3단 카드 ●거~허로 시작하는 이름 카드 찾기	●분류하기 –감각기관이 하는 일
	사회관계	언어			●차례 찾기 –어린이의 성장과정
		문화	●아동의 역사		
	예술경험	일상	♣꾸미기–바지 ♣선 긋기 : 곡선	♣꾸미기–모자, 양말 ♣푸싱핀–모자	♣꾸미기–운동화, 꽃무늬 바지
	자연탐구	수학	● 수 막대 Ⅰ –1~5 감각적	●작은 수 막대 –색칠하고 숫자 쓰기	●세강판 2 시범 Ⅱ
		문화	●여러 가지 시계 소개(실물) –감각적 소개 ●나의 몸–외부 기관	●시각 소개	●시계 그리기 ●동물의 부분 –포유류

인형 머리 꾸미기

일상 : 4세

교 구

빗, 핀, 바구니 2개, 인형, 쟁반, 매트

시 범

1. 빗으로 인형 머리를 위에서 아래로 빗는다.
2. 핀을 머리에 모두 꽂는다.
3. 핀을 뽑아 바구니에 정리한다.
4. 교구를 정리한다.

특기사항

머리핀과 머리띠를 다양하게 준비한다.

바느질-수틀 사용(내 얼굴)

일상 : 5세

교 구

얼굴 모양이 그려진 수틀 바느질용 천, 수틀, 실, 가위, 바늘, 바늘꽂이, 네임펜, 빈 그릇, 교구를 담는 바구니

시 범

1. 수틀 바느질 천을 수틀에 끼운다.
2. 실을 잘라 바늘에 끼운다.
3. 선을 따라 바느질한다.
4. 얼굴 모양을 완성한 후 매듭을 짓는다.
5. 잘라낸 여유분의 실을 빈 그릇에 버리고 수틀에서 천을 뺀다.
6. 완성한 바느질 천의 오른쪽 아래에 이름과 날짜를 쓴다.
7. 교구를 정리한다.

특기사항

- 눈, 코, 입 등 얼굴 모양을 꾸민다.
- 나의 몸, 신체 모양을 바꿔서 바느질한다.

그림과 그림 맞추기-아기 그림

언어 : 3세

교 구

다양한 아기 그림 카드(정정 카드, 짝 맞추기 카드)

그림과 그림 맞추기

시 범

1. 정정 카드를 매트 왼쪽에서 오른쪽으로 나열한다.
2. 짝 맞추기 카드를 매트 아래에 나열한다.
3. 왼쪽 정정 카드부터 손으로 짚은 후 아래의 같은 그림을 찾아 놓는다.
4. 교구를 정리한다.

특기사항

유아의 발달 단계에 따라 카드 수를 조절한다.

5월 2주

소주제 : 소중한 나

목표 : • 긍정적인 자아 개념을 가지도록 한다.
• 나의 특별함을 알고 사랑한다.
• 나와 다른 사람의 다른 점에 대하여 이해하고 존중한다.

			3세	4세	5세
자유선택	신체운동·건강	일상	●인형 옷 입히기	●옷 접기 ●인형 목욕시키기	●옷틀-끈 매기
		감각	●갈색 계단		
	의사소통	언어	●철판 도형 시범 1 ●흑백 그림 맞추기 -옷 종류, 모자 종류 ●그림과 그림 맞추기 -같은 신발 찾기	●조각 그림 맞추기 -거울 속의 반쪽 그림 찾기 ●그림과 그림 맞추기 -그림 속의 달라진 부분 찾기 ●그림과 이름 맞추기 -여러 가지 옷 종류	●말하기-이름 삼행시 ●제한된 상자 (그림) -신체부위 이름 ●동음이의어 맞추기
	사회관계	일상	●접기 I -내 양말		
		감각		●갈색 계단 -우리 가족 키만큼 놓기	
		문화	●나의 역사-생일 소개	●하루의 일과 ●하루는 24시간	●우주 탑
	예술경험	일상	♣선 긋기-우산	♣펀칭 : 나	♣스테이플러-신발
	자연탐구	수학	●수 막대 II (1~5 읽기)	●기억력 게임	●세강판 2 시범 II -비즈만큼 수 만들기
		문화			●몸속의 기관 소개 -소화기, 순환기, 호흡기관 ●몸속의 기관 -암호를 풀자

그림과 그림 맞추기-같은 신발 찾기

언어 : 3세

교 구

신발장 그림판, 여러 종류의 신발 그림 카드

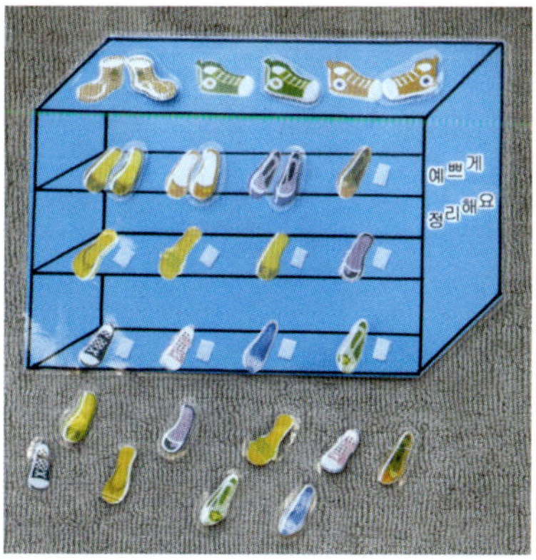

그림과 그림 짝 맞추기

시 범

1. 신발장 그림판과 신발 그림 카드를 매트에 나열한다.
2. 신발장 그림판 왼쪽 위의 신발을 손으로 짚은 후 같은 신발 그림 카드를 찾아 붙인다.
3. 나머지도 같은 방법으로 찾아 붙인다.
4. 교구를 정리한다.

특기사항

유아의 발달 단계에 따라 카드 수를 조절한다.

그림자 맞추기-옷 종류, 모자 종류

언어 : 3세

교 구 옷 종류 흑백 그림판, 옷 종류 그림

흑백 대조

시 범

1. 옷 흑백 그림판을 매트에 놓는다.
2. 옷 그림은 흑백 그림판 아래에 나열한다.
3. 흑백 그림판의 왼쪽 그림을 손으로 짚은 후 아래에서 같은 그림을 찾아 맞춘다.
4. 같은 방법으로 나머지 옷 그림들도 맞춘다.
5. 교구를 정리한다.

특기사항 유아의 발달 단계에 따라 다양하게 카드 수를 조절하여 제공한다.

하루는 24시간

문화 : 4세

교 구

교구 이름 카드, 오전(AM) 파란색 카드, 오후(PM) 빨간색 카드, 명도차가 있는 24개의 구슬이 끼워진 줄, 1시~12시의 파란색 카드와 빨간색 카드

시 범

1. 교구 이름 카드를 꺼내어 놓는다.
2. 파란색 구슬쪽이 왼쪽에 오도록 하여 오른쪽으로 펼쳐 놓는다.
3. 1시~12시까지의 파란색 카드를 1시 → 12시 순서로 왼쪽에서 오른쪽으로 뾰족한 부분이 구슬을 가리키도록 하여 구슬 밑에 하나씩 놓는다.
4. 1시~12시까지의 빨간색 카드도 같은 방법으로 놓는다.
5. 파란색 오전 카드를 푸른색 구슬쪽 위에 놓고 빨간색 오후 카드를 붉은색 구슬쪽 위에 놓는다. 오전, 오후에 대해 소개한다.
6. 교구를 정리한다.

몸속의 기관 소개

문화 : 5세

교 구

- 몸속의 기관 모형
- 이름 있는 모형 사진 카드
- 몸속 기관의 하는 일에 대한 작은 책

시 범

1. 몸속 모형에서 각 기관들의 모형을 꺼내 나열한다.
2. 각 기관과 같은 모형 밑에 사진과 이름이 있는 카드를 짝 맞춰 놓는다.
3. 몸속 기관이 하는 일에 대한 작은 책을 읽는다.

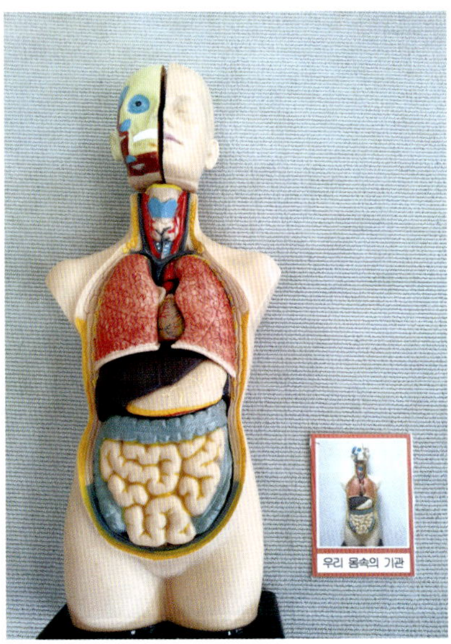

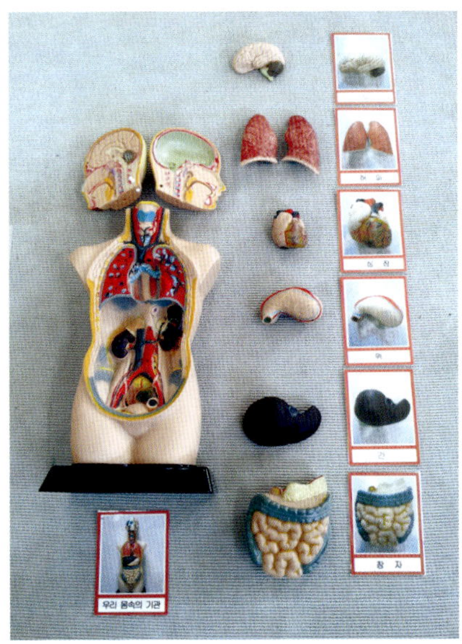

몸속의 기관-암호를 풀자

문화 : 5세

교 구

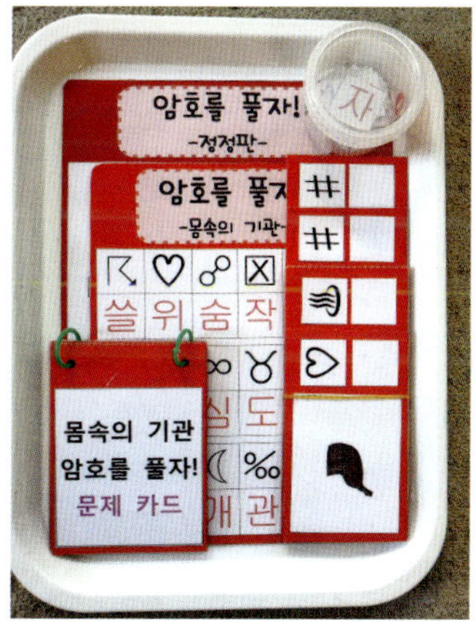

암호를 풀자 암호판, 몸속의 기관 카드 10장, 글자 카드, 각 기관의 설명으로 풀어보는 문제 카드, 정정판

시 범

1. 매트를 펴고 교구를 매트 위로 가져온다.
2. 정정판을 매트 왼쪽에 뒤집어 놓는다.
3. 암호를 풀자 암호 글자판과 문제 카드를 매트 아래에 펴 놓는다.
4. 몸속의 기관 카드 10장을 매트 왼쪽 위에서부터 오른쪽으로 펴 놓는다.
5. 문제 카드의 문제를 읽어보며 문제 카드와 똑같은 몸속의 기관 카드를 가져온다.
6. 암호를 보고 글자를 찾는다.
7. 찾은 암호의 글자를 정답 몸속의 기관 카드에 올려놓는다.
8. 나머지 9장의 카드도 위와 같은 방법으로 몸속 기관의 암호를 풀어본다.
9. 정정판을 뒤집어 정답을 확인한다.

특기사항

- 정답 카드에 암호를 풀어 직접 글자 써보기
- 어린이의 발달 수준에 따라 몸속 기관의 문제를 늘리고 줄일 수 있다.

암호를 풀자!
몸속의 기관
암호를 풀자!
문제 카드

암호를 풀자!

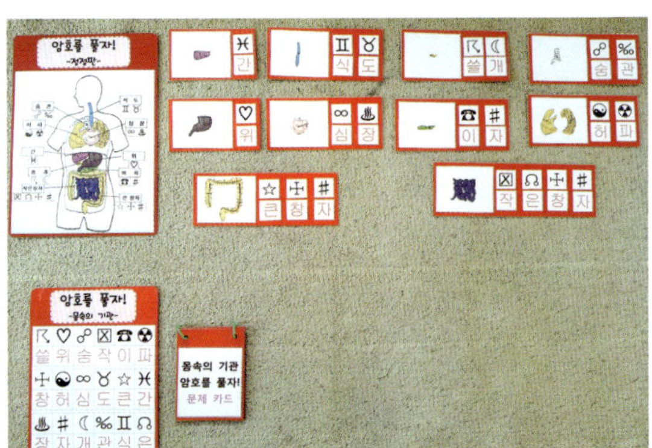
암호를 풀자!
암호를 풀자!
몸속의 기관
암호를 풀자!
문제 카드

우주탑

문화 : 5세

교 구

은하계, 태양계, 지구, 대륙, 나라, 도시, 동네, 학교, 나, 원자를 뜻하는 크기가 규칙적으로 다른 10개의 상자, 의미가 담긴 작은 책

시 범

1. 교구의 양 옆면을 두 손으로 잡고 옮겨온 후, 뚫린 방향이 아래로 오도록 뒤집어 놓는다.
2. 상자 안의 '큰 것'부터 하나씩 들어 올려 왼쪽에서 오른쪽으로 10개의 상자를 나열한다.
3. 작은 책의 은하계를 읽고 은하계의 큰 상자를 들어 그림을 한 손으로 쓰다듬어 본 뒤, 그림이 보이도록 앞에 내려놓는다.
4. 작은 책의 태양계를 읽고 다음 상자를 들어 보이며 "이것은 태양계에요. 태양계는 은하계에 속해 있어요."라고 말한 후 첫 번째 상자 위에 쌓는다.
5. 작은 책의 지구에 대해 읽고 다음 상자를 들어 보이며 "이것은 지구에요." "지구는 은하계에 속해 있는 태양계 중 하나에요."라고 말한 후 두 번째 상자 위에 쌓는다.

6. 위와 같은 방법으로 마지막 원자에 대해 작은 책을 읽고 마지막 상자를 들어 보이며 “이것은 원자에요. 원자는 살아있는 생물체 가운데 가장 작은 것이므로 현미경으로만 볼 수 있어요.”라고 말한다.
7. 마지막 작은 상자를 들고 “나는 은하계에 속한 태양계 중에 지구라는 행성에 있는 아시아라는 대륙에 대한민국이라는 나라의 경기도 안에 __ 도시에 __ 구__동에 __유치원에 다니고 있으며, 원자로 만들어졌어요.”라고 말한 뒤, 아홉 번째 상자 위에 쌓는다.
8. 열 개의 상자가 모두 쌓인 것을 살펴 본 후, ‘나’ 상자부터 하나씩 들어 원래 자리인 오른쪽에서 왼쪽으로 내려놓는다.
9. “여기에 있는 모든 것들 하나하나가 다 중요해요. 모든 것이 제자리에서 완전하게 역할을 하고 있어요. 만약에 나를 빼면”이라고 말하며, 나를 의미하는 상자를 든다. “내가 없으면 부족한 우주가 되지요. 그리고 조화와 균형, 즉 평화가 깨지게 되요” 라고 말한다.
10. “나를 다시 제자리에 돌려놓으면”이라고 말하며 나를 의미하는 상자를 제자리에 놓는다. “이제 완전한 우주에요.”라고 말한다.
11. “나는 원자로 만들어졌어요.”라고 말하며 원자 상자 위에 ‘나’ 상자를 씌운다.
12. 이런 방법으로 소속을 말하며 마지막 상자까지 계속해서 씌운다.
13. 모두 한 상자처럼 합쳐지면 한 손을 상자 아래쪽에 넣어 뚫린 부분이 보이도록 한다.
14. “모든 게 함께 맞춰진 모습이 보이지요? 정말 완전하지요. 하나하나가 정말 중요하다고 생각되지 않나요?”라고 이야기한다.
15. 교구를 정리한다.

특기사항

- 뚫린 부분이 한 방향이 되도록 뒤집을 때 단단한 책받침으로 이용하면 좋다.
- 이 활동은 ‘나’를 강조해 주어야 한다.

5월 3주

소주제 : 소중한 가족

목표 : • 가족의 의미를 이해하고 소중히 여기며 협력하는 태도를 기른다.
• 가족 구성원의 역할과 지켜야 할 예절을 알고 지킨다.

			3세	4세	5세
자유선택	신체운동·건강	감각	●빨간 막대	●촉각 맞추기 -누구의 옷일까?	
	의사소통	언어	●그림과 그림 맞추기 -여러 종류의 집 큰 그림, 작은 그림 ●흑백 그림 맞추기 -집에서 볼 수 있는 가구	●바둑판 종이에 점 찍어 글자 만들기 ●고~호로 시작하는 단어 카드 찾기	●끝말 잇기 ●글자 읽고 집 꾸미기
	사회관계	일상	●접기 -가족 양말 접기	●구두 닦기	●책상 위에 엎지른 물 닦기 ●다림질하기 -아버지 손수건
		언어	●패턴 놓기 -가족 얼굴	●그림과 이름 맞추기 -가족 이름 3단 카드	●제한된 상자 -가족 호칭 이름 카드
	예술경험	일상	♣꾸미기-하트 도장 찍어 꾸미기		♣종이 접기 -카네이션 만들기
		감각			●기하 도형 서랍과 카드 -색종이로 도형을 오려 작은 책 만들기
	자연탐구	감각		●기하 도형 서랍 ●무게 구별판 -가족 무게 찾아주기	
		수학	●수 막대와 물체 대응 (1~5) -가족과 수 막대	●기억력 게임	●세강판 II -수만큼 비즈 놓기
		문화		●꽃 퍼즐 ●꽃 3단 카드 ●어미와 새끼	●꽃 사전 만들기

접기-가족 양말 접기

일상 : 3세

교 구 아빠, 엄마, 나, 동생의 양말, 바구니, 매트

시 범

1. 아빠, 엄마, 나, 동생의 양말을 차례로 왼쪽 위에 꺼내 놓는다.
2. 두 짝을 같이 모아서 아래쪽에서부터 돌돌 말아 양말 한쪽을 벌려서 뒤집어 놓는다.
3. 같은 방법으로 양말을 접어 바구니에 담는다.
4. 교구를 정리한다.

특기사항

- 양말 접는 방법을 다양하게 소개할 수 있다.
- 가족의 옷으로 바꿔 준다.

촉각 맞추기-누구의 옷일까?

감각 : 4세

교 구

질감이 다른 상의를 입은 인형, 상의와 동일한 질감의 하의, 비밀주머니

시 범

1. 매트 위에 인형들을 왼쪽에서 오른쪽으로 나열한다.
2. 하의가 들어 있는 비밀주머니를 매트 위에 놓는다.
3. 왼쪽 인형의 상의를 만져 보고 비밀주머니에 손을 넣어 같은 질감의 아랫부분을 꺼내어 맞춘다.
4. 같은 방법으로 한다.
4. 교구를 정리한다.

특기사항

옷의 모양, 무늬가 같으며 다른 질감의 옷으로 구성해 볼 수 있다.

가족과 수 막대

수학 : 3세

교 구

가족 그림이 있고 수 막대가 그려져 있는 카드 1~5(동생, 나, 오빠, 아버지, 어머니), 각각의 가족에게 수 막대의 수만큼 필요한 물건, 바구니

시 범

1. 수 막대 가족 1~5를 매트 위 왼쪽에서 오른쪽으로 나열한다.
2. 가족들이 필요한 물건을 분류하여 놓는다.
3. 분류한 물건을 수 막대 가족에 맞게 카드 위에 놓는다.
4. 수 막대를 세고 물건을 세어본다.
5. 교구를 정리한다.

특기사항

가족들에게 필요한 물건을 다양하게 바꿔준다.

흑백 그림 맞추기-집에서 볼 수 있는 가구

언어 : 3세

교 구

집에서 볼 수 있는 가구(흑백 그림판, 그림 카드)

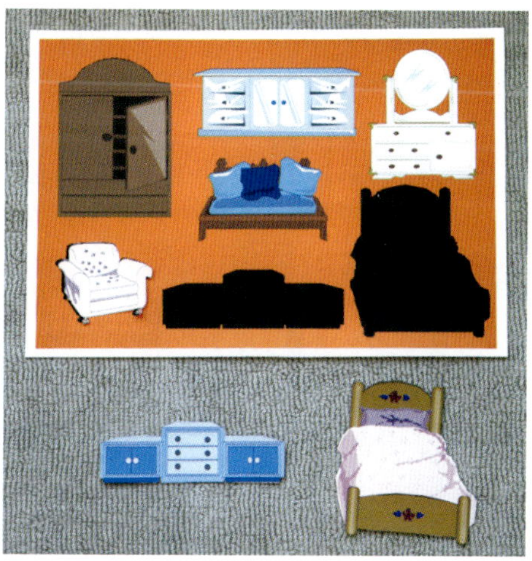

흑백 대조

시 범

1. 가구 흑백 그림판을 매트에 놓는다.
2. 가구 그림 카드를 매트 아래에 나열한다.
3. 흑백 그림판의 왼쪽 그림을 손으로 짚은 후, 같은 가구 그림 카드를 찾아 맞춘다.
4. 같은 방법으로 나머지 가구 그림 카드도 맞춘다.

특기사항

유아의 발달 단계에 따라 가구 그림 카드 수를 조절한다.

바둑판 종이에 점 찍어 글자 만들기

언어 : 4세

교 구

정정판, 바둑판 종이, 연필

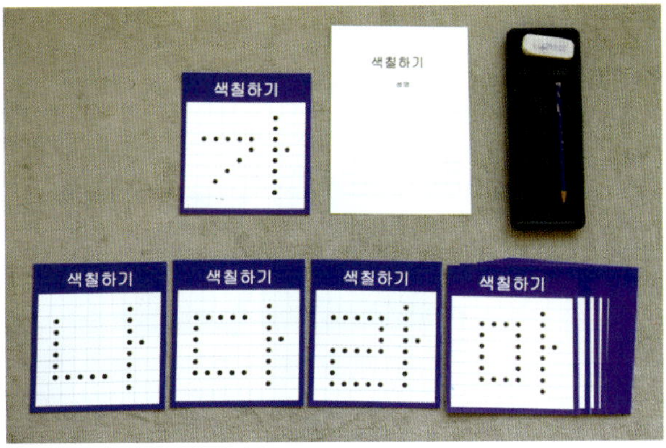

시 범

1. 정정판을 보고 바둑판 종이 위에 점을 찍어 같은 글자를 만든다.
2. 만들어진 글자를 읽는다.
3. 교구를 정리한다.

특기사항

- 글자를 만들어 본 유아는 단어를 만든다.
- 점선 따라 글씨를 쓴다.

어미와 새끼

문화 : 4세

교 구

어미와 새끼 동물 물체(곰, 팬더, 호랑이, 표범, 코뿔소, 얼룩말)

시 범

1. 어미 동물을 매트 위에 나열한다.
2. 새끼 동물을 매트 아래에 나열한다.
3. 어미 동물과 같은 새끼 동물을 찾아서 어미 동물 밑에 놓는다.
4. 같은 방법으로 어미와 새끼 동물을 찾아서 맞춘다.
6. 교구를 정리한다.

특기사항

어린이들이 쉽게 볼 수 있는 동물(어미와 새끼)들을 준비해 준다.

5월 4주

소주제 : 가족의 생활과 문화

목표 : • 다양한 가족의 구조와 문화를 경험하고 존중하도록 한다.

			3세	4세	5세
자유선택	신체운동·건강	일상	●상 차리기 Ⅰ	●빨래하기	●유리창 닦기
		감각	●빨간 막대		
	의사소통	언어	●흑백 그림 맞추기 –가족이 사용하는 물건 ●철판 도형 시범 2	●관계있는 것 맞추기 –가족에게 필요한 물건 ●탁본하기	●비슷한 말 찾기
	사회관계	일상	●예절 –가족에게 감사 인사하기		●요리하기 –달걀 요리
		언어			●존댓말 카드 맞추기 ●상황에 맞는 말 찾기 –말풍선
		문화	●모계 가족 –러시아 인형 소개	●가족의 역사 –가족 나무(직계 가족)	●가족의 역사 –가족 나무(사촌)
	예술경험	일상	♣종이 접기–모자 쓴 우리 아빠 ♣직조 짜기–집(밑 부분)	♣붙이기–창문 ♣직조 짜기–집(지붕+밑)	♣우리 집 모형 만들기
	자연탐구	수학	●수 막대 색칠하기(1~5)	●기억력 게임 변형	●100판 Ⅰ
		문화		●식물 소개 (실물) –꽃 감각적 소개	●무척추동물의 부분 –곤충

6월

우리 동네

6월 1주

소주제 : 우리 동네 모습

목표 : • 내가 살고 있는 집과 유치원 주변, 우리 동네에 관심을 가진다.
• 유치원 주변과 우리 동네를 돌아보고 이름과 위치를 알아본다.

			3세	4세	5세
자유선택	신체운동·건강	일상	●먼지 닦기 ●깔때기로 마른 물체 옮겨 붓기	●책상 닦기 ●나무 광내기 -집 모형	●은 광내기
자유선택	신체운동·건강	감각	●색원기둥		
자유선택	의사소통	언어	●칠판 사용하기 ●모래판 낱자 -자음-ㄱ, ㄴ, ㄷ	●그림과 이름 맞추기 -과자 봉지에 있는 글자	●이동 낱자 상자 -가게 이름 ●자, 모음 도장으로 가게 간판 이름 찍기
자유선택	사회관계	언어	●조각 그림 -여러 종류의 가게	●분류 -가게 놀이	●이름과 이름 맞추기 -시장에서 파는 물건
자유선택	사회관계	문화	●색채 지구본	●수형·지형 점토 이용 -섬, 호수	●종이로 수형·지형 책 만들기
자유선택	예술경험	일상	♣종이 접기-집 (우리 동네 꾸미기)	♣직조하여 집 꾸미기 -소방서	♣바느질하기-학교
자유선택	예술경험	감각		●빨간 막대 -울타리 만들기 -가로수길 -달팽이 모양 만들기 (여러 가지 모양으로 구성) -색원기둥과 함께 구성하기	●기하 도형 겹치기
자유선택	자연탐구	수학	●모래판 숫자(1~5) -우리 집 모래판 숫자	●십진법 Ⅰ -양	●100판 Ⅱ

나무 광내기-집 모형

일상 : 4세

교 구 뚜껑 있는 그릇, 나무 광내는 약, 작은 숟가락, 면봉. 화장솜, 칸이 나누어진 접시 2개, 모형(병원 모형, 집 모형), 수건, 매트

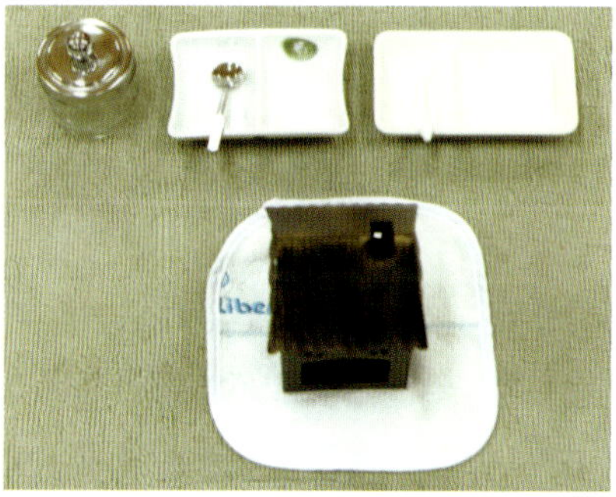

시 범

1. 수건을 매트 위에 편다.
2. 모형(병원, 집)을 수건 위에 놓는다.
3. 광내는 약통 뚜껑을 연다.
4. 작은 숟가락으로 약을 덜어 칸이 나누어진 접시에 담는다.
5. 약통 뚜껑을 닫는다.
6. 면봉으로 닦는 부분에 약을 바른다.
7. 약이 마르도록 기다린다.
8. 화장솜으로 약을 바른 부분을 닦는다.
9. 뒷정리를 한 화장솜과 면봉을 작은 그릇에 담아 쓰레기통에 버린다.
10. 수건을 접는다.
11. 교구를 정리한다.

특기사항

다른 친구를 위해 화장솜과 면봉을 준비대에서 새 것으로 바꾸어 준다.

우리 집 모래판 숫자

수학 : 3세

교 구

우리 집 모래판 숫자 1~5, 숫자 카드 1~5

시 범

1. 우리 집 모래판 숫자 1~5를 매트 위 왼쪽에서 오른쪽으로 나열한다.
2. 숫자 카드를 매트 아래에 놓는다.
3. 모래판 숫자를 오른손 검지 중지로 쓸면서 숫자를 읽는다.
4. 모래판 숫자에 맞는 숫자 카드를 찾아 모래판 숫자 아래에 놓는다.
5. 손으로 가리키면서 모래판 숫자를 읽고 숫자 카드를 읽는다.
6. 모래판 숫자와 숫자 카드를 정리한다.

가게 놀이

언어 : 4세

교 구

가게 그림 카드, 물건 그림 카드

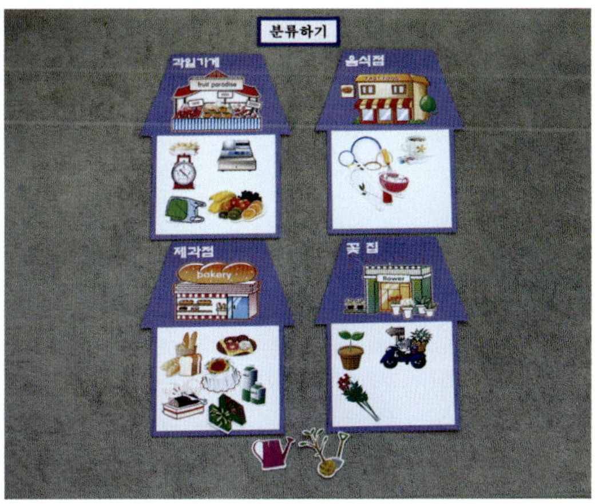

시 범

1. 가게 그림 카드를 매트에 나열한다.
2. 물건 그림 카드를 가게 그림 카드 아래에 나열한다.
3. 가게에서 파는 물건 그림 카드를 찾아 분류한다.
4. 카드 뒷면 정정표시를 확인한다.
5. 교구를 정리한다.

특기사항

카드 뒷면에 정정표시를 한다.

6월 2주

소주제 : 우리 동네 생활

목표 : • 우리 동네에 어떤 자연 공간이 있는지 알고 자연 공간에서 놀이와 휴식을 경험한다.
• 우리 동네의 공공기관과 그 역할과 기능에 대해 알아본다.

			3세	4세	5세
자유선택	신체운동·건강	일상	●광내기-거울 ●교구 닦기	●닦기 -소방관 모자(헬맷)	
		감각	●색원기둥		
	의사소통	언어	●모래판 낱자 -자음(ㄹ, ㅁ, ㅂ) ●흑백 그림 맞추기 -여러 가지 건물 맞추기	●탁본하기 ●분류 -필요한 물건 찾기 ●자, 모음 합성하기 -ㄱ~ㅎ	●연상 놀이 -자연물과 인공물
	사회관계	언어			●수수께끼 -문장 읽고 우리 동네 기관 찾기
		문화		●수형·지형 모형판 -섬, 호수	
	예술경험	일상	♣오리기-병원	♣반 접어 오리기 -우체통, 분리수거통	♣펀칭-문구점, 학교
	자연탐구	수학	●모래판 숫자(1-5) -우체통 모래판 숫자	●십진법 Ⅱ -숫자 카드	●100판 -빠진 숫자 채우기
		문화			●동물의 뼈 맞추기

소방관 모자

일상 : 4세

교 구

뚜껑 있는 그릇, 광내는 약, 작은 숟가락, 칸이 나누어진 접시 2개, 면봉, 화장솜, 소방관 헬멧, 수건, 매트

시 범

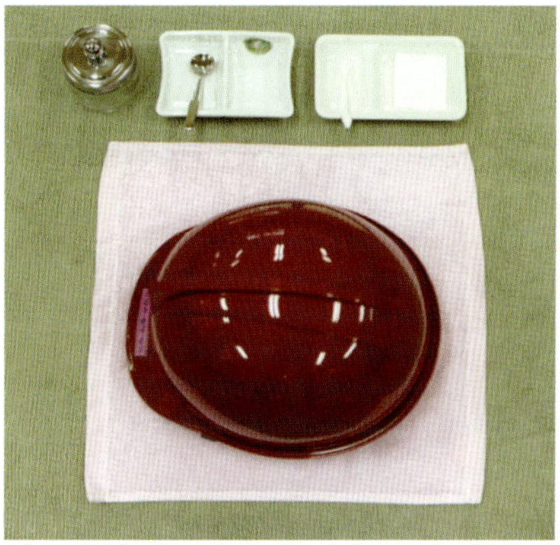

1. 수건을 매트 위에 깐다.
2. 소방관 헬멧을 수건 위에 놓는다.
3. 광내는 약통 뚜껑을 연다.
4. 작은 숟가락으로 약을 덜어 칸이 나누어진 접시에 담는다.
5. 약통 뚜껑을 닫는다.
6. 면봉으로 닦는 부분에 약을 바른다.
7. 약이 마르도록 기다린다.
8. 화장솜으로 약을 바른 부분을 닦는다.
9. 화장솜과 뒷정리를 한 후 면봉을 작은 그릇에 담아 쓰레기통에 버린다.
10. 수건을 접는다.
11. 교구를 정리한다.

특기사항

다른 친구를 위해 화장솜과 면봉을 준비대에서 새 것으로 바꾸어 준다.

우체통 모래판 숫자

수학 : 3세

교 구

모래판 숫자 1~9까지 있는 우체통 모양의 긴 카드, 우표 1~9

시 범

1. 우체통 모래판 숫자 카드를 매트 위에 놓는다.
2. 우표를 매트 아래에 놓는다.
3. 모래판 숫자를 오른손 검지, 중지로 쓸면서 숫자를 읽는다.
4. 모래판 숫자에 맞는 우표를 찾아 모래판 숫자 아래에 놓는다.
5. 손으로 가리키면서 모래판 숫자를 읽고 우표를 읽는다.
6. 교구를 정리한다.

특기사항

우리 동네 기관을 나타내는 상징물로 대체할 수 있다.

예 병원, 경찰서, 은행, 관공서 등

필요한 물건 찾기

언어 : 4세

교 구

우리 동네에서 볼 수 있는 장소 그림판, 필요한 물건 그림 카드

분류하기

시 범

1. 그림판을 매트에 나열한다.
2. 필요한 물건 그림 카드를 그림판 아래에 나열한다.
3. 필요한 물건 그림 카드를 찾아 분류한다.
4. 카드 뒷면의 정정표시를 확인한다.
5. 교구를 정리한다.

특기사항

카드 뒷면에 정정표시를 한다.

6월 3주

소주제 : 우리 동네 사람들

목표 : • 우리 동네 사람들에게 관심을 가지고 직업의 소중함과 다양한 직업의 사람들이 있어서 내가 생활할 수 있음을 경험해 본다.

			3세	4세	5세
자유선택	신체운동·건강	일상	●먼지 닦기 -파출소, 우체국 모형		●접기 -의사, 간호사, 요리사 가운 접기
		감각	●촉각판 1, 2	●촉각판 3 -교실(실외)에서 거칠다/매끄럽다 찾아보기 -준비된 교구에서 거칠다/매끄럽다 분류	
	의사소통	언어	●모래판 낱자 -자음(ㅅ, ㅇ, ㅈ)	●구~후로 시작하는 단어 카드 찾기	●이동 낱자 상자 -문장 만들기
	사회관계	언어	●분류 -우리 동네 기관 ●관계있는 것 맞추기 -직업과 옷	●분류 -누구에게 필요할까요? ●그림과 이름 맞추기 -우리를 도와주는 사람들	●같은 글자 찾아 놓기 -우리를 도와주는 직업
		문화	●풍선 지구본과 대륙 지도 퍼즐 소개	●수형·지형 점토 이용 -만, 반도 만들기	●잡지 또는 지도에서 수형, 지형 찾기
	예술경험	일상	♣펀칭-간호사 모자	♣직조 : 우체국 ♣반 접어 오리기-주사기	♣종이 접기 -의사, 간호사, 요리사 가운 접기
	자연탐구	수학	●모래판 숫자와 숫자 카드 (1~5)	●십진법 Ⅲ -양과 숫자 카드	●뱀 놀이 Ⅰ

먼지 닦기-파출소

일상 : 3세

교 구

먼지 터는 솔, 작은 수건, '닦아 주세요' 표, 표를 담는 통, 테이프 버리는 그릇

시 범

1. 먼지 터는 솔로 경찰서 모형의 먼지를 턴다.
2. 작은 수건을 모아 접어 쥐고 경찰서 모형의 먼지를 깨끗이 닦는다.
3. 경찰서 모형에 붙어 있는 '닦아주세요' 표를 떼어 투명테이프는 작은 접시에 버리고 표는 통에 담는다.
4. 솔을 쓰레기통에 가져가 양손으로 비비며 먼지를 털어낸다.
5. 더러워진 수건을 새 것으로 바꾸고 작은 접시의 투명테이프는 쓰레기통에 버린다.
6. 교구를 정리한다.

특기사항 먼지 터는 솔에 묻은 먼지가 바닥에 떨어지지 않도록 쓰레기통 안에서 먼지를 턴다.

우체국 먼지 닦기

접기-요리사 가운

일상 : 5세

교 구

모자, 요리사 옷, 바구니, 매트

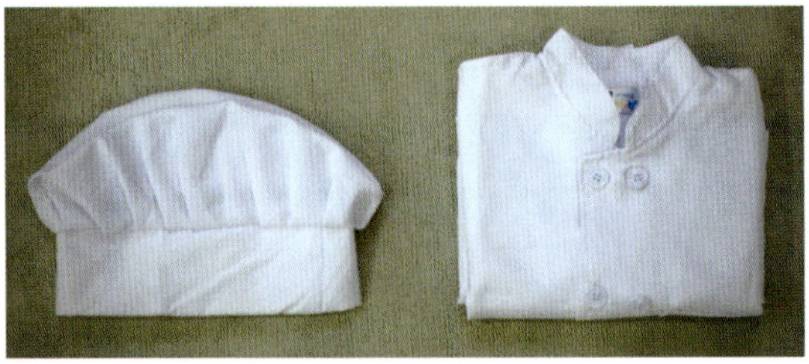

시 범

1. 모자를 바구니에서 꺼내 매트 중앙에 놓고 접어서 매트 왼쪽 위에 놓는다.
2. 요리사 옷을 바구니에서 꺼내 매트 중앙에 놓고 편 다음 다시 접어서 오른쪽 위에 놓는다.
3. 요리사 옷과 모자를 쟁반에 담는다.
4. 교구를 정리한다.

특기사항

경찰관·소방관·의사·병원 의상, 미장원 앞치마 등으로 바꿔 준다.

촉각판 3

감각 : 4세

교 구

거친 정도가 다르게 붙여진 사포 블록, 눈가리개

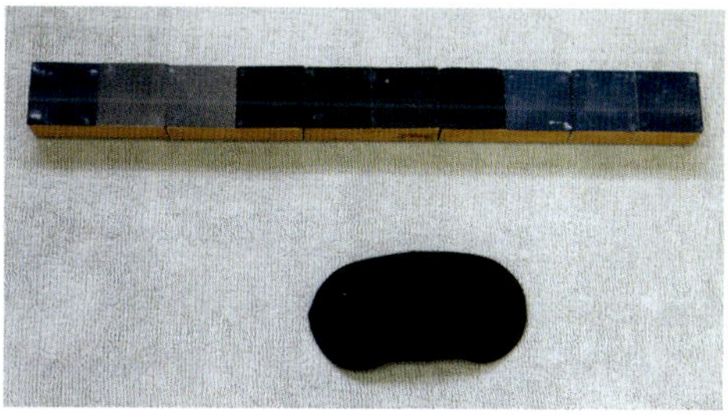

시 범

1. 교구를 자유롭게 꺼내 놓는다.
2. 사포의 거친 정도에 따라 순서대로 블록을 붙인다.
3. 교구를 정리한다.

특기사항

- 눈가리개를 하고 활동해 볼 수도 있다.
- 처음 제시하는 교구에 시작점을 표시한다.

분류-우리 동네 기관, 누구에게 필요할까?

언어 : 3세, 4세

교 구

우리 동네 기관 그림 카드, 여러 직업 그림 카드, 필요한 물건 그림 카드

분류하기

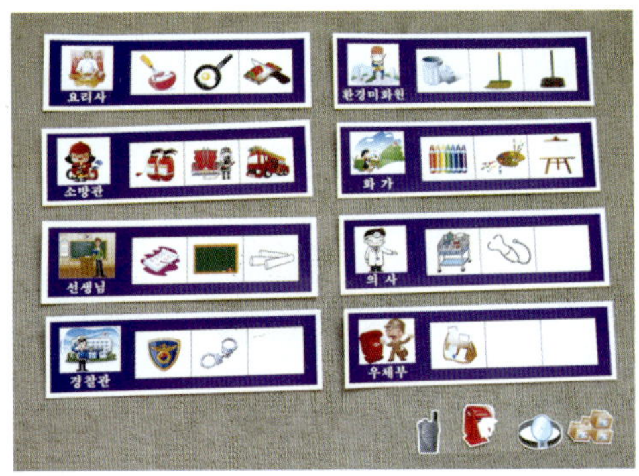

누구에게 필요할까요?

시 범

1. 그림판을 매트에 나열한다.
2. 필요한 물건 그림 카드를 그림판 아래에 나열해 놓는다.
3. 필요한 물건 그림 카드를 찾아 분류해 놓는다.
4. 카드 뒷면 정정표시를 확인한다.
5. 교구를 정리한다.

특기사항

카드 뒷면에 정정표시를 한다.

6월 4주

소주제 : 우리 동네 전통과 문화

목표 : • 우리 동네를 사랑하고 문화를 알며, 각 장소별로 지켜야 할 공공 규칙에 대해 알고 행동한다.

			3세	4세	5세
자유선택	신체운동·건강	일상	●물 옮겨 붓기 -한 그릇에서 두 그릇		
	의사소통	언어	●그림 따라 구슬 꿰기 ●모래판 낱자 -자음(ㅊ, ㅋ, ㅌ)	●관계없는 것 찾기 ●탁본하기 ●자, 모음 합성하기 -그~흐	
	사회관계	일상	●기관 방문 예절 -상황에 따른 인사법 Ⅰ	●기관 방문 예절 -상황에 따른 인사법 Ⅱ	●기관 방문 예절 -상황에 따른 인사법 Ⅲ (다른 사람을 부를 때)
		감각		●촉각판 맞추기 -우리 동네 가게 찾기 -거리를 두고 같은 것 찾기 -느낌이 같은 벽지 찾기	●기하 도형 겹치기 -우리 동네 꾸미기
		언어	●조각 그림 맞추기 -우리 지역의 자랑거리	●그림과 그림 맞추기 -기억 놀이-우리 동네	●방언과 표준어 맞추기 ●그림과 이름 맞추기 -우리 지역의 자랑거리 ●같은 글자 찾아 놓기 -지역 특산물
		문화		●수형·지형 모형판 -만, 반도	●수형·지형 3단 카드
	예술경험	일상	♣오리기-사랑의 풍선	♣우리 동네 벽 꾸미기	♣푸싱핀-쓰레기 줍기
		감각	●색판 Ⅰ		
	자연탐구	수학	●모래판 숫자 놀이 탁본 (1~5) ●자석 숫자판 ●모눈종이에 숫자 쓰기	●십진법 -도장 찍기	●뱀 놀이 Ⅱ

촉각판 맞추기-우리 동네 가게 찾기

감각 : 4세

교 구

사포로 만든 길이 있는 우리 동네 그림판, 각 가게에서 파는 물건의 모형 또는 그림

시 범

1. 매트 가운데 그림판을 놓는다.
2. 가게의 물건을 매트 위에 꺼내 놓는다.
3. 시작점에서 출발하여 검지로 사포 길을 따라 가게를 간다.
4. 가게에 맞는 물건을 찾아 놓는다.
5. 교구를 정리한다.

특기사항

사포의 질감 차이가 분명하게 만들어 준다.

자석 숫자판

수학 : 3세

교 구

자석 숫자판(가로 세로 10×10씩 좌우 2곳에 칸이 그려져 있고 왼쪽 칸은 자석 조각 100개 부착됨), 모눈종이 1~10 정정판, 장구 모양 자석

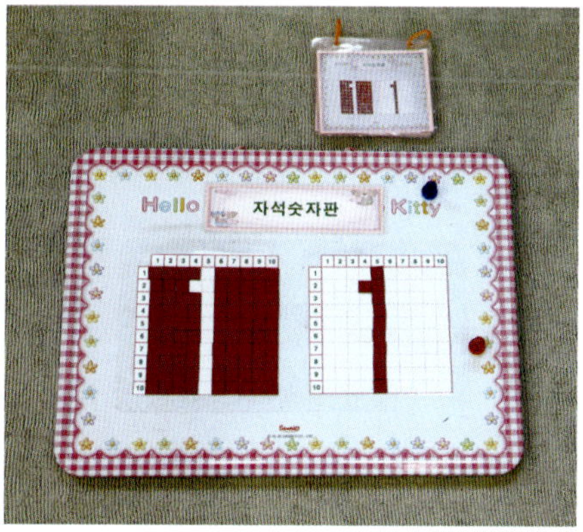

시 범

1. 정정판 모눈종이에 그려져 있는 숫자를 본다.
2. 장구 모양 자석으로 왼쪽 자석 조각을 들어 오른쪽 칸에 놓는다.
3. 모눈종이의 숫자와 같은 숫자를 오른쪽 칸에 만들어 본다.
4. 손으로 가리키면서 왼쪽 숫자를 읽고 오른쪽 숫자를 읽는다.
5. 오른쪽의 자석 조각을 왼쪽에 정리한다.

특기사항

숫자를 읽을 때 숫자를 검지와 중지로 쓸면서 읽을 수 있다.

모눈종이에 숫자 쓰기

수학 : 3세

교 구

모눈종이 1~10 정정판. 모눈 숫자판, 연필, 지우개. 필통

시 범

1. 정정판 모눈종이에 그려져 있는 숫자를 본다.
2. 모눈종이 숫자를 오른쪽 모눈종이 숫자판에 연필로 써 본다.
3. 손으로 가리키면서 왼쪽 숫자를 읽고 오른쪽 숫자를 읽는다.
4. 교구를 정리한다.

특기사항

숫자를 읽을 때 숫자를 검지와 중지로 쓸면서 읽을 수 있다.

7·8월

여름·건강과 안전

7월 1주

소주제 : 여름

목표 : • 여름 날씨의 변화를 알고 여름 날씨에 알맞는 음식과 여름철 놀이를 즐긴다.
• 여름철 건강과 안전을 위해 지켜야 할 일을 실천한다.
• 여름의 아름다움을 느끼고 즐긴다.

			3세	4세	5세
자유선택	신체운동·건강	일상	●거품 만들기 ●깔때기로 물 옮겨 붓기	●뜰채 사용하기 -물고기 옮기기 ●주사기로 물 옮기기	●젓가락 옮기기 -물고기 모형 ●수틀 바느질하기 -참외, 수박
		감각	●촉각판 3		
	의사소통	언어	●분류하기 -여름에 볼 수 있는 것 ●모래판 낱자 -자음(ㅍ~ㅎ)	●그림과 이름 맞추기 -여름을 시원하게 하는 것 ●ㄱ~ㅎ으로 시작하는 단어 카드 찾기	●연상 놀이 -여름 ●자, 모음 도장으로 글자 찍기 -여름에 볼 수 있는 것
	사회관계	문화	●사계절 소개 -계절 퍼즐(3, 4조각)	●계절 소개-나무 ●봄·여름·가을·겨울 분류하기	●계절책 만들기 ●4계절의 변화
	예술경험	일상	♣선 긋기-수박 ♣찍기-물방울 무늬	♣꾸미기(접어 오리기) -물고기 비늘 ♣색종이 접기-돌고래	♣바느질-우산, 장화
	자연탐구	감각		●비밀주머니 -여름에 볼 수 있는 것 ●여름옷 촉감 맞추기	
		수학	●수 막대와 숫자 카드 Ⅰ(1~5) ●우산과 빗방울	●9 쟁반 Ⅰ -1999(양)	●뱀 놀이 -숫자 쓰기, 답 적기

뜰채 사용하기-물고기 옮기기

일상 : 4세

교 구

투명한 그릇 2개, 물, 물고기 모형, 구멍 뚫린 국자, 쟁반, 비닐 매트

시 범

1. 국자를 쥐고 손목을 돌려 왼쪽 그릇의 물고기를 오른쪽으로 옮긴다.
2. 오른쪽 그릇의 물고기를 1과 같은 방법으로 왼쪽으로 옮긴다.
3. 교구를 정리한다.

특기사항

다양한 내용물과 여러 가지 뜰채로 바꾸어 준다.

(내용물과 뜰채를 다양하게 바꾸어 준다.)

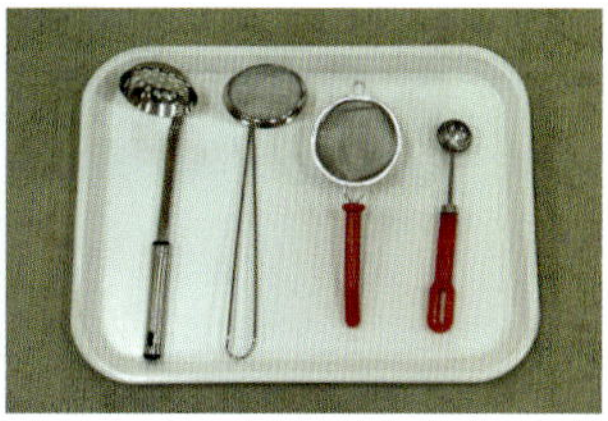

수틀 바느질하기 - 참외

일상 : 5세

교 구 참외 모양이 그려진 바느질용 천, 수틀, 실, 가위, 바늘, 바늘꽂이, 네임펜, 쓰레기통, 교구를 담는 바구니

시 범

1. 참외 그림이 있는 천을 수틀에 끼운다.
2. 실을 잘라 바늘에 끼워 매듭짓는다.
3. 선을 따라 바느질한다.
4. 참외 모양을 완성한 후 실의 매듭을 짓는다.
5. 잘라낸 여유분의 실을 쓰레기통에 버리고 수틀에서 천을 뺀다.
6. 완성한 바느질 천의 오른쪽 아래에 이름과 날짜를 쓴다.
7. 교구를 정리한다.

특기사항
- 다양한 과일의 그림으로 바꾸어 준다.
- 그림에 따라 실의 색깔을 맞추어 준다.

비밀주머니-여름에 볼 수 있는 것

감각 : 4세

교 구

여름 관련 물체 비밀주머니 2세트

시 범

1. 비밀주머니를 매트 가운데 놓는다.
2. 물체를 하나씩 꺼내면서 물체의 이름을 말한다.
3. 물체를 하나씩 다시 넣는다.
4. 비밀주머니에 손을 넣어 잡은 물체의 이름을 말하고 꺼내서 확인 후 매트 위에 놓는다.
5. 나머지도 같은 방법으로 한다.
6. 교구를 정리한다.

특기사항

비밀주머니를 2세트 사용할 수 있다.

우산과 빗방울

수학 : 3세

교 구

부직포로 만든 빗방울, 우산 55개, 바구니

시 범

1. 빗방울 1~10을 매트 위 왼쪽에서 오른쪽으로 나열한다.
2. 빗방울에 적혀 있는 숫자만큼 우산을 빗방울 위에 놓는다.
3. 숫자를 읽고 우산을 센다.
4. 교구를 정리한다.

특기사항

홀수와 짝수를 셀 수 있다.

봄·여름·가을·겨울 분류하기

문화 : 4세

교 구

봄, 여름, 가을, 겨울의 이름 카드와 그림 카드

시 범

1. 봄, 여름, 가을, 겨울의 특징을 이야기한다.
2. 봄, 여름, 가을, 겨울의 이름 카드를 나열한다.
3. 그림 카드를 매트 아래에 나열한다.
4. 그림 카드를 1개씩 제시하며 이름과 특징을 말하고 해당 이름 카드 아래에 놓는다.
5. 분류한 그림 카드를 보고 카드 뒷면의 정정표시를 확인한다.
6. 교구를 정리한다.

특기사항

카드 뒷면에 정정표시를 한다.

사계절의 변화

문화 : 5세

교 구

봄, 여름, 가을, 겨울의 이름 카드 4장, 1월~12월의 이름 카드 12장, 나무로 된 태양, 작은 지구의 1개, 4계절의 그림 카드 20장, 4계절 매트, 초

시 범

1. 이름 카드와 계절 그림 카드, 태양, 초, 지구의, 달 카드 등을 매트 위에 나열한다.
2. 4계절 매트를 편 후, 태양 위에 초를 올려놓고 1월~12월 카드를 태양 중심으로 놓는다.
3. 현 계절의 그림 카드쪽에 작은 지구의를 올려 놓는다.
4. 현 계절 이름 카드와 그림 카드를 찾아 4계절 매트에 놓는다.
5. 다음에 올 계절에 작은 지구의를 옮겨 놓고 해당되는 계절 이름 카드와 그림 카드를 완성될 때까지 4계절 매트에 놓는다.

7월 2주

소주제 : 즐거운 운동과 휴식

목표 : • 내가 할 수 있는 여러 가지 운동을 해 본다.
• 나의 건강을 위해 규칙적으로 생활하는 습관을 기른다.
• 놀이 후에는 적절한 휴식을 한다.

			3세	4세	5세
자유선택	신체운동·건강	일상	●선 따라 걷기 Ⅰ −운동기구 들고 걷기	●선 따라 걷기 Ⅱ −다양한 공	●선 따라 걷기 Ⅲ −운동기구−아령 −줄넘기 선 만들어 걷기
		감각	●촉각판 맞추기 −짝 맞추기(도미노)		
	의사소통	언어	●물체 놓기 −모형과 대조	●그림과 이름 맞추기 −운동경기 ●자, 모음 합성하기 −기~히	●그림과 문장 맞추기 −운동에 관계되는 것 ●관계있는 것 짝 맞추기 −운동경기와 운동기구
	사회관계	문화	●달력 소개 −감각적 소개	●과거·현재·미래 소개 ●한 달은 며칠일까요?	●달력 만들기 ●1주일의 유래
	예술경험	일상	♣펀칭−튜브	♣선 긋기−배구공	♣꾸미기 : 직조하여 색칠 −욕실 바닥 −테니스 라켓
	자연탐구	감각		●2항식	
		수학	●수 막대와 숫자 카드 Ⅱ (1~5)	●9 쟁반 놀이 시범 Ⅱ −1999 숫자 카드	●은행 놀이 소개(양) ●우체통에 우표 붙이기

선 따라 걷기 - 운동기구 들고 걷기

일상 : 3세

교 구

교실 바닥의 선, 조용한 음악, 운동기구(축구공, 아령, 배드민턴 공, 탁구공), 바구니, 매트

시 범

1 유아와 함께 선이 그려진 곳으로 간다.

2. 어깨를 펴고 바른 자세로 운동기구를 들고 선 위에 선다.

3. 한쪽 발을 들어 다른 발 앞에 뒤꿈치를 내려놓으며, 앞부분을 내딛는다.

4. 반복하며 선 위를 걷는다.

5. 운동기구를 정리한다.

우체통에 우표 붙이기

수학 : 5세

교 구 초록·파랑·빨강 우체통 모양판, 1, 10, 100 각각의 색깔에 맞는 우표 10장, 숫자 카드, 그릇

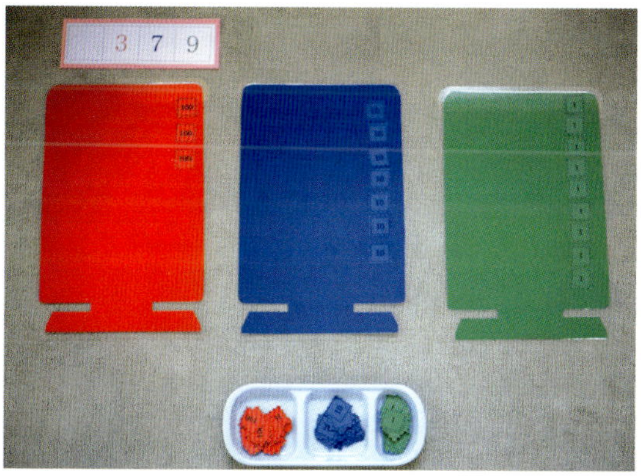

우체통에 우표 붙이기

시 범

1. 100의 자리, 10의 자리, 1의 자리 우체통 모양판을 왼쪽에서 오른쪽으로 나열한다.
2. 제시된 숫자 카드를 보고 1의 자리 숫자부터 우표를 골라 우체통 모양판에 붙인다.
3. 붙인 우표를 읽어 본다. '삼백 칠십 구'
4. 1의 자리 우표부터 정리한다.

특기사항

- 임의로 우표를 붙이고 읽어 보기
- 교사가 부르는 수만큼 우표 붙여보기

그림과 이름 맞추기 - 운동경기

언어 : 4세

교 구

운동경기 3단 카드(그림과 이름이 있는 카드, 그림 카드, 이름 카드)

시 범

1. 그림과 이름이 있는 카드를 매트 위에 나열한다.
2. 그림 카드를 나열한 후 같은 그림 카드를 찾아 맞춘다.
3. 이름 카드도 같은 방법으로 맞춘다.
4. 교구를 정리한다.

특기사항

- 구기 종목, 육상 경기, 격투기 등 종목에 따라 분류하여 제시한다.
- 카드 뒷면에 정정표시를 한다.

관계있는 것 짝 맞추기 - 운동경기와 운동기구

언어 : 5세

교 구

운동경기 그림 카드, 운동기구 그림 카드

운동경기와 운동기구

시 범

1. 매트 왼쪽부터 운동경기 그림 카드를 나열한다.
2. 운동기구 그림 카드를 아래에 나열한다.
3. 운동경기에 필요한 운동기구를 찾아 맞추어 놓는다.
4. 카드 뒷면의 정정표시를 확인한다.
5. 교구를 정리한다.

특기사항

- 구기 종목, 육상경기, 격투기 등 종목에 따라 분류하여 제시한다.
- 카드 뒷면에 정정표시를 한다.

한 달은 며칠일까요?

문화 : 4세

교 구

교구 이름 카드, 금색 구슬 5개, 노란색 구슬 1개, 빨간색 구슬 1개의 순서로 반복해서 끼워진 구슬 줄, 1~30까지 숫자 카드, 1·2·3·4주 카드

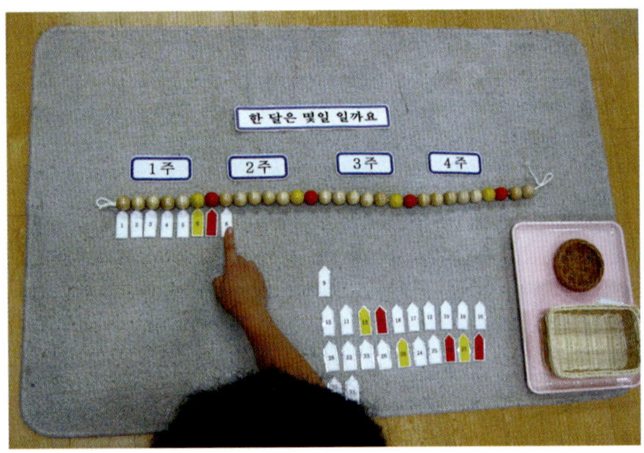

한 달은 며칠일까요?

시 범

1. 교구 이름 카드를 매트 왼쪽 위에 꺼내어 놓는다.
2. 구슬이 끼워진 줄을 금색 구슬 5개가 끼워진 쪽이 왼쪽을 향하도록 왼쪽에서 오른쪽으로 펼쳐 놓는다.
3. 숫자 카드를 모두 꺼내어 매트 아래쪽에 자유롭게 펼쳐 놓는다.
4. 1~30까지의 숫자 카드를 뾰족한 부분이 구슬을 가리키며 구슬 아래에 오도록 왼쪽에서 오른쪽으로 하나씩 놓는다.
5. 교구를 정리한다.

특기사항

노란색과 빨간색 구슬 아래에 같은 색깔의 숫자 카드가 오도록 놓는다.

1주일의 유래

문화 : 5세

교 구 교구 이름 카드, 7가지 무지개 색깔의 구슬이 하나씩 끼워진 줄, 일－빨간색, 월－주황색, 화－노란색, 수－초록색, 목－파란색, 금－남색, 토－보라색 요일이 쓰인 카드, 일주일이 만들어진 유래가 담긴 책

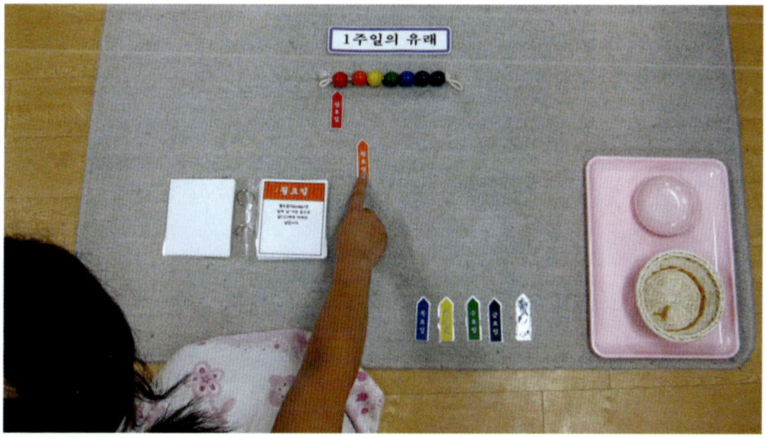

1주일의 유래

시 범

1. 교구 이름 카드를 놓는다.
2. 빨간색 구슬이 왼쪽에 오도록 하여 왼쪽에서 오른쪽으로 펼쳐 놓는다.
3. 일요일이라고 쓰인 빨간 카드의 뾰족한 부분이 구슬을 가리키도록 빨간색 구슬 아래에 놓고 일주일이 만들어진 유래가 담긴 책을 펼쳐 일요일의 유래를 읽는다.
4. 월요일～토요일까지 같은 방법으로 한다.
5. 교구를 정리한다.

7월 3주

소주제 : 깨끗한 나와 환경

목표 : • 건강을 위해 스스로 몸을 깨끗이 하는 습관을 기른다.
• 깨끗하게 주변을 만들 수 있는 여러 가지 방법을 알아본다.
• 병에 따라 선택하는 병원이 다름을 안다.

			3세	4세	5세
자유선택	신체운동·건강	일상	●손 씻기 I ●이 닦기 ●돌과 조개껍질 닦기	●손 씻기 II ●손톱깎이	●손 씻기 III
		감각	●촉각판 맞추기 –짝 맞추기		
	의사소통	언어	●같은 단어 찾아 놓기 –목욕용품	●'기~히'로 시작하는 단어 카드 찾기	●문장의 지시대로 행동해 보기
	사회관계	언어	●차례 찾기 –치과에 가면 ●그림과 그림 맞추기 –환경 보호	●관계있는 것 맞추기 –어느 병원에 가야 할까요? ●그림과 이름 맞추기 –병원 종류	●작은 책 만들기 –병원 종류
		문화	●쓰레기 분리 배출	●재활용품 분류	●분리 배출 –재활용 사전
	예술경험	일상	♣꾸미기–머리 감기	♣꾸미기–세수하기 ♣푸싱핀–치약	♣꾸미기–손 씻는 과정 ♣푸싱핀–화장지
		감각		●색판 II –염색 놀이 –얼음 그림 –색판 퍼즐 –색연필로 색판 모양 색 –자연(실내)에서 색판과 같은 색 찾기	
	자연탐구	수학	●수 막대와 숫자 카드 II –수 막대 수만큼 색칠하기(1~5) ●모기향과 모기	●9 쟁반 놀이 시범 III –1999의 양과 숫자 카드	●은행 놀이 소개(양/수) ●우표 교환 게임
		문화			●몸속 기관의 명칭 3단 카드

모기향과 모기

수학 : 3세

교 구

수 막대 자석 모기향 1～10, 모기향 받침대 10개, 자석 모기 55마리, 바구니

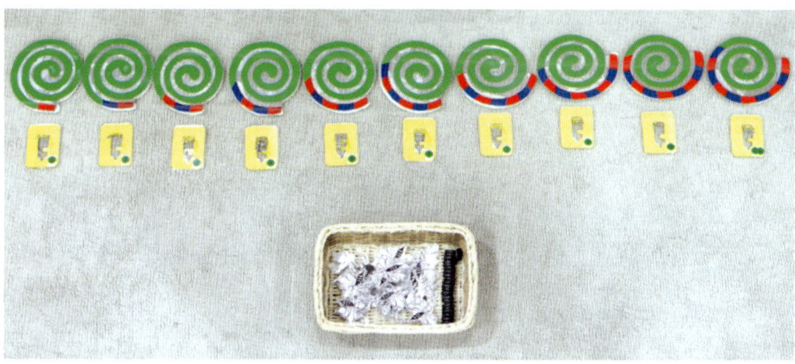

모기향과 모기

시 범

1. 수 막대 모기향 1～10을 매트 위 왼쪽에서 오른쪽으로 나열한다.
2. 1～10까지 수 막대 모기향을 받침대로 받쳐 놓는다.
3. 수 막대를 읽고 수 막대 숫자만큼 모기를 모기향 위에 놓는다.
4. 수 막대를 읽고 모기를 센다.
5. 교구를 정리한다.

우표 교환 게임

수학 : 5세

교 구

1, 10, 100 각각의 색에 맞는 우표 30장, 주사위, 바구니

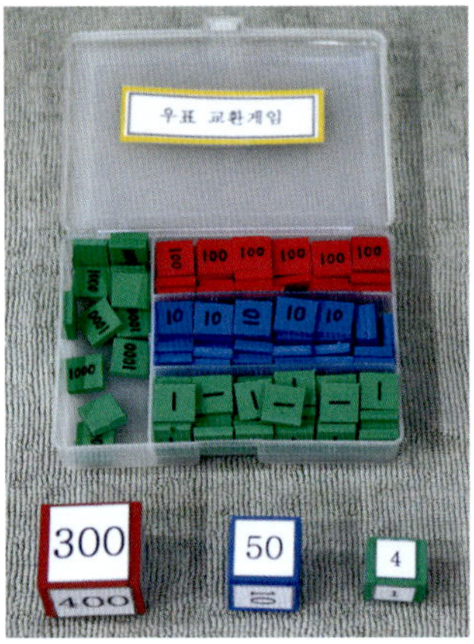

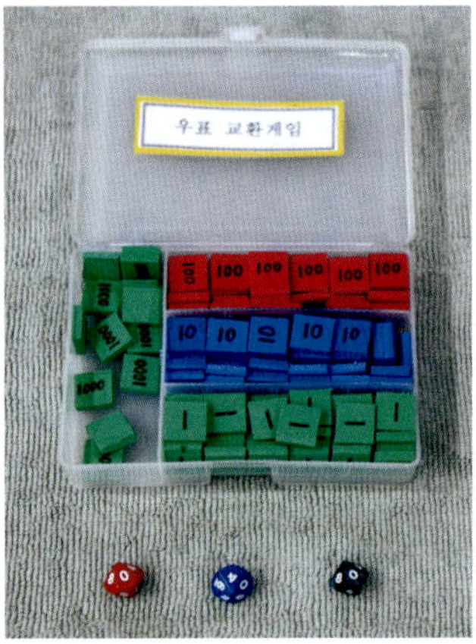

시 범

1. 주사위를 던져 나온 숫자만큼 우표를 가져 온다.
2. ‘10’이 넘으면 다음 단계의 우표와 교환한다.
3. 정해진 수만큼 우표를 먼저 가져 온 사람이 이긴다.
4. 교구를 정리한다.

특기사항

유아의 발달 단계에 따라 주사위를 1단위, 10단위 2개를 사용할 수도 있고 1단위, 10단위, 100단위 3개를 동시에 사용할 수도 있다.

관계있는 것 맞추기 – 어느 병원에 가야 할까요?

언어 : 4세

교 구

여러 종류의 병원 그림 카드, 상황 그림 카드

어느 병원에 가야 할까요?

시 범

1. 여러 종류의 병원 그림 카드와 상황 그림 카드를 매트에 나열한다.
2. 각 병원에 맞는 상황 그림 카드를 맞추어 놓는다.
3. 카드 뒷면 정정표시를 확인한다.
4. 교구를 정리한다.

특기사항

카드 뒷면에 정정표시를 한다.

그림과 이름 맞추기 - 병원의 종류

언어 : 4세

교 구

병원의 종류 3단 카드(그림과 이름이 있는 카드, 그림 카드, 이름 카드)

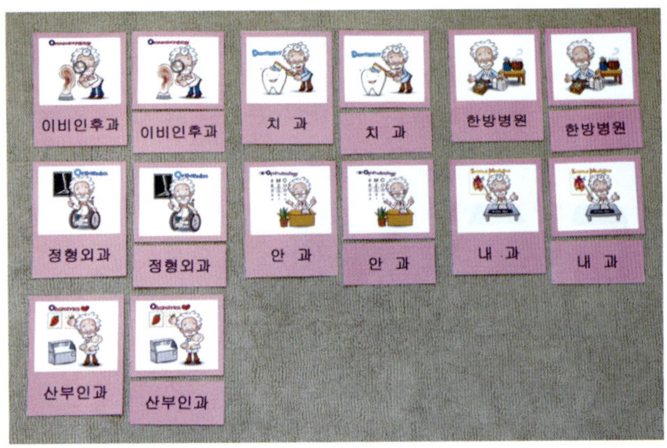

시 범

1. 그림과 이름이 있는 카드를 매트 위에 나열한다.
2. 그림 카드를 나열한 후 맞춘다.
3. 이름 카드도 같은 방법으로 맞춘다.
4. 교구를 정리한다.

특기사항

카드 뒷면에 정정표시를 한다.

분리 배출

문화 : 5세

교 구

병, 종이, 플라스틱, 캔 각 5개씩, 각각의 재활용 품목 이름이 적힌 작은 쓰레기통 4개, 바구니, 쓰레기 분리 내용이 담긴 작은 책

시 범

1. 쓰레기통 4개를 왼쪽에서 오른쪽으로 나열한다.
2. 바구니에서 재활용할 쓰레기를 하나씩 꺼내어 재활용 마크를 확인한다.
3. 재활용 내용이 담긴 작은 책에서 재활용 마크의 모양과 뜻을 찾아본다.
4. 쓰레기를 분리 배출용 쓰레기통 아래에 위에서 아래로 하나씩 나열해 놓는다.
5. 나열된 재활용 쓰레기를 종류별로 쓰레기통에 분리해서 넣는다.

특기사항

발달 단계에 맞추어 양을 조절하여 제시할 수 있다.

재활용품 분류

문화 : 4세

교 구

병, 플라스틱, 종이, 캔이 재활용되는 과정을 담은 사진 5장씩, 재활용되는 과정을 담은 사진과 설명이 적힌 작은 책 4권

시 범

1. 병, 플라스틱, 종이, 캔이 재활용되는 과정을 담은 사진을 종류별로 왼쪽에서 오른쪽으로 한 줄씩 나열한다.
2. 각각의 항목에 해당되는 책을 찾아 읽어보며 재활용의 과정을 알아본다.
3. 교구를 정리한다.

변형 및 응용

병, 종이, 플라스틱 재활용

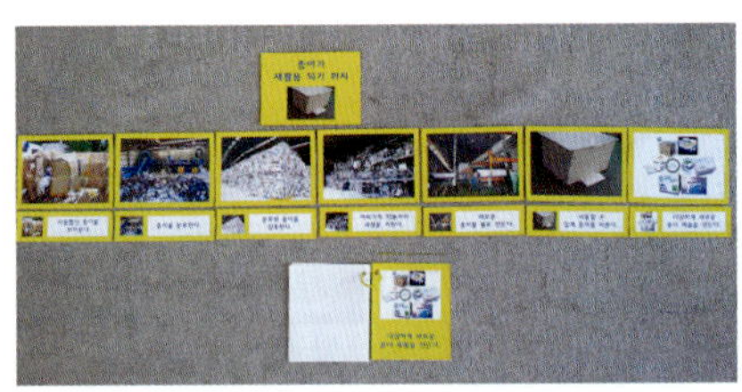

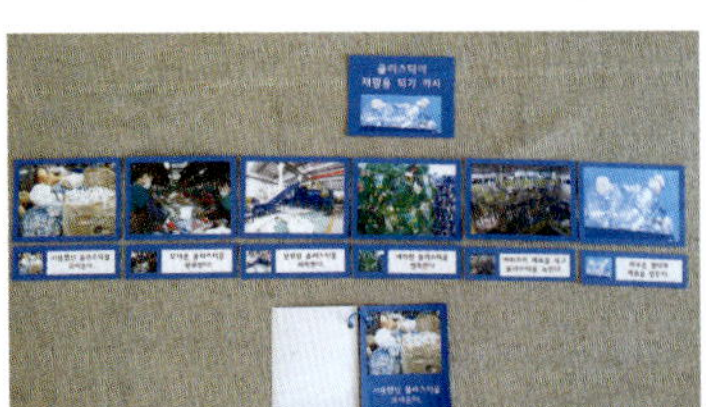

재활용 사전

문화 : 5세

교 구

재활용 마크가 그려진 재활용 사전, 흑백의 재활용 마크가 그려진 종이, 제목, 재활용 마크가 그려진 사전 앞표지 종이, 초록색 색연필, 연필, 지우개.

시 범

1. '우리의 지구를 보호합시다.' 사전을 가져 와 매트 왼쪽에 놓는다.
2. 흑백의 사전 앞표지 종이를 한 장 꺼내 날짜와 이름을 쓰고 재활용 마크를 색칠한다.
3. 사전을 한 장씩 넘기며 흑백의 재활용 마크가 그려진 종이에 똑같이 색칠하며, 각각의 화살표가 가진 의미를 읽어 본다.
4. 스테이플러로 앞표지와 세 장의 재활용 마크가 그려진 종이를 찍어 책을 만든다.

7월·8월 4주

소주제 : 맛있는 음식과 건강

목표 : • 내가 좋아하는 음식을 알아본다.
• 음식 만드는 즐거움을 경험한다.
• 우리 몸에 좋은 여러 가지 음식을 알아본다.

			3세	4세	5세
자유선택	신체운동·건강	일상	●음식 준비하기 –빵 썰기	●음식 준비하기 –바나나 썰기	●껍질 벗기고 썰기 –오이, 당근
		감각	●미각병 –여름 과일 맛보기	●비밀주머니 –과일 모형 알아맞히기 ●맛보기 –과일 맛을 보아요	
		문화	●우리가 먹는 음식 분류 –이로운 음식, 해로운 음식		
	의사소통	언어	●패턴 놓기 –요리 도구 ●그림과 이름 맞추기 –맛있는 음식	●이름과 이름 맞추기 –맛있는 음식 ●모래판 낱자 –받침 글자 만들기 ●받침 글자–‘ㄱ’	●수수께끼 ●책 만들기 –내가 좋아하는 음식 ●자·모음 도장 찍어 메뉴판 만들기
	사회관계				
	예술경험	일상	♣꾸미기–파인애플 1 ♣오리기(직선)–무 ♣접어 오리기–복숭아	♣바느질–키 재기	♣꾸미기–달걀 디자인 ♣바느질–당근, 사과
	자연탐구	수학	●수 막대 놀이(1~10) ●아이스크림 퍼즐 ●곰돌이와 딸기잼	●9 쟁반 놀이 –도장 찍기	●은행 놀이(덧셈 1)
		문화		●채소와 과일 분류(모형) ●채소와 과일 분류(그림) ●동물이 인간에게 주는 영향	●식물의 생태 (인간에게 주는 영향) –채소 분류하기 –과일 분류하기 –열매를 먹는 채소

비밀주머니-과일 모형 알아맞히기

감각 : 4세

교 구

여러 가지 과일 모형 각 2개씩, 비밀주머니 2개, 쟁반

시 범

1. 교구를 가져 온다.
2. 비밀주머니에 손을 넣어서 과일을 하나 꺼낸다.
3. 다른 비밀주머니에서 같은 과일 모형을 찾아 놓는다.
4. 나머지 과일도 같은 방법으로 한다.
5. 교구를 정리한다.

특기사항

여름, 가을철에 많이 나는 과일, 열대, 아열대 과일 등으로 구분하여 제시한다.

아이스크림 퍼즐

수학 : 3세

교 구

아이스크림 퍼즐판, 퍼즐 조각 1~10, 아이스크림 모형 55개, 그릇

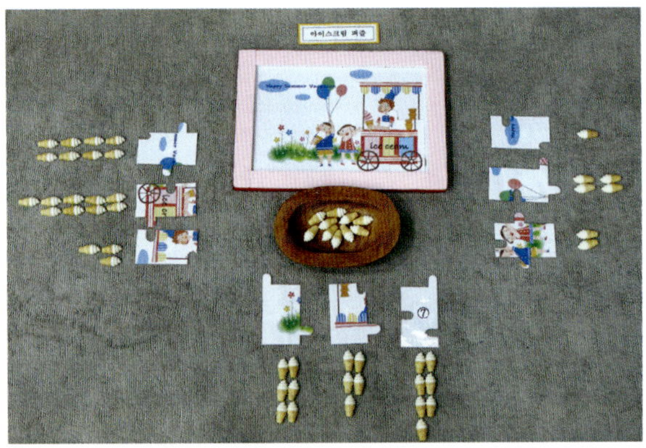

시 범

1. 퍼즐판에서 퍼즐 한 조각을 가져 와 뒷면에서 숫자를 보고 뒤집어 놓는다.
2. 기억한 숫자만큼 아이스크림을 가져와 퍼즐 조각 밑에 놓는다.
3. 퍼즐 숫자와 아이스크림의 개수가 맞는지 확인한다.
4. 교구를 정리한다.

특기사항

소그룹으로 기억력 게임을 할 수 있다

곰돌이와 딸기잼

수학 : 3세

교 구 딸기잼 병 카드 1~10, 곰돌이 55마리, 바구니

곰돌이와 딸기잼

시 범 Ⅰ

1. 딸기잼 병 카드 1~10을 매트 위 왼쪽에서 오른쪽으로 나열한다.
2. 카드에 적혀 있는 숫자만큼 곰돌이를 카드 아래에 두 줄로 놓는다.
3. 숫자를 읽고 곰돌이를 센다.
4. 바구니에 곰돌이를 정리한다.

시 범 Ⅱ

1. 딸기잼 병 카드 1~10을 매트 위 왼쪽에서 오른쪽으로 나열한다.
2. 카드에 적혀 있는 숫자만큼 곰돌이를 카드 아래 두 줄로 놓는다.
3. 마지막 곰돌이가 혼자 있는 것은 홀수이고 짝이 있는 것은 짝수이다.
4. 홀수를 찾아보자. '일, 삼, 오, 칠, 구'
5. 짝수를 찾아보자. '이, 사, 육, 팔, 십'
6. 바구니에 곰돌이를 정리한다.

받침 글자-'ㄱ'

언어 : 4세

교 구

받침 글자 'ㄱ'(받침 글자판, 그림, 글자)

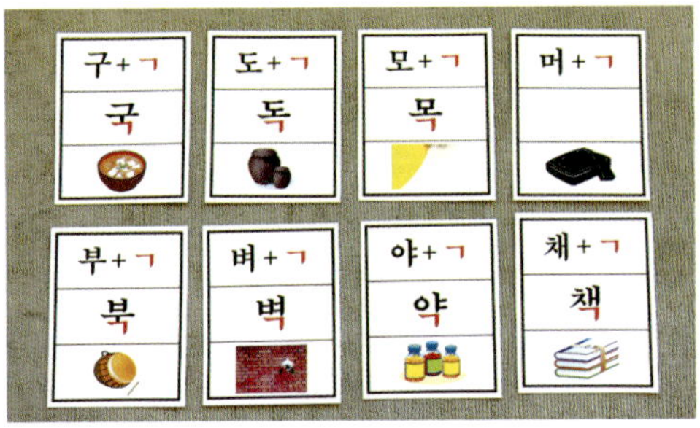

받침 글자 'ㄱ'

시 범

1. 받침 글자판을 매트 왼쪽에서부터 나열한다.
2. 만들어지는 글자를 읽고 글자를 찾는다.
3. 글자에 맞는 그림을 찾아 놓는다.
4. 카드 뒷면 정정표시를 확인한다.
5. 교구를 정리한다.

특기사항

카드 뒷면에 정정표시를 한다.

comment

- 받침 글자 교구 제공방법이 동일하므로 모아서 함께 제시하였다.
- 영역별 연간교육계획안에는 순서대로 제시하였으나 주제에 따라 시기를 고려하여 자율적으로 활용하기 바란다.

받침 글자 'ㅁ'

받침 글자 'ㅇ'

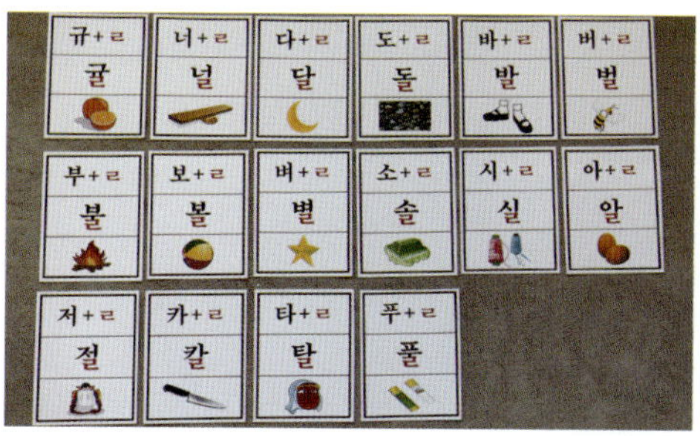

받침 글자 'ㄹ'

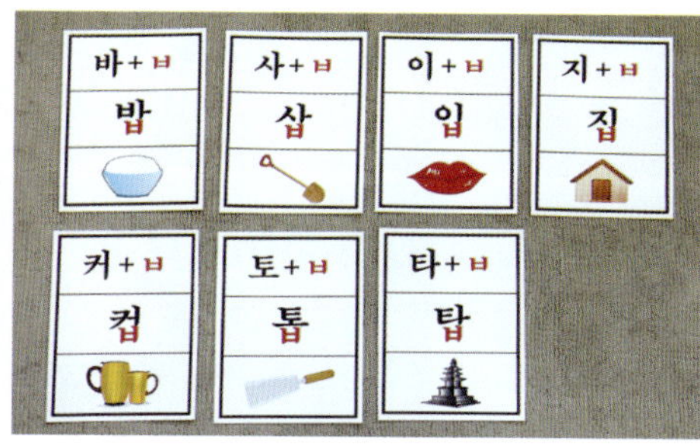

받침 글자 'ㅂ'

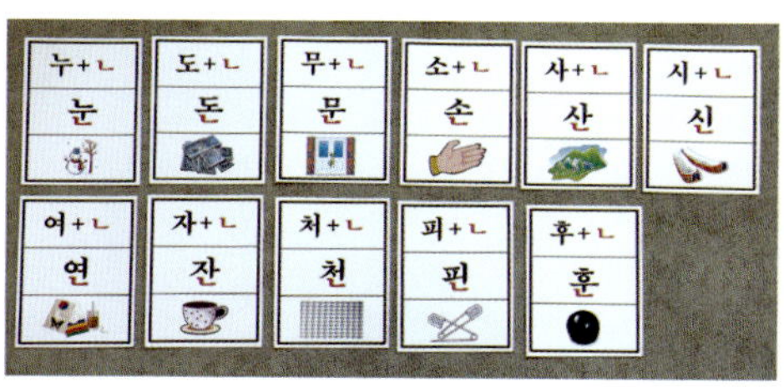

받침 글자 'ㄴ'

받침 글자 'ㅌ'

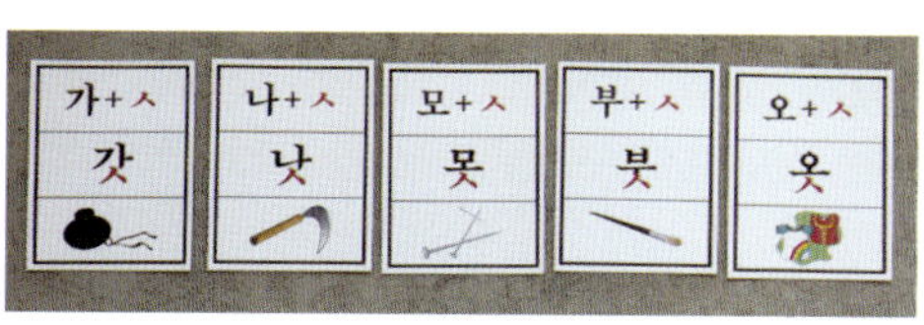

받침 글자 'ㅅ'

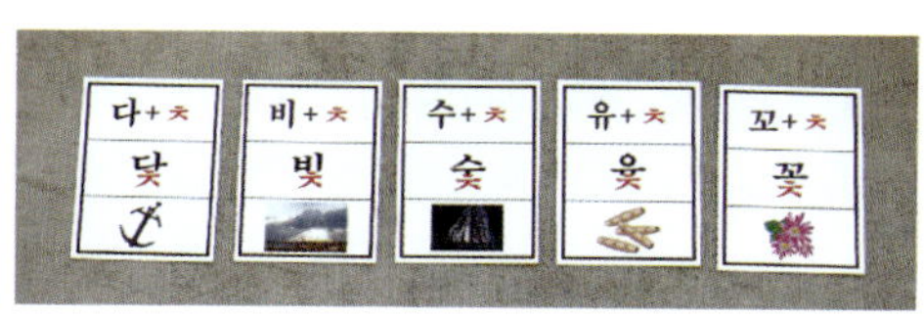

받침 글자 'ㅊ'

채소와 과일 분류(모형)

문화 : 4세

교 구

과일·채소 모형, 채소와 과일 이름 카드

시 범

1. 채소와 과일의 특징을 이야기한다.
2. 채소와 과일의 이름 카드를 나열한다.
3. 과일과 채소 모형을 분류하여 놓는다.
4. 교구를 정리한다.

특기사항

발달 단계에 맞추어 양을 조절하여 제시할 수 있다.

채소와 과일 분류(그림)

문화 : 4세

교 구

채소와 과일 이름 카드와 그림 카드

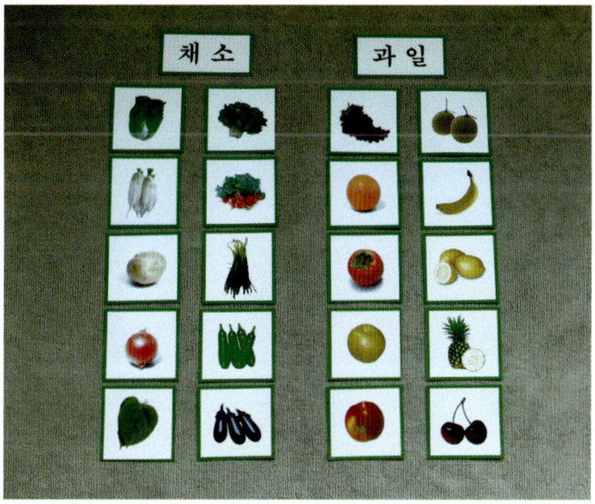

시 범

1. 채소와 과일의 특징을 이야기한다.
2. 채소와 과일의 이름 카드를 나열한다.
3. 그림 카드를 매트 아래에 나열한다.
4. 그림 카드를 1개씩 제시하며 이름과 특징을 말하고 해당 이름 카드 아래에 놓는다.
5. 분류한 그림 카드를 보고 카드 뒷면의 정정표시를 확인한다.

특기사항

카드 뒷면에 정정표시를 한다.

식물의 생태-채소 분류하기 I

문화 : 5세

교 구

땅속 줄기와 뿌리, 잎과 줄기, 열매를 먹는 채소 모형, 이름 카드, 정정판

시 범

1. 땅속 줄기와 뿌리, 잎과 줄기, 열매를 먹는 채소의 특징을 이야기한다.
2. 분류 이름 카드를 나열한다.
3. 채소 물체를 매트 아래에 나열한다.
4. 채소 물체를 1개씩 이름과 특징을 말하고 이름 카드 아래에 분류한다.
5. 물체를 다 분류한 후 정정판을 보고 확인한다.
6. 교구를 정리한다.

특기사항

발달 단계에 맞추어 양을 조절하여 제시할 수 있다.

변형 및 응용

채소 분류하기

식물의 생태-채소 분류하기 2

문화 : 5세

교 구

땅속 줄기와 뿌리, 잎과 줄기, 열매를 먹는 채소 분류 카드와 그림 카드

시 범

1. 땅속줄기와 뿌리, 잎과 줄기, 열매를 먹는 채소의 특징을 이야기한다.
2. 분류 카드를 나열한다.
3. 그림 카드를 매트 아래에 나열한다.
4. 그림 카드를 1개씩 제시하며 이름과 특징을 말하고 해당 분류 카드 아래에 놓는다.
5. 분류한 그림 카드를 보고 카드 뒷면의 정정표시를 확인한다.
6. 교구를 정리한다.

특기사항

- 카드 뒷면에 정정표시를 한다.
- 발달 단계에 맞추어 양을 조절하여 제시할 수 있다.

식물의 생태-열매를 먹는 채소

문화 : 5세

교 구 열매를 먹는 채소의 그림 카드

시 범

1. 열매를 먹는 채소에 대해 이야기한다.
2. 열매를 먹는 채소의 그림 카드를 매트 위쪽에 나열한다.
3. 짝 맞추기 이름 카드를 매트 아래에 나열한다.
4. 그림 카드를 손으로 짚은 후 아래의 짝 맞추기 이름 카드를 찾아 놓는다.
5. 이름 카드 왼쪽의 그림을 보고 정정표시를 확인한다.

특기사항

- 잎과 줄기를 먹는 채소, 땅속 줄기와 뿌리를 먹는 채소도 같은 방법으로 제시해 준다.
- 카드 뒷면에 정정표시를 한다.

식물의 생태-과일 분류하기

문화 : 5세

교 구

열대 과일과 아열대 과일 모형, 이름 카드, 물체 담는 그릇

시 범

1. 열대 과일과 아열대 과일에 대해 이야기한다.
2. 열대 과일과 아열대 과일의 이름 카드를 매트 위쪽에 나열한다.
3. 과일 모형들을 매트 아래에 나열한다.
4. 열대 과일과 아열대 과일을 찾아서 놓는다.
5. 정정판을 보고 확인한다.
6. 교구를 정리한다.

특기사항

발달 단계에 맞추어 양을 조절하여 제시할 수 있다.

변형 및 응용

과일 분류하기

7월·8월 5주

소주제 : 안전한 놀이와 생활

목표 : • 안전한 곳에서 놀이를 한다.
• 우리 주변에 있는 위험한 장소와 물건을 알고 대처한다.
• 위험한 상황에서 나를 보호하는 방법을 안다.

			3세	4세	5세
자유선택	신체운동·건강	일상	●위험한 물건 주고받기 Ⅰ -연필, 포크	●위험한 물건 주고받기 Ⅱ	
		감각	●비밀주머니 -공 찾기(골프, 당구, 탁구, 테니스, 야구)		
		언어	●조각 그림 -안전한 행동을 하는 그림		●그림과 문장 -안전하게 행동하는 사람 찾기
	의사소통	언어	●모래판 낱자 -모음(ㅏ, ㅑ) ●탁본하기	●그림과 그림 맞추기 -해변가의 많은 친구 중 한 친구 찾기 ●작은 책 ●받침 글자-'ㄴ'	●문법 -명사 소개 ●명사판에 글자 놓기 -안전한 놀이
	사회관계	언어	●분류하기 -안전한 놀이와 위험한 놀이	●분류하기 -안전한 곳, 위험한 곳	●응급 전화번호부 만들기
		문화			●안전표지판
	예술경험	일상	♣선 긋기-놀이기구	♣색칠하기-놀이기구	♣소화기 만들기
	자연탐구	감각		●사각 상자	
		수학	● 수 막대 Ⅱ (1~10)	●숫자 카드 나열 -9999	●은행 놀이(덧셈 2) ●셈 놀이 프레임(덧셈)

셈 놀이 프레임(덧셈)

수학 : 5세

교 구 프레임판(하드보드판 위에는 자석 문제판이 있고 아래에는 1, 10, 100, 1000단위 구슬이 각 10개씩 걸려 있다), 부호(+, =), 각 단위 숫자 카드 0~9 (카드면에 자석이 붙어 있다), 문제지, 상자

비즈프레임

시 범

1. 비즈틀을 매트 중앙에 놓는다.
2. 문제지의 문제를 보고 문제 칸에 각 단위별로 자석 숫자를 놓고 '+' 부호를 놓는다.
3. 더해지는 수 1단위부터 구슬을 왼쪽에서 오른쪽으로 놓는다.
4. 더하는 수 1단위부터 구슬을 왼쪽에서 오른쪽으로 더해 준다.
5. 각 단위별로 합한 구슬에 맞는 숫자를 찾아 답란에 찾아 놓는다.
6. 교구를 정리한다.

특기사항

숫자가 중복될 수 있으므로 각 단위별 숫자(0~9) 2세트를 준비해 둔다.

9월

교통기관

9월 1주

소주제 : 여러 가지 탈 것

목표 : • 탈 것의 여러 종류가 있음을 알고 교통기관의 이름을 안다.
• 다양한 교통기관의 특성을 안다.

			3세	4세	5세
자유선택	신체운동·건강	일상	●단추 연결하기 –기차 ●나사 빼기와 나사 끼우기 ●젓가락 사용하기 –배 안의 조개껍데기 옮기기	●버클 연결하기 –기차	●리본 연결하기 –교통기관(기차)
		감각	●소리 상자 –여러 가지 탈 것의 소리 찾기		
	의사소통	언어	●모래판 낱자 –모음(ㅓ, ㅕ)	●받침 글자–'ㄹ'	●동사 소개 –동사판에 글자 놓기
	사회관계	언어	●그림과 이름 –교통기관	●분류하기 –교통기관 ●같은 글자 찾아놓기 –교통기관	●자·모음 도장 찍기 –그림에 알맞은 교통기관 글자 만들기 ●수수께끼 –교통기관 찾기
		문화	●교통기관의 분류(모형) –땅, 물, 하늘	●동·서·남·북 소개 ●분류하기–교통기관(그림 카드)	●교통의 발달–육상
	예술경험	일상	♣붙여 꾸미기(도형) –버스	♣종이 접기–비행기	♣직조–기구 ♣종이 접기–자동차
	자연탐구	감각			●피타고라스
		수학	●수 막대와 숫자 카드 Ⅰ(1~10) 감각적 ●케이블카 승객 ●돛단배 승객	●큰 숫자 카드 부르는 수만큼 가져오기	●은행 놀이(곱셈 1) ●셈 놀이 프레임 곱셈

젓가락 사용하기 - 배 안의 조개껍데기 옮기기

일상 : 3세

교구

배 모양 그릇, 작은 조개껍데기, 젓가락

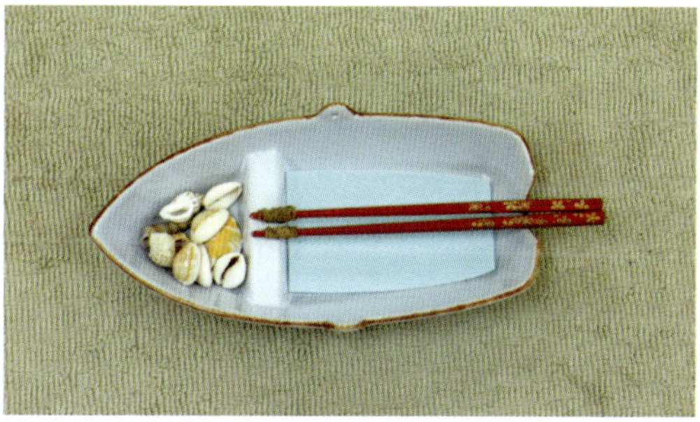

시범

1. 젓가락으로 왼쪽에 있는 조개껍데기를 오른쪽으로 하나씩 옮긴다.
2. 조개껍데기를 모두 옮긴 후 다시 왼쪽으로 옮겨 놓는다.
3. 교구를 정리한다.

특기사항

미끄럼을 방지하기 위해 처음에는 젓가락 끝에 고무줄을 감아준다.

케이블카 승객

수학 : 3세

교 구

빨간 케이블카 30대, 파란 케이블카 25대, 숫자 카드 1~10

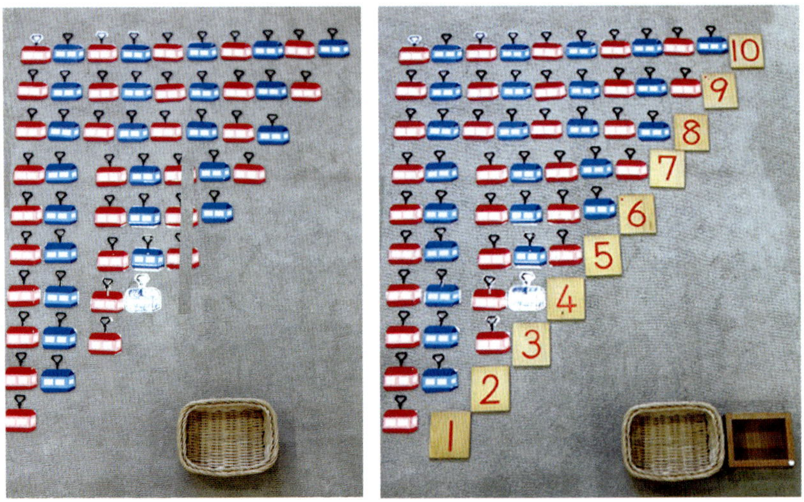

케이블카 승객

시 범 Ⅰ

1. 빨간 케이블카 1대를 매트 아래 왼쪽 끝에 '일' 하며 놓는다.
2. 1 위에 빨간 케이블카를 '일' 하며 놓고 오른쪽으로 파란 케이블카를 '이' 하며 놓는다.
3. 2 위에 빨강, 파랑 순서대로 케이블카를 번갈아 놓는다.
4. 위와 같은 방법으로 10까지 한다.

시 범 Ⅱ

1. 빨간 케이블카 1대를 매트 아래 왼쪽 끝에 '일' 하며 놓는다.
2. 매트 밑면에 수 카드를 놓고 숫자 1을 찾아 '일' 하며 케이블카 오른쪽에 놓

는다.

3. 1의 빨간 케이블카 위에 빨간 케이블카를 '일' 하며 놓고 오른쪽으로 파란 케이블카를 '이' 하며 놓는다.
4. 숫자 2를 찾아 읽고 파란 케이블카 오른쪽에 놓는다.
5. 위와 같은 방법으로 10까지 케이블카를 빨강, 파랑 순서대로 세면서 놓고 맞는 숫자 카드를 찾아 읽으며 놓는다.
6. 교구를 정리한다.

특기사항

숫자 카드를 먼저 놓고 케이블카를 놓을 수도 있다.

변형 및 응용

돛단배 승객

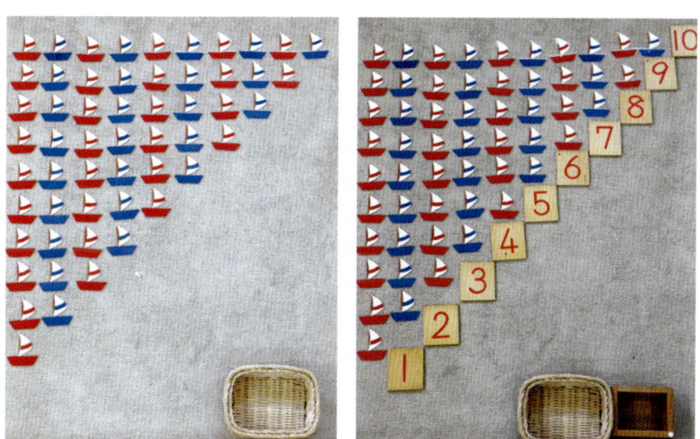

돛단배 승객

셈 놀이 프레임 곱셈

수학 : 5세

교 구 프레임판(하드보드판 위에는 자석 문제판이 있고 아래에는 1, 10, 100, 1000단위 구슬이 각 10개씩 걸려있다), 부호(×, =), 각 단위 숫자 카드 0~9(카드 뒷면에 자석이 붙어 있다), 문제지, 상자.

셈 놀이 프레임 곱셈

시 범

1. 비즈틀을 매트 중앙에 놓는다.
2. 문제지에 있는 문제를 보고 문제 칸에 각 단위별로 자석 숫자를 놓고 '×' 부호를 놓는다.
3. 문제를 보고 각 단위의 구슬을 1단위부터 왼쪽에서 오른쪽으로 놓는다.
4. 곱한 수만큼 각 단위의 구슬을 더해 준다.
5. 각 단위별로 합한 구슬을 세어 맞는 숫자를 찾아 문제 칸 답란에 찾아 놓는다.
6. 숫자와 부호를 상자에 정리한다.

특기사항

숫자가 중복될 수 있으므로 각 단위별 숫자(0~9)가 2세트 있어야 한다.

그림과 이름 맞추기-교통기관

언어 : 3세

교 구

교통기관 그림 퍼즐, 이름 퍼즐

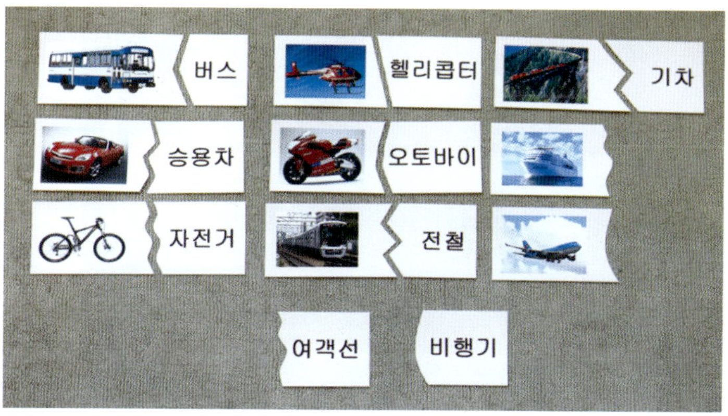

교통기관 퍼즐 맞추기

시 범

1. 매트 왼쪽부터 교통기관 그림 카드를 나열한다.
2. 이름 카드를 매트 아래에 나열한다.
3. 그림에 맞는 이름 카드를 찾아 맞춘다.
4. 교구를 정리한다.

특기사항

유아의 발달 단계에 따라 퍼즐을 만들지 않고 카드 모양을 동일하게 한다.

수수께끼 - 교통기관 찾기

언어 : 5세

교 구

수수께끼 카드, 그림 카드

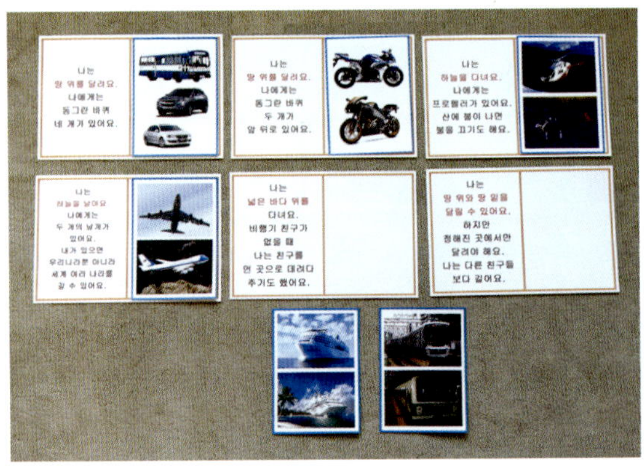

교통기관 수수께끼

시 범

1. 수수께끼 카드를 매트 왼쪽부터 나열한다.
2. 그림 카드를 매트 아래에 나열한다.
3. 수수께끼를 읽고 아래의 그림을 찾아 맞추어 놓는다.
4. 카드 뒷면의 정정표시를 확인한다.

특기사항

카드 뒷면에 정정표시를 한다.

분류하기-교통기관

문화 : 4세

교 구

분류 카드, 육상·해상·항공 교통 카드

시 범

1. 육상·해상·항공 교통의 특징에 대해 이야기한다.
2. 분류 카드를 매트 왼쪽에서 오른쪽으로 나열한다.
3. 육상·해상·항공 교통 그림 카드를 매트 아래에 나열한다.
4. 분류 카드에 맞추어 그림 카드를 분류하여 놓는다.
5. 카드 뒷면의 정정표시를 확인한다.
6. 교구를 정리한다.

특기사항

카드 뒷면에 정정표시를 한다.

9월 2주

소주제 : 교통기관 구조

목표 : • 교통기관의 구조를 탐색한다.
• 자동차 부품의 명칭과 기능을 이해한다.

			3세	4세	5세
자유선택	신체운동·건강	일상	●분류하기 –바퀴 ●거울 광내기 응용 –자동차 후사경 닦기	●로또 게임–자동차	●바느질하기 –자동차
		감각	●소리 상자 –짝 맞추기		
	의사소통	언어	●그림과 그림 맞추기 –자동차 바퀴 달기 ●모래판 낱자 –모음(ㅗ, ㅛ) ●어린이가 부르는 것 받아 써 주기	●받침글자–'ㅇ' ●그림 보고 받침 글자 찾기	●그림과 이름 맞추기 –자동차 부분 명칭 ●동사 반대말 카드 맞추기 ●동사책 만들기 ●명사와 동사
	사회관계	언어		●그림과 이름 맞추기 –교통기관–도미노	
		문화	●일하는 교통기관 –소방차, 응급차 등		●고속도로 여행
	예술경험	일상	♣직조 짜기–기차	♣바느질하기–자동차	♣펀칭–비행기
	자연탐구	감각		●삼각 상자	
		수학	●수 막대와 숫자 카드 (1~10) 숫자 카드 연합 ●기차에 짐을 싣고	●큰 숫자 카드와 작은 숫자 카드 짝 맞추기	●은행 놀이(곱셈 2)
		문화		●기본 방향판 소개	

거울 광내기 응용-자동차 후사경 닦기

일상 : 3세

교 구

후사경 닦는 약이 묻은 솜, 솜통, 핀셋, 쓰레기 버리는 그릇, 신문지, 쟁반, 자동차 후사경

시 범

1. 약이 묻은 솜 한 개를 핀셋으로 꺼낸다.
2. 후사경을 닦는다.
3. 신문으로 약을 깨끗이 닦아내며 닦는다.
4. 사용한 솜과 신문지를 쓰레기통에 버린다.
5. 교구를 정리한다.

특기사항

후사경의 사이즈가 클 경우 교실 한 곳에 따로 비치해 둘 수 있다.

→ 따로 교구를 세팅해 둘 수도 있다.

기차에 짐을 싣고

수학 : 3세

교 구

나무기관차, 짐을 실은 기차 1～10(빨강, 파랑 1～10까지)

수 막대 기차 연결

시 범

1. 기관차를 매트 중앙에 놓고 1～10까지 짐을 실은 기차를 매트 아래에 자유롭게 놓는다.
2. '1' 높이의 짐을 실은 기차를 찾아 '일'이라 말하고 기관차 오른쪽 고리에 연결시킨다.
3. '2' 높이의 짐을 실은 기차를 찾아 '일, 이'라 말하고 '1' 기차 오른쪽 고리에 연결시킨다.
4. 위와 같은 방법으로 '10' 높이의 짐을 실은 기차까지 모두 연결시킨다.
5. 바르게 연결되었는지 1～10까지 세어 본다.
6. 바구니에 기차를 정리한다.

9월 3주

소주제 : 고마운 교통기관

목표 : • 대중교통 수단의 종류를 알고 필요성을 이해한다.
• 특별한 교통기관의 종류와 특징을 안다.

			3세	4세	5세
자유선택	신체운동·건강	일상	●교구 닦기 –교통기관(버스) ●먼지 닦기 –자동차 닦기	●광내기 –버스	■자동차 닦기
		감각	●침묵놀이 –자연에 누워서 소리 듣기		
	의사소통	언어	●물체와 이름 맞추기 –자동차 ●모래판 낱자 –모음(ㅜ, ㅠ)	●기억 놀이 ●받침 글자–'ㅂ' ●쌍자음으로 시작하는 글자 찾기	●짧은 이야기책 ●조사 소개 ●그림 보고 조사 카드 놓기
	사회관계	문화	●동반구, 서반구 소개	●교통기관 분류 –육상교통 용도별 분류하기	●교통의 발달–해상
	예술경험	일상	♣바느질–모양 자동차	♣오리기–우주선	♣종이 접기 작은 배/쌍 배 접기
	자연탐구	수학	●수 막대 세어 수 카드 찾기 ●열기구에 사람 타기	●45 나열 수평	●은행 놀이(뺄셈 1) ●셈 놀이 프레임 뺄셈

먼지 닦기 - 자동차 닦기

일상 : 3세

교 구

솔, 작은 수건, 수건을 담은 그릇, 먼지가 있음을 알리는 표, 표 담는 통, 빈 그릇, 자동차 모형, 쟁반, 비닐 매트

시 범

1. 솔을 들고 먼지가 있는 자동차의 먼지를 털어낸다.
2. 교구에 붙은 표를 떼어 표는 통에 넣고 투명테이프는 휴지통에 버린다
3. 작은 수건으로 비닐 매트에 있는 먼지를 닦는다.
4. 교구를 정리한다.

특기사항

교사는 미리 먼지가 있는 교구에 '닦아주세요'라는 표를 투명테이프를 사용하여 붙여 놓는다.

광내기 - 버스

일상 : 4세

교 구

뚜껑 있는 그릇, 물을 묻힌 솜, 핀셋, 작은 그릇, 화장솜, 화장솜 담을 그릇, 큰 비닐 매트, 작은 수건, 쟁반

시 범

1. 광내기할 버스를 작은 수건 위에 놓는다.
2. 핀셋으로 솜을 하나 꺼내서 버스를 닦는다.
3. 솜이 더러워진 것을 확인하고 작은 그릇에 넣는다.
4. 화장솜을 접어 버스를 살펴가며 닦고 작은 그릇에 버린다.
5. 작은 그릇의 쓰레기를 쓰레기통에 버린다.
6. 교구를 정리한다.

열기구에 사람 타기

수학 : 3세

교 구

열기구 0~9, 사람 모형 45개, 바구니

열기구에 사람 타기

시 범

1. 열기구 0~9를 매트 위 왼쪽에서 오른쪽으로 나열한다.
2. 열기구에 적혀 있는 숫자만큼 사람을 태운다.
3. 열기구의 숫자를 읽고 사람 수를 센다.
4. 사람들이 타지 않은 열기구는 '0'이다.
5. '0'은 비어 있지만 소중한 숫자임을 알려 준다.
6. 교구를 정리한다.

특기사항

'0'은 비어 있지만 자리가 있다는 것을 알려 준다.

셈 놀이 프레임 뺄셈

수학 : 5세

교 구 프레임판(하드보드판 위에는 자석 문제판이 있고 아래에는 1, 10, 100, 1000단위 구슬 각 10개씩 걸려 있다), 부호, 각 단위 숫자 카드 0~9(카드 뒷면에 자석이 붙어 있다), 문제지, 상자.

시 범

1. 비즈틀을 매트 중앙에 놓는다.
2. 문제지 문제를 보고 문제 칸에 각 단위별로 자석 숫자를 놓고 '−' 부호를 놓는다.
3. 빼는 수 1단위부터 구슬을 왼쪽에서 오른쪽으로 놓는다.
4. 1단위부터 오른쪽에 놓았던 구슬에서 왼쪽으로 빼는 수만큼 빼어 준다.
5. 각 단위별로 나머지 구슬을 세어 맞는 숫자를 찾아 문제 칸 답란에 찾아 놓는다.
6. 숫자와 부호를 상자에 정리한다.

특기사항

숫자가 중복될 수 있으므로 각 단위별 숫자(0~9)가 2세트 있어야 한다.

9월 4주

소주제 : 교통통신과 교통생활

목표 : • 교통안전 규칙이 있음을 알고 안전한 생활을 위해 규칙을 지키도록 한다.
• 교통안전 표지판의 종류와 의미를 안다.

			3세	4세	5세
자유선택	신체운동·건강	일상	●빨래집게 꽂기 -교통기관에 관련된 것		■단추 달아 신호등 만들기
		감각	●색판 II		
	의사소통	언어	●모래판 낱자 -모음(—, ㅣ) ●모음판에 모음 놓기	●받침 글자-'ㄱ	●명사+조사+동사 카드 맞추기 ●그림에 맞는 전치사
	사회관계	언어	●조각 그림 맞추기 -교통표지판 반쪽 그림 완성하기	●그림과 그림 맞추기 -교통표지판-도미노	●그림과 이름 맞추기 -교통표지판-도미노
		문화	●대륙 지도 퍼즐 감각적 소개 -5대양 6대주	●대륙 지도 만들기	●교통의 발달-항공
	예술경험	일상	♣스티커로 꾸미기-비행기 ♣선 긋기-낙하산	♣신호등 만들기	♣직조 짜기-기차 ♣색칠-교통표지판
	자연탐구	감각		●큰 육각 상자 -도형 교통표지판 만들기	
		수학	●숫자 카드에 맞는 수 막대 가져오기 -수 시험관	●45 나열 수직식	●은행 놀이(뺄셈 2)

수 시험관

수학 : 3세

교 구

10개의 시험관이 들어갈 수 있는 아크릴 상자, 시험관 10개, 1~10 숫자 카드, 빨간색의 솜공 30개, 파란색의 솜공 25개, 바구니

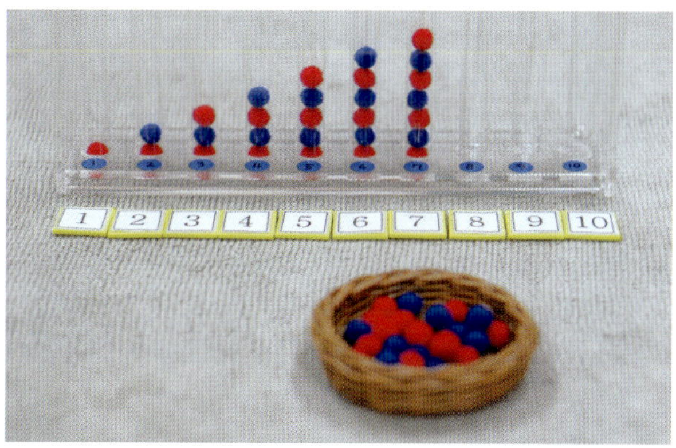

시 범

1. 각각의 시험관 앞에 숫자 카드 1~10을 왼쪽에서 오른쪽으로 놓는다.
2. 1 카드를 '일' 하며 읽고 빨간 솜공 한 개를 시험관에 넣는다.
3. 2 카드를 '이' 하며 읽고 빨간 솜공과 파란 솜공을 '일, 이' 세면서 시험관 안에 넣는다.
4. 위와 같은 방법으로 10까지 숫자 카드를 읽고 시험관 안에 넣는다.
5. 숫자를 읽고 솜공을 센다.
6. 교구를 정리한다.

그림과 이름 맞추기 - 교통표지판-도미노

언어 : 5세

교 구

도미노 카드(교통표지판 : 그림과 이름)

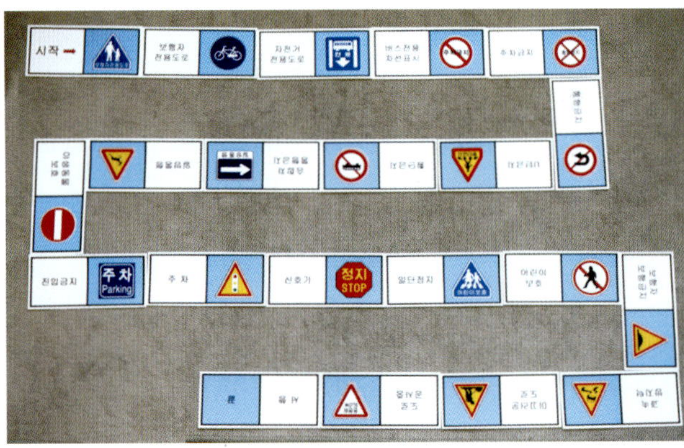

교통표지판 도미노 카드

시 범

1. 교통표지판 카드를 매트 위에 나열한다.
2. 시작 카드를 매트 왼쪽에 놓고 옆의 그림을 보고 표지판 이름을 말한다.
3. 표지판 이름을 찾아 맞추어 놓는다.
4. 같은 방법으로 도미노 카드를 맞추어 놓는다.
5. 교구를 정리한다.

특기사항

카드 뒷면에 정정표시를 한다.

10월

우리나라

10월 1주

소주제 : 가을

목표 : • 가을 날씨의 변화를 알고 가을 날씨에 맞는 옷차림과 가을에 즐겨 먹는 음식을 알아본다
• 가을에 피는 꽃과 가을에 흔히 볼 수 있는 곤충들에 관심을 갖는다.
• 가을의 아름다움을 느끼고 즐긴다.

			3세	4세	5세
자유선택	신체운동·건강	일상	●도구로 옮기기 –호두, 가을 열매	●숟가락 사용하기 –도토리, 가을 열매 ●썰기 –무 썰기 ●꿰기 –무말랭이 만들기	●요리하기 –밥 짓기 ●젓가락 사용하기 –가을 열매
		감각	●후각병 –가을 향기		
	의사소통	언어	●패턴 놓기 –나뭇잎 ●조각 그림 맞추기 –메뚜기 ●흑백 그림 맞추기 –가을에 볼 수 있는 것	●물체와 이름 맞추기 –가을 열매 ●그림과 그림 맞추기 –곤충과 이름 도미노 ●숨은 그림 찾기 ●이중 모음 찾기–'ㅘ'	관계있는 것 맞추기 –과일의 겉과 속 모양 ●차례 찾기 –벼의 성장과정 ●가을에 추수하는 곡식, 과일, 채소 단어장 만들기
	사회관계	일상			●낙엽 쓸기
	예술경험	일상	♣직조 짜기 – 허수아비	♣직조짜기–도토리바구니 I ♣종이 접기–도토리 목걸이	♣오리기 – 과일 바구니 ♣푸싱핀 – 감
	자연탐구	수학	●방추형 봉 I ●사과나무에 사과가 주렁주렁 ●감과 씨앗	●교환 게임	●은행 놀이(나눗셈 1)
		문화	●과일의 겉과 속 –실물	●식물 소개(실물) – 잎 ●잎 퍼즐 ●잎 3단 카드 ●가을 열매의 겉과 속	●잎 사전 만들기 ●밥이 되기까지 과정 ●가을을 알리는 곤충

꿰기-무말랭이 만들기

일상 : 4세

교 구 잘라져 있는 무가 담긴 접시, 측정용 실, 실, 가위, 바늘, 바늘꽂이, 도마, 마른 수건, 쓰레기 버릴 작은 그릇

시 범

1. 교구를 일의 순서에 맞게 왼쪽에서 오른쪽으로 나열한다.
2. 측정용 실의 길이만큼 실을 재어 자른다.
3. 바늘에 실을 끼우고 양쪽 실의 길이를 똑같이 맞추어 매듭을 짓는다.
4. 잘라 놓은 무를 바늘에 끼운다.
5. 무를 다 끼우고 실을 자른 후 바늘은 마른 수건으로 닦고 바늘꽂이에 끼운다.
6. 원을 만들고 실을 원 안에 넣어 매듭을 만들어 위를 자른다.
7. 끼워진 무가 서로 붙지 않도록 조금씩 간격을 띄운다.
8. 무를 말릴 수 있는 곳에 걸어 둔다.
9. 마른 수건으로 도마도 닦고 무가 담겨 있던 접시도 닦는다.
10. 접시는 준비대에 가져다 둔다.
11. 작은 그릇에 담아 있는 쓰레기를 버린다.
12. 교구를 정리한다.

썰기-무 썰기

일상 : 4세

교 구

유리 피처, 작은 그릇 2개, 체, 작은 수건, 무, 접시, 스펀지, 도마, 집게, 솔, 칼, 양동이, 앞치마

시 범

1. 앞치마를 입는다.
2. 유리 피처에 정해진 양만큼의 물을 떠 온 후 왼쪽 그릇에 붓는다.
3. 한번 떠 온 후 체가 걸려 있는 그릇에 붓는다.
4. 유리 피처의 입구는 스펀지로 닦는다.
5. 무를 꺼내 왼쪽 그릇에서 집게로 잡고 솔로 씻는다.
6. 한 손으로 무를 잡고 칼로 썬다.
7. 자른 무를 체가 걸쳐져 있는 오른쪽 그릇에 한 개씩 담는다.
8. 한 손에는 체를 잡고 집게로 무를 한 조각씩 씻어 접시에 담는다.
9. 양동이에 왼쪽 그릇의 물을 버린 후 스펀지로 닦는다.
10. 체를 왼쪽 그릇에 걸쳐 놓고 오른쪽 그릇의 물을 양동이에 버린 후 체는 다

시 오른쪽 그릇에 옮겨 놓는다.

11. 양동이의 물을 싱크대에 버리고 헹군 후, 깨끗한 물을 떠 온다.
12. 칼부터 양동이 속에 넣고 스펀지로 씻는다(칼－집게－솔).
13. 체를 걸쳐 놓았던 오른쪽 그릇과 도마를 닦고 왼쪽 그릇을 닦는다.
14. 책상 위의 물기를 닦고 접시를 새로운 접시로 바꿔 놓는다.
15. 양동이의 물을 싱크대에 버리고 스펀지로 물기를 닦은 후 수건으로 손을 닦는다.
16. 앞치마를 벗어 정리한다.

요리하기-밥 짓기

일상 : 5세

교 구

앞치마, 볼, 유리 피처, 체, 계량컵, 반찬통(뚜껑이 있는 그릇), 집게, 스펀지, 쟁반, 전기밥솥, 밥그릇 2. 수저통, 수저 2벌, 주걱, 반찬 그릇, 쌀, 밥상, 밥 짓는 순서표, 요리용 장갑(여유분-밥그릇 2, 주걱, 수저 2벌, 반찬 그릇)

시 범

1. 앞치마를 입는다.
2. 체에 씻어져 있는 쌀을 볼에 받쳐 싱크대로 가져 간다.
3. 쌀을 체에 있는 그대로 흐르는 물에 헹군다.
4. 헹군 쌀을 체에 밭쳐 '1, 2, 3'이라 말하며 턴다.
5. 볼에 받쳐 가져온 쌀을 전기밥솥에 넣고 턴다.
6. 사용한 체는 볼에 놓는다.
7. 유리 피처에 물을 떠 와서 계량컵에 정해진 만큼 따른다.
8. 유리 피처의 입구를 스펀지로 닦고, 제자리에 놓는다.
9. 계량컵의 물을 전기밥솥에 붓는다.
10. 계량컵의 입구를 스펀지로 닦아 제자리에 정리한다.

11. 전기밥솥의 플러그를 꽂고 밥솥 타이머를 내린다(밥 짓기 시작).
12. 볼, 체, 계량컵을 들고 준비대로 간다.
13. 계량컵만큼 쌀을 담아 볼에 넣고 흐르는 물에 3번 씻는다(주물럭주물럭/물 버리고).
14. 씻은 쌀을 체에 옮겨 담아 물을 뺀 후 볼에 받쳐 제자리로 온다(다음 친구를 위해 준비한 쌀).
15. 스펀지를 가져가 밥상을 닦고 스펀지를 씻어서 제자리에 정리한다.
16. 수저통을 가져가 상 위에 수저 2벌을 놓고 수저통을 제자리에 정리한다.
17. 집게로 반찬을 꺼내 반찬 그릇에 담는다.
18. 밥이 다 되면 플러그를 빼고 주걱으로 2개의 밥그릇에 밥을 담는다.
19. 유리 피처에 남은 물을 전기밥솥에 붓고 뚜껑을 덮어 둔다.
20. 쟁반을 들고 밥상이 있는 곳으로 가서 상 위에 밥그릇과 반찬 그릇을 놓는다.
21. 동생을 초대해 먹는다.
22. 사용한 그릇과 수저는 설거지통에 담고, 새 것을 꺼내 놓는다.
23. 스펀지로 상을 닦고 빨아서 정리한다.
24. 다른 친구를 위해 교구 주변을 바르게 정리한다.
25. 앞치마를 벗어서 정리한다.

특기사항

- 플러그를 꽂거나 뽑을 때 손에 물기가 없도록 주의한다.
- 반찬을 너무 많이 담아 남기는 일이 없도록 미리 약속한다.
- 그릇은 항상 엎어 놓는다(위생).

후각병-가을 향기

감각 : 3세

교 구

각기 다른 냄새가 담긴 파란 병 3개, 빨간 병 3개

시 범

1. 빨간 병을 왼쪽 위에서 아래로 나열한다.
2. 파란 병을 오른쪽 위에서 아래로 나열한다.
3. 같은 냄새를 찾아 가운데 줄에 놓는다.
4. 분류가 끝난 후 제일 위에 있는 병부터 같이 들고 냄새가 같은지 확인한다.
5. 정정표를 보고 맞았는지 확인한다.
6. 정리해서 통에 담는다.

특기사항

- 계절에 따라 냄새의 종류를 달리해 준다.
- 가을-국화꽃 향기, 낙엽, 모과, 유자

사과나무에 사과가 주렁주렁

수학 : 3세

교 구

사과 55개, 사과나무 10그루, 바구니

시 범

1. 사과나무 1~10을 매트 위 왼쪽에서 오른쪽으로 나열한다.
2. 사과나무에 적혀 있는 숫자만큼 사과를 나무 위에 놓는다.
3. 숫자를 읽고 사과를 센다.
4. 바구니에 사과를 정리한다.

특기사항

- 매트 크기에 따라 사과나무를 한 줄 또는 두 줄로 놓을 수 있다.
- 다양한 과일나무로 내용을 바꾸어서 제시해 준다.

감 씨앗

이중 모음 찾기 – 'ㅘ'

언어 : 4세

교 구

이중 모음 'ㅘ'(그림 카드, 낱글자 카드)

이중 모음 'ㅘ'

시 범

1. 이중 모음 그림 카드를 매트 왼쪽부터 나열한다.
2. 이중 모음 글자 카드를 아래쪽에 나열한다.
3. 그림을 보고 글자를 찾아본다.
4. 교구를 정리한다.

특기사항 유아의 발달 단계에 따라 카드 수를 조절한다.

comment

- 이중 모음 찾기 교구 제공방법이 동일하므로 모아서 함께 제시하였다.
- 영역별 연간교육계획안에는 순서대로 제시하였으나 주제에 따라 시기를 고려하여 자율적으로 활용하기 바란다.

이중 모음 'ㅖ'

이중 모음 'ㅚ'

이중 모음 'ㅐ

이중 모음 'ㅟ'

이중 모음 'ㅔ'

이중 모음 'ㅞ'

이중 모음 'ㅢ

가을 열매의 겉과 속

문화 : 4세

교 구

가을 열매 그림 카드, 열매 속 그림 카드

겉과 속(견과류)

시 범

1. 가을 열매의 겉과 속에 대해 이야기 나눈다.
2. 열매 그림 카드를 매트 위쪽에 놓는다.
3. 과일의 속 그림 카드를 아래에 자유롭게 놓고 맞춘다.
4. 정정표시를 확인한다.
5. 교구를 정리한다.

특기사항

1. 카드 뒷면에 정정표시를 한다.
2. 채소의 겉과 속, 열대 과일의 겉과 속, 견과류의 겉과 속

벼의 성장과정

언어·문화 : 5세

교 구

벼의 성장과정 카드

시 범

1. 벼가 쌀이 되고 밥이 되기까지의 과정을 이야기한다.
2. 매트 왼쪽에 시작 카드를 놓는다.
3. 나머지 카드는 매트 아래에 나열해 놓는다.
4. 시작 카드의 글을 읽고 내용과 같은 그림을 찾아 글 위에 놓는다.
5. 같은 방법으로 나머지 카드도 맞춘다.
6. 교구를 정리한다.

변형 및 응용 밥이 되기까지

10월 2주

소주제 : 우리나라 사람들의 생활

목표 : • 옛 조상들의 의식주 생활에 관심을 갖고 경험해 본다.
• 우리나라 고유의 생활 문화에 관심을 갖고 자랑스러움을 느낀다.

			3세	4세	5세
자유선택	신체운동·건강	일상	●바느질하기 – 직선 ●나무 광내기 – 정승	●작은 절구 사용 – 과자 갈아 먹기	●돌리기 – 맷돌 돌리기 ●옷틀 – 한복 옷고름 매기
	의사소통	언어	●물체와 물체 – 전통 물건 ●그림과 그림 맞추기 – 고무신 ●그림과 그림 맞추기 – 김치, 떡 도미노 ●조각 그림 맞추기 – 떡	●첫소리 듣기 ●그림과 이름 맞추기 – 김치 종류 ●조각 그림 맞추기 – 김치 ●받침 글자(ㅅ, ㅊ, ㅌ)	●분류 – 떡 종류 ●조각 그림 맞추기 – 전통 문양 ●형용사 소개 ●그림에 알맞은 형용사 찾기 ●형용사 반대말 카드 맞추기 ●문장 읽고 전통 인형 찾기
	사회관계	문화	●우리나라 지도 퍼즐 맞추기	●한국 음식과 외국 음식 분류하기	●우리나라 지도 만들기 ●우리 음식에 쓰이는 채소의 꽃과 열매
	예술경험	일상	♣반 접어 오리기 – 초가집	♣꾸미기 – 어린이 한복 ♣스테이플러 – 버선	♣색종이 접어 꾸미기 –바지저고리(신체 그리기) ♣바느질하기(복주머니)
		문화		●우리나라 민화 감상	●김홍도 그림 감상
	자연탐구	감각	●1항식	●2항식 – 조각보를 만들어요 (1항식+2항식)	●피타고라스 – 조각보를 만들어요
		수학	●방추형 봉 II – 마구간의 말(0~10)	●교환 게임 – 주사위 2개로	●은행 놀이(나눗셈 2)

나무 광내기 - 정승

일상 : 3세

교 구

나무 닦는 약, 약통, 작은 숟가락, 면봉, 화장솜, 칸이 나누어진 접시 2개, 나무로 된 한국 전통 탈 또는 인형, 수건, 매트

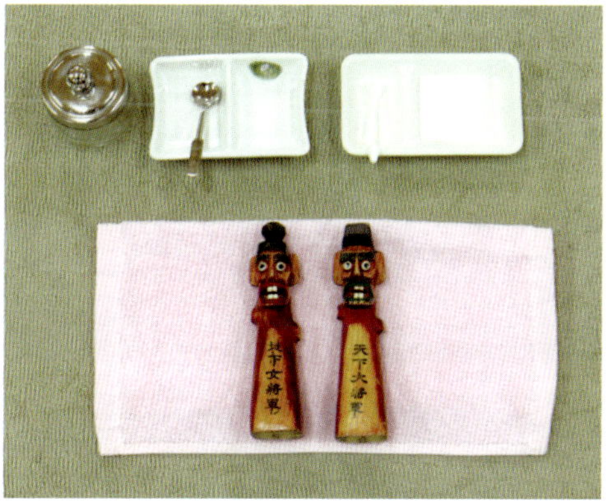

시 범

1. 작은 숟가락으로 나무 닦는 약을 한 숟가락 덜어 접시에 놓는다.
2. 면봉으로 약을 묻혀 나무 탈에 고르게 바른 후 마를 때까지 기다린다.
3. 솜으로 약을 닦으며 광을 낸다.
4. 사용한 솜으로 작은 숟가락과 접시에 묻은 약을 깨끗이 닦는다.
5. 면봉과 솜을 접시에 담아 휴지통에 버린다.
6. 깨끗한 면봉과 솜을 준비대에서 가져다 놓는다.
7. 교구를 정리한다.

특기사항

- 준비대에 면봉과 화장솜을 준비해 둔다.
- 매트 위에 수건을 깔면 움직임을 방지한다.

작은 절구 사용-과자 갈아 먹기

일상 : 4세

교 구

과자, 과자 담는 그릇, 절구, 약포지, 약포지 담는 그릇, 스펀지, 스펀지 담는 그릇, 절구공이, 숟가락, 솔, 작은 빗자루와 쓰레받기, 비닐 매트

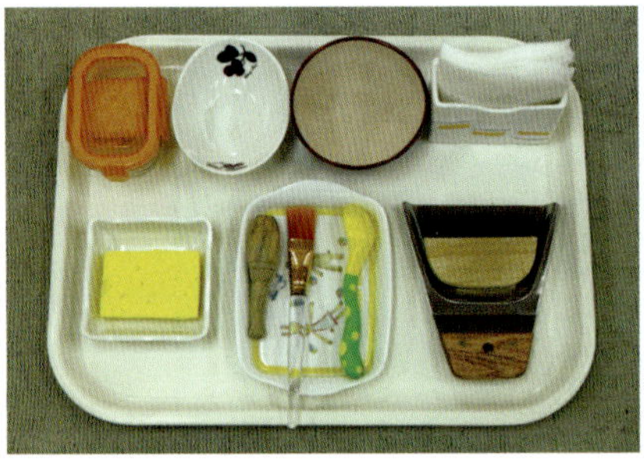

시 범

1. 과자를 준비대에서 가져 온다.
2. 절구에 과자를 넣고 절구공이를 돌려 가루를 만든다.
3. 숟가락으로 사발 안의 과자 가루를 떠서 작은 그릇에 담는다.
4. 솔로 절구에 남은 과자 가루를 모두 털어 작은 그릇에 담는다.
5. 작은 그릇의 과자 가루를 약 종이에 붓는다.
6. 약포지에 담은 과자 가루를 먹는다.
7. 약포지를 비벼서 모든 그릇과 도구의 가루를 비닐 매트에 쓸어낸다.
8. 빗자루와 쓰레받기로 가루를 담아 쓰레기통에 버린다.
9. 스펀지로 비닐 매트를 닦고 싱크대에서 빨아 온다.
10. 교구를 정리한다.

특기사항

준비대에 과자를 준비해 둔다.

옷틀 - 한복 옷고름 매기

일상 : 5세

교 구

한복 옷고름 매기 옷틀

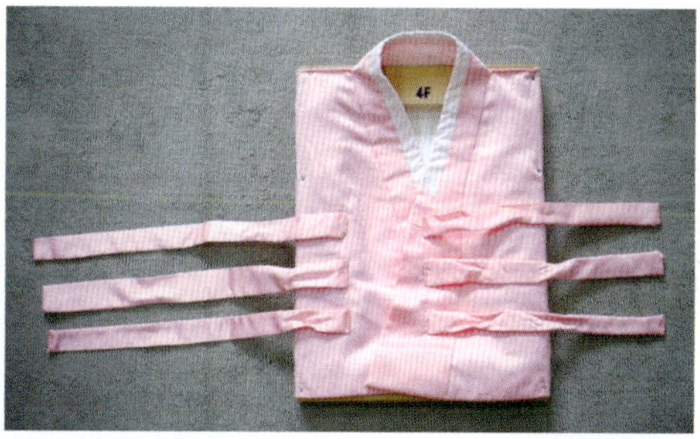

시 범

1. 3개의 옷고름을 위에서부터 하나씩 차례로 푼다.
2. 옷고름을 양옆으로 펼쳐 놓는다.
3. 위에서부터 옷고름을 하나씩 맨다.
4. 교구를 정리한다.

특기사항

양쪽 옷고름의 색깔을 다르게 해 줄 수 있다.

2항식-조각보를 만들어요

감각 : 4세

교 구

1·2항식, 조각보판

조각보를 만들어요

시 범

1. 매트 왼쪽에 1·2항식 상자를, 오른쪽에 조각보판을 놓는다.
2. 상자를 열어 조각보판 아래에 1·2항식 조각을 꺼내 놓는다.
3. 1·2항식 조각을 조각보판 위에 같은 색을 찾아 놓는다.
4. 교구를 정리한다.

특기사항

같은 크기, 같은 색을 찾아 놓도록 한다.

변형 및 응용

색종이로 조각보 만들기

색종이로 조각보 만들기

마구간의 말

수학 : 3세

교 구

마구간 1~10, 말 55마리, 바구니

마구간의 말

시 범

1. 마구간 1~10을 매트 위 왼쪽에서 오른쪽으로 나열한다.
2. 마구간에 적혀 있는 숫자만큼 말을 마구간에 놓는다.
3. 숫자를 읽고 말을 센다.
4. 교구를 정리한다.

그림과 그림 맞추기 - 고무신

언어 : 3세

교 구

고무신 그림(그림 카드, 짝 맞추기 그림 카드)

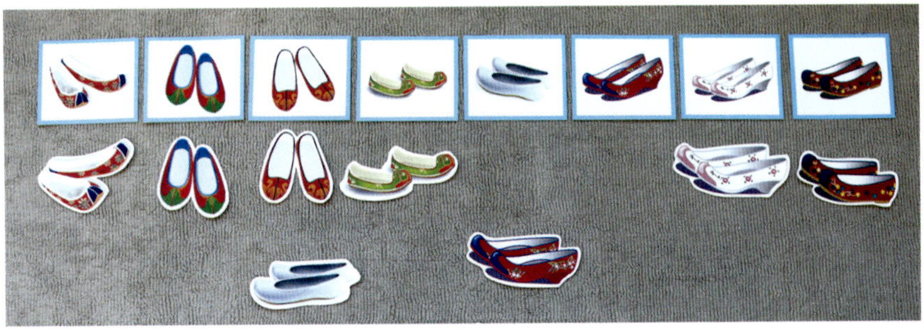

신발 짝짓기

시 범

1. 카드를 매트 왼쪽에서 오른쪽으로 나열한다.
2. 짝 맞추기 카드를 매트 아래에 나열한다.
3. 왼쪽 정정 카드를 손으로 짚은 후, 아래의 같은 그림을 찾아 놓는다.
4. 교구를 정리한다.

특기사항

유아의 발달 단계에 따라 카드 수를 조절한다.

조각 그림 맞추기 - 김치

언어 : 4세

교 구

김치 조각 그림, 정정판

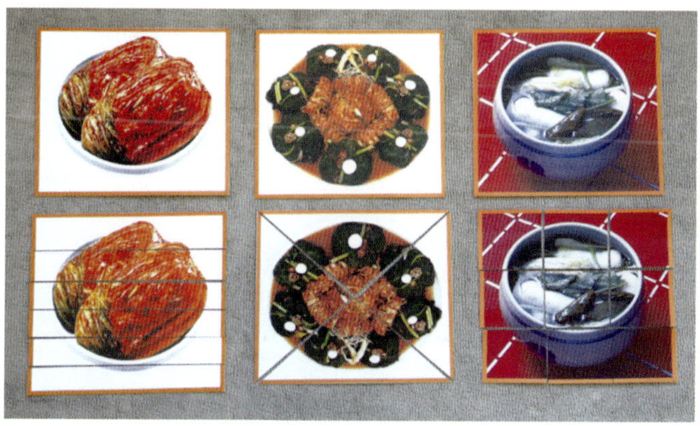

시 범

1. 김치 정정판을 매트에 놓는다.
2. 정정판을 보고 조각 그림을 맞춘다.
3. 교구를 정리한다.

특기사항

유아의 발달 단계에 따라 조각 수를 조절한다.

그림과 그림 맞추기 - 김치 도미노

언어 : 3세

교 구

김치 도미노 카드

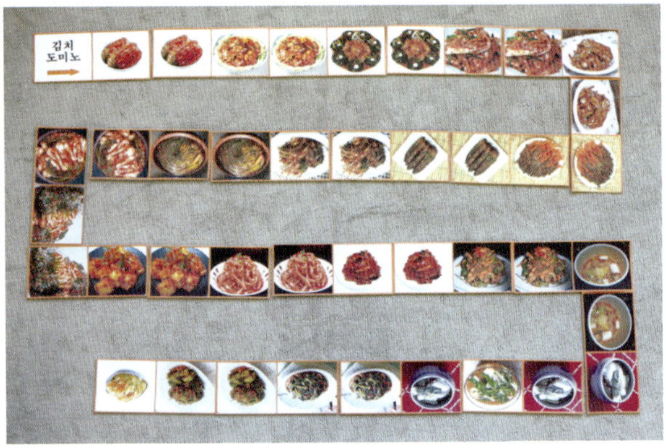

김치 도미노 카드

시 범

1. 김치 카드를 매트 아래에 나열한다.
2. 시작 카드를 매트 왼쪽에 놓고 같은 김치 그림을 찾아 놓는다.
3. 같은 방법으로 김치 카드를 맞추어 놓는다.
4. 교구를 정리한다.

특기사항

유아의 발달 단계에 따라 카드 수를 조절한다.

그림과 그림 맞추기 - 떡 도미노

언어 : 3세

교 구

떡 도미노 카드

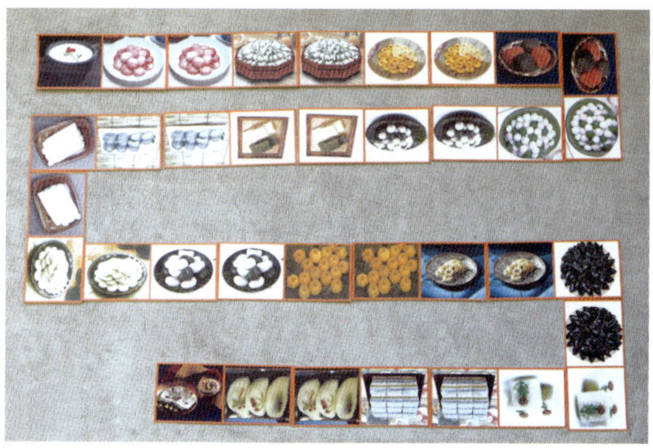

떡 도미노 카드

시 범

1. 떡 그림 카드를 매트 아래에 나열한다.
2. 시작 카드를 매트 왼쪽에 놓고 같은 떡 그림 카드를 찾아 놓는다.
3. 같은 방법으로 도미노 카드를 맞추어 놓는다.

특기사항

유아의 발달 단계에 따라 카드 수를 조절한다.

조각 그림 맞추기 - 떡

언어 : 3세

교 구

떡 조각 그림, 정정판

시 범

1. 떡 정정판을 매트에 놓는다.
2. 정정판을 보고 조각 그림을 맞춘다.
3. 교구를 정리한다.

특기사항

유아의 발달에 따라 조각 수를 조절한다.

그림과 이름 맞추기 - 김치 종류

언어 : 4세

교 구

김치의 종류 3단 카드(그림과 이름이 있는 카드, 그림 카드, 이름 카드)

김치 3단 카드

시 범

1. 그림과 이름이 있는 카드를 매트 왼쪽에서 오른쪽으로 나열한다.
2. 그림만 있는 카드를 나열한 후 맞춘다.
3. 이름만 있는 카드도 같은 방법으로 맞춘다.
4. 정정표시를 확인한다.

특기사항

카드 뒷면에 정정표시를 한다.

한국 음식과 외국 음식 분류하기

문화 : 4세

교 구

한국 음식과 외국 음식 이름 카드, 그림 카드

시 범

1. 한국 음식과 외국 음식에 대해 이야기한다.
2. 한국 음식과 외국 음식의 분류 카드를 나열한다.
3. 그림 카드를 매트 아래에 나열한다.
4. 그림 카드를 1개씩 제시하며 이름과 특징을 말하고 해당 이름 카드 아래에 놓는다.
5. 카드 뒷면의 정정표시를 확인한다.

특기사항

카드 뒷면에 정정표시를 한다.

변형 및 응용

음식 분류하기

떡 종류

문화 : 5세

교 구

분류 카드, 떡 종류 카드

시 범

1. 분류 카드를 매트 왼쪽에서 오른쪽으로 나열한다.
2. 떡 종류 그림 카드를 매트 아래에 나열한다.
3. 분류 카드에 맞추어 떡 그림 카드를 분류하여 놓는다.
4. 카드 뒷면의 정정표시를 확인한다.
5. 교구를 정리한다.

특기사항

카드 뒷면에 정정표시를 한다.

우리 음식에 쓰이는 채소의 꽃과 열매

문화 : 5세

교 구

꽃 그림판, 열매 그림 카드

시 범

1. 꽃 그림판을 매트에 놓는다.
2. 열매 카드를 매트 아래에 놓는다.
3. 꽃 이름에 맞는 열매를 찾아 꽃 그림판 옆에 놓는다.
4. 정정표시를 확인한다.
5. 교구를 정리하다.

특기사항

김치 및 비빔밥에 들어가는 채소 분류하기를 만들 수 있다.

10월 3주

소주제 : 우리나라 놀이

목표 : • 다양한 우리나라 전통 놀이를 알아보고 경험해 본다.
• 다양한 우리나라 옛이야기를 경험하고 흥미를 느낀다.

			3세	4세	5세
자유선택	신체운동·건강	일상	●숟가락 사용하기 –공깃돌 옮기기	●핀셋 사용 –돌, 제기 옮기기 ●나무에 광내기 –한국의 탈	●도구 사용 –팽이 돌리기 ●접기 –딱지 ●젓가락 사용 –공깃돌 옮기기
	의사소통	언어	●모래판 낱자 –자·모음 합성	●같은 글자 찾아 놓기 –민속 놀이 ●받침 글자–‘ㅍ’	●명사에 어울리는 형용사 찾기 ●옛날 화가 그림에서 명사, 동사, 형용사 찾아서 글자 놓기
	사회관계	문화	●민속 놀이	●달의 변화	●우리나라의 민속과 풍속
	예술경험	일상	♣반 접어 오리기–팽이	♣비석 치기, 자치기	♣색칠하여 꾸미기 : 전통 문양–연꽃 문양 ♣접기–복주머니/딱지
		감각	●음감벨 I	●음감벨 II	●음감벨 –전통 음악 듣기 –‘음’을 패턴으로 만들어 반복하기
		언어	●물체와 그림 맞추기 ▲하회탈 ●그림과 그림 맞추기 –옛날 화가 그림	●조각 그림 맞추기 –옛날 화가 그림 ●물체와 이름 맞추기 –전통탈	●그림과 이름 맞추기 –전통 악기
	자연탐구	수학	●숫자와 바둑알 I	●뱀 놀이 소개	●색비즈 곱셈 놀이
		문화		●나무의 종류 소개	

나무 광내기 - 한국의 탈

일상 : 4세

교구

나무 닦는 약, 약통, 작은 숟가락, 면봉, 화장솜, 칸이 나누어진 접시 2개, 나무로 된 한국 전통탈 또는 인형, 수건, 매트

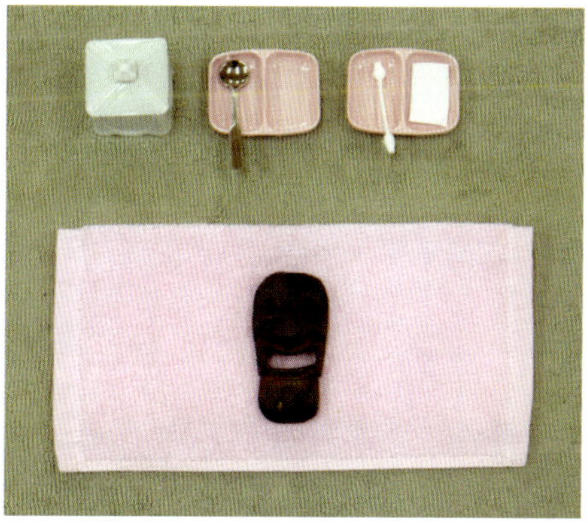

나무 광내기

시범

1. 작은 숟가락으로 나무 닦는 약을 한 숟가락 덜어 접시에 놓는다.
2. 면봉으로 약을 묻혀 나무 탈에 고르게 바른 후 마를 때까지 기다린다.
3. 솜으로 약을 닦으며 광을 낸다.
4. 사용한 솜으로 작은 숟가락과 접시에 묻은 약을 깨끗이 닦는다.
5. 면봉과 솜을 접시에 담아 휴지통에 버린다.
6. 깨끗한 면봉과 솜을 준비대에서 가져다 놓는다.
7. 교구를 정리한다.

특기사항

준비대에 면봉과 화장솜을 준비해 둔다.

물체와 그림 맞추기 - 하회탈

언어 : 3세

교 구

하회탈(모형, 그림 카드)

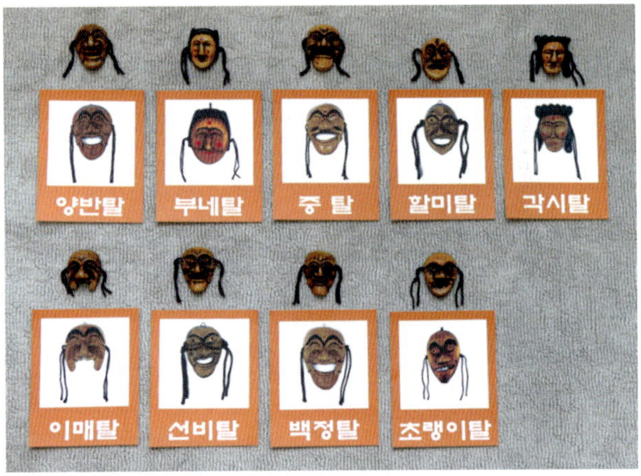

물체와 그림 맞추기(하회탈)

시 범

1. 하회탈을 하나씩 매트 왼쪽에서부터 나열한다.
2. 그림 카드를 아래에 나열한다.
3. 왼쪽의 하회탈을 손으로 짚은 후, 아래에서 같은 그림을 찾아 맞추어 놓는다.
4. 나머지 탈도 같은 방법으로 한다.
5. 교구를 정리한다.

특기사항

유아의 발달 단계에 따라 수를 조절한다.

민속 놀이

문화 : 3세

교 구

민속 놀이 3단 카드(그림과 이름이 있는 카드, 그림 카드, 이름 카드)

민속 놀이

시 범

1. 우리나라의 민속 놀이에 대해 이야기한다.
2. 그림과 이름 카드를 매트 왼쪽에서 오른쪽으로 나열한다.
3. 그림 카드를 매트 아래 나열한 후 맞춘다.
4. 이름 카드도 같은 방법으로 맞춘다.
5. 정정표시를 확인한다.
6. 교구를 정리한다.

특기사항

카드 뒷면에 정정표시를 한다.

달의 변화

문화 : 4세

교 구

달의 변화 3단 카드(그림과 이름이 있는 카드, 그림 카드, 이름 카드)

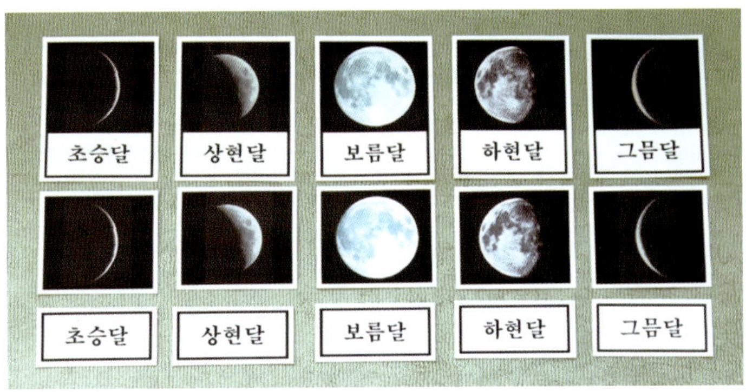

달의 변화

시 범

1. 달의 변화에 대해 이야기한다.
2. 그림과 이름 카드를 매트 왼쪽에서 오른쪽으로 나열한다.
3. 그림 카드를 매트 아래 나열한 후 맞춘다.
4. 이름 카드도 같은 방법으로 맞춘다.
5. 정정표시를 확인한다.
6. 교구를 정리한다.

특기사항

카드 뒷면에 정정표시를 한다.

10월 4주

소주제 : 우리나라의 역사

목표 : • 우리나라의 유래, 역사에 대해 관심을 두고 자부심을 느낀다.
• 우리나라 옛 그림의 고유한 특성을 알아보고 아름다움을 느낀다.
• 통일에 대해 관심을 두고 우리나라를 빛낸 위인에 대해 자랑스러움을 느낀다.

			3세	4세	5세
자유선택	신체운동·건강	일상	●먼지 닦기 –우리나라 퍼즐 ●꿰기–엽전		●고무신 닦기
	의사소통	언어	●글자판 따라 쓰기 ●모래판 낱자 –자·모음 합성 ●조각 그림 맞추기 –전통 문양 ●그림과 그림 맞추기 –전통 문양	●첫소리 구별하기 ●그림과 그림 맞추기 –도미노–전통 문양 ●받침 글자 놓기	●부사 소개 –동사에 어울리는 부사 찾기
	사회관계	일상		●접기 –태극기 접어 함에 넣기	●한복 입히기
		언어		●같은 글자 찾아 놓기 –우리나라 발명품	●이동 낱자 상자 –우리나라의 발명품 ●우리말과 북한말 맞추기
		문화	●태극기 퍼즐	●우리나라 각 도의 이름 소개 ●태극기 만들기 ●우리나라의 악기	●우리나라 각 도의 특성 ●옛날 물건
	예술경험	일상	♣펀칭–문양(태양 문양)	♣접어 오리기–문양 1 ♣색칠하기–전통 문양	♣푸싱핀–복주머니
		감각	●음감벨		
	자연탐구	수학	●숫자와 바둑알 Ⅰ –숫자 밑에 빨간 색종이로 원을 만들어 붙이기	●뱀 놀이 Ⅰ	●색비즈 곱셈 놀이

한복 입히기

일상 : 5세

교 구

여자 인형 한복 – 속바지, 속치마, 치마, 저고리, 버선, 인형의 작은 책, 남자 인형 한복 – 바지, 대님, 저고리, 조끼, 버선

시 범

1. 남자 인형 한복부터 저고리, 바지, 버선 순으로 벗겨 놓는다.
2. 여자 인형 한복도 저고리를 벗기고 치마, 속치마 순으로 벗겨 놓는다.
3. 작은 책을 보고 확인하여 순서대로 입힌다.
   남자 : 버선 – 바지 – 저고리 – 대님 – 조끼
   여자 : 속바지 – 속치마 – 치마 – 저고리 – 버선
4. 완성된 인형은 교구장에 가져다 놓고 정리한다.

특기사항

유아 발달 단계에 맞게 인형을 1개를 넣어 주고 잘 다루면 남, 여 인형을 같이 제공해 준다.

조각 그림 맞추기 - 전통 문양

언어 : 3세

교 구

조각 그림(전통 문양), 정정판

퍼즐 맞추기(전통 문양)

시 범

1. 매트에 조각 그림을 놓는다.
2. 정정판을 보고 조각 그림을 맞춘다.
3. 교구를 정리한다.

특기사항

유아의 발달 단계에 따라 조각 수를 조절한다.

퍼즐 맞추기(전통 문양)

그림과 그림 맞추기-전통 문양

언어 : 3세

교 구

전통 문양(정정 카드, 짝 맞추기 그림 카드)

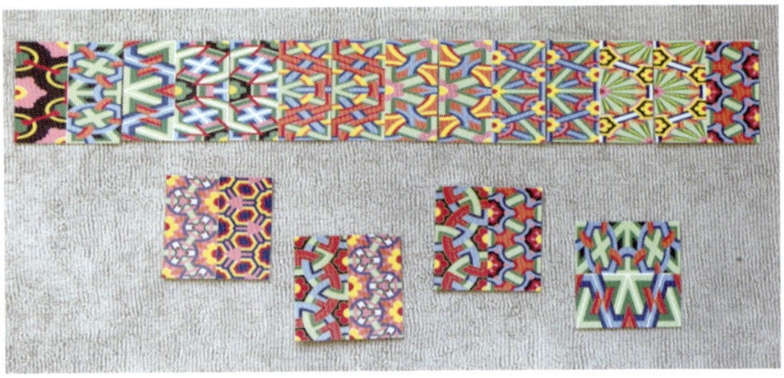

시 범

1. 정정 카드를 매트 왼쪽에서부터 나열한다.
2. 짝 맞추기 카드를 매트 아래에 나열한다.
3. 왼쪽 정정 카드를 손으로 짚은 후, 같은 그림을 찾아 놓는다.

특기사항

유아의 발달 단계에 따라 카드 수를 조절한다.

우리말과 북한말 맞추기

언어 : 5세

교 구

우리말과 북한말 카드

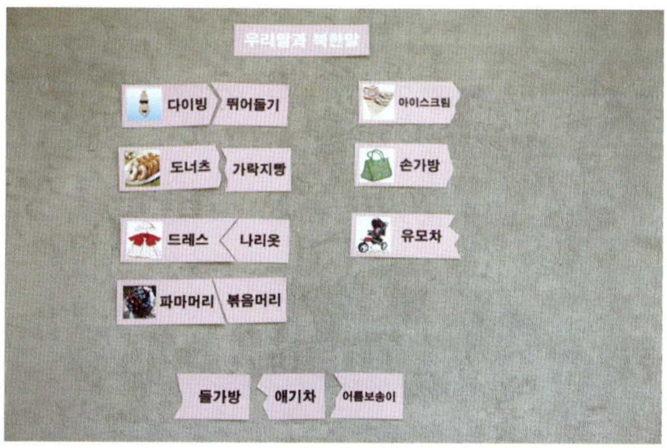

우리말과 북한말

시 범

1. 매트 왼쪽부터 우리말 카드를 나열한다.
2. 북한말 카드를 아래에 나열한다.
3. 왼쪽의 우리말과 같은 북한말을 찾아 맞춘다.
4. 나머지 카드도 맞춘다.
5. 교구를 정리한다.

특기사항

유아의 발달 단계에 따라 카드 수를 조절한다.

받침 글자 놓기

언어 : 4세

교 구

받침 글자판, 받침 글자 카드

받침 글자 놓기

시 범

1. 받침 글자판을 매트 위에 놓는다.
2. 받침 글자를 아래에 나열한다.
3. 받침 글자판을 보고 읽은 후, 만들어지는 글자를 찾아 판에 올려놓는다.
4. 교구를 정리한다.

옛날 물건

문화 : 5세

교 구

옛날 물건 3단 카드(그림과 이름이 있는 카드, 그림 카드, 이름 카드)

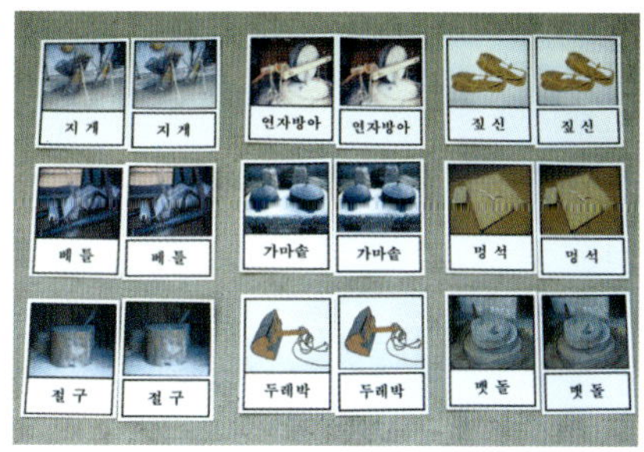

옛날 물건

시 범

1. 우리나라 옛날 물건들의 특징에 대해 이야기한다.
2. 그림과 이름 카드를 매트 왼쪽에서 오른쪽으로 나열한다.
3. 그림 카드를 매트 아래 나열한 후 맞춘다.
4. 이름 카드도 같은 방법으로 맞춘다.
5. 정정표시를 확인한다.
6. 교구를 정리한다.

특기사항

카드 뒷면에 정정표시를 한다.

10월 5주

소주제 : 우리나라의 자랑거리

목표 : • 우리나라의 상징물을 알아보고 나라 사랑하는 마음을 갖는다.
• 우리나라 문화재에 대하여 알아보고 소중히 여긴다.
• 우리나라 사람임에 자긍심을 갖는다.

			3세	4세	5세
자유선택	신체운동·건강	일상	●옷틀–지퍼 올리기	●접기 –한복 버선 접기 (이어서)	●옷고름 매기 ●무궁화 꽃잎 모형에 꽂기(날클립)
	의사소통	언어	●모래판 낱자 –자·모음 합성	●이중 모음 찾기–‘ㅐ’ ●자음·모음 합성판에 글자 놓기 ●단어의 공통 글자 찾기	
	사회관계	언어	●그림과 그림 맞추기 –문화재 도미노 ●패턴 놓기 –우리나라를 나타내는 것	●그림과 이름 맞추기 –우리나라 국보	●그림과 이름 맞추기 –위인 ●국보책 만들기
		문화	●무궁화 퍼즐	●우리나라 각 도의 이름 소개 ●우리나라 악기	●우리나라 여행 ●우리나라를 빛낸 사람
	예술경험	일상	♣색칠하기–무궁화, 태극기	♣접기 –한복·버선 접기	♣만들기–댕기 만들기 ♣직조 짜기–한복
		감각			●파란 삼각형 상자 –각시탈 만들기
	자연탐구	수학	●숫자와 바둑알 Ⅱ 홀수와 짝수 ●10의 개념 –한옥과 복주머니 –줄 당기기	●수 막대자 덧셈 놀이 ●작은 수 막대 덧셈 1	●색비즈 곱셈 놀이

한옥과 복주머니

수학 : 3세

교 구 한옥 모형 1～10, 복주머니 55개, 복주머니를 담을 수 있는 바구니

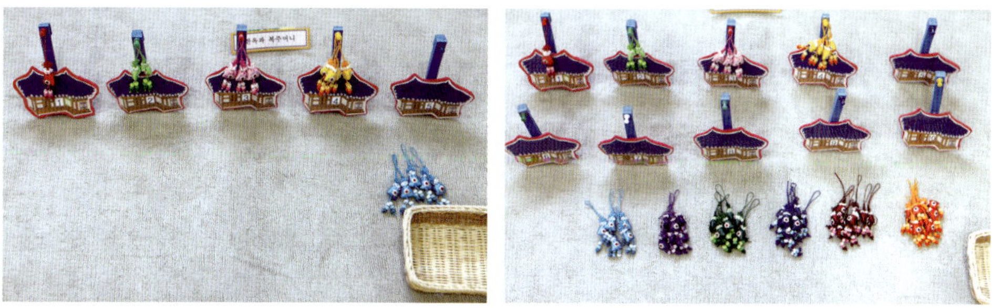

한옥과 복주머니

시 범

1. 한옥 1～10을 매트 위 왼쪽에서 오른쪽으로 나열한다.
2. 복주머니를 색깔별로 분류해 놓는다.
3. 한옥에 적혀 있는 숫자만큼 복주머니를 걸어 놓는다.
4. 숫자를 읽고 복주머니를 센다.
5. 바구니에 복주머니를 정리한다.

특기사항

매트 크기에 따라 한옥을 한 줄 또는 두 줄로 놓을 수 있다.

줄 당기기

수 막대자 덧셈 놀이

수학 : 4세

교 구

빨간색 자 1~10, 파란색 자 1~10, 파란색 자 18

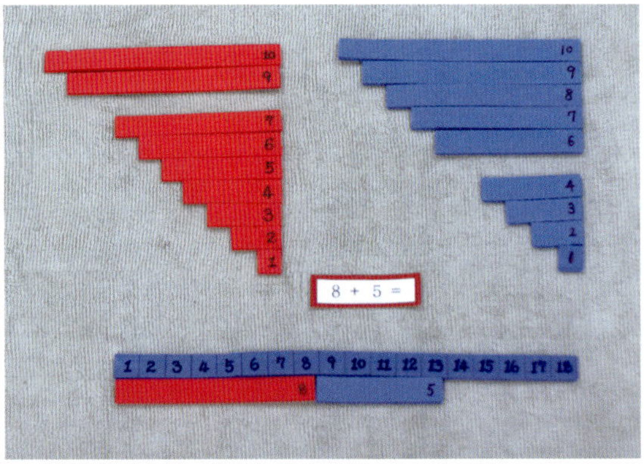

수 막대와 덧셈자

시 범 Ⅰ

- 빨간색 자와 파란색 자로 10을 만들어 본다(빨간 자 10을 놓고, 빨강 9－파랑 1, 빨강 8－파랑 2, 빨강 7－파랑 3, 파랑 10).

시 범 Ⅱ

1. 파란 18자를 매트 중앙에 놓는다(예 6＋7).
2. 파란 6자를 파랑 18자 좌측을 맞추어 밑에 놓는다.
3. 빨간 7자를 파랑 6자 우측에 놓는다.
4. 파랑 6자를 가리켜 '육', 빨간 자 1칸씩 세면서 '칠, 팔, 구, 십, 십일, 십이, 십삼'이라 읽고 파란 자 위에 있는 숫자를 읽는다. '십삼'
5. 읽은 숫자와 파란 자 숫자가 일치하면 정답이다.
6. 교구를 정리한다.

우리나라 악기

문화 : 4세

교 구

우리나라 악기 그림 카드, 이름 카드

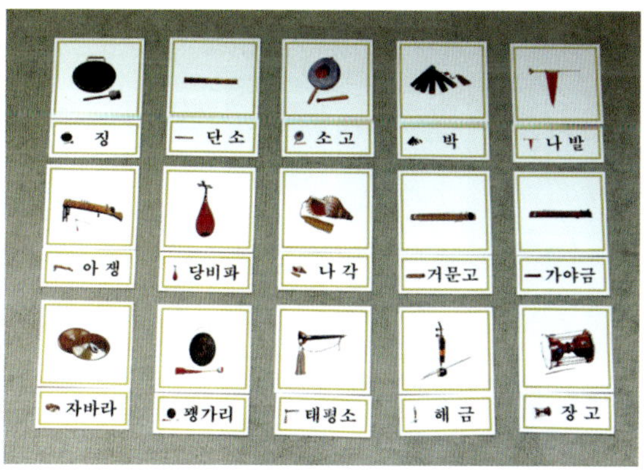

우리나라 악기

시 범

1. 우리나라 악기에 대해 이야기를 한다.
2. 우리나라 악기의 그림 카드를 매트 위쪽에 나열한다.
3. 이름 카드를 매트 아래에 자유롭게 놓는다.
4. 왼쪽의 꽃 그림 카드를 손으로 짚은 후, 짝 맞추기 이름 카드를 찾아 놓는다.
5. 나머지 그림 카드도 같은 방법으로 맞추어 놓는다.
6. 교구를 정리한다.

특기사항

카드 뒷면에 정정표시를 한다.

우리나라를 빛낸 사람

문화 : 5세

교 구

우리나라 운동선수와 예술인의 그림과 이름 카드

우리나라를 빛낸 사람들

시 범

1. 우리나라를 빛낸 사람들에 대해 이야기한다.
2. 분류 카드를 매트 왼쪽에서 오른쪽으로 나열한다.
3. 운동선수와 예술인 그림과 이름 카드를 아래에 나열한다.
4. 분류 카드에 맞추어 그림 카드를 분류하여 놓는다.
5. 카드 뒷면의 정정표시를 확인한다.
6. 교구를 정리한다.

특기사항

카드 뒷면에 정정표시를 한다.

11월

세계 여러 나라

11월 1주

소주제 : 세계 여러 나라 사람들의 생활

목표 : • 세계 여러 나라 사람들의 의, 식, 주의 다양한 생활 모습에 대하여 알게 한다.

			3세	4세	5세
자유선택	신체운동·건강	일상	●돌리기 –커피 갈기	●유리창 닦기 ●큰 단추 달기	●차 마시기
		감각	●옷감 상자 I	●옷감 상자 II –세계 여러 나라의 옷	●옷감 상자 III
	의사소통	언어	●가~하 같은 글자 찾아 도장 찍기	●가운데 소리 듣기 ●이중 모음 찾기 –'ㅚ'	
	사회관계	일상	●요리하기 –카나페 만들기	●요리하기 –김밥 말기(모형) –샌드위치 만들기	●요리하기 –월남 쌈 만들기
		언어	●그림과 그림 맞추기 –여러 나라 축제 큰 그림, 작은 그림 맞추기	●조각 그림 맞추기 –여러 나라 축제	●그림과 이름 –여러 나라 생활
		문화	●세계 여러 나라의 인사말 ●세계 여러 나라 의상 짝 맞추기	●각 대륙별 나라 지도 –퍼즐 맞추기(색 정정판)	●대륙별 문화 상자 ●대륙별 축제
	예술경험	일상	♣스티커 붙이기(집) –천막집, 이글루 ♣색칠 –세계 여러 나라 국기, 지도, 사람, 의상 등	♣꾸미기 –풍차 ♣푸싱핀 –세계 여러 나라 사람 (멕시코)	♣푸싱핀 –세계 여러 나라 사람과 전통의상 (인디언)
	자연탐구	수학	●숫자와 바둑알 단추 이용–홀수(빨간 단추) 짝수(파란 단추) ●냠냠 햄버거 ●딸기 케이크	●작은 수 막대 덧셈 II	●곱셈판 놀이
		문화		●잎 상자 서랍 –시범 1 ●열대 과일의 종류	●잎 상자 서랍 –시범 2 (카드) ●열대 과일의 겉과 속

요리하기-김밥 말기(모형)

일상 : 4세

교 구

김, 밥, 김밥 속 재료 모형의 펠트지(5세트의 재료 준비), 재료 담을 통, 접시, 도마

시 범

1. 김 모형을 도마 위에 펼친다.
2. 김 모형 위에 표시된 선에 맞추어 밥 모양 펠트지를 놓는다.
3. 밥 모양 펠트지 아래 선에 맞추어 재료들을 하나씩 차례로 놓는다.
4. 김밥을 말아 끝에 붙은 찍찍이에 고정한다.
5. 완성된 김밥을 접시에 담는다.
6. 5줄의 김밥을 위와 같은 방법으로 완성한다.
7. 김밥을 풀어서 제자리에 분류해 놓는다.

특기사항

- 김밥 모양이 고정되도록 검정 펠트지에 찍찍이를 붙여 준다.
- 김밥 속 재료와 양을 조절할 수도 있다.

요리하기–샌드위치 만들기

일상 : 4세

교 구

1/2로 자른 식빵, 빵 담는 그릇, 빵의 가장자리를 담는 그릇, 잼, 수건, 스펀지, 이쑤시개, 접시, 앞치마, 도마, 빵 자르는 칼, 잼 바르는 칼, 찻숟가락, 양동이

시 범

1. 빵을 두 조각 꺼내 도마 위에 놓는다.
2. 빵 자르는 칼로 빵의 가장자리를 잘라 내어 빵의 가장자리를 담는 그릇에 담는다.
3. 찻숟가락으로 잼을 덜어 빵 위에 놓는다.
4. 잼 바르는 칼로 잼을 펴 바른다.
5. 빵 두 조각을 서로 포개어 놓고 빵 자르는 칼로 잘라 6조각을 만든다.
6. 이쑤시개로 한 조각씩 찍어 완성 접시에 담아 대접한다.
7. 양동이에 물을 받아서 깨끗이 정리한다.

냠냠 햄버거

수학 : 3세

교 구

입이 큰 얼굴 1~10, 햄버거 55개, 바구니

냠냠 햄버거

딸기 케이크

시 범

1. 얼굴 카드 1~10을 매트 위 왼쪽에서 오른쪽으로 나열한다.
2. 카드에 적혀 있는 숫자만큼 햄버거를 입에 넣는다.
3. 숫자를 읽고 햄버거를 센다.
4. 바구니에 햄버거를 정리한다.

특기사항

유아의 발달 단계에 따라 카드를 한 줄 또는 두 줄로 놓을 수 있다.

대륙별 축제

문화 : 5세

교 구

대륙 이름 카드, 대륙별 축제 카드

시 범

1. 세계 여러 나라의 축제에 대해 이야기한다.
2. 분류 카드를 매트 왼쪽에서 오른쪽으로 나열한다.
3. 대륙별 축제의 그림과 이름 카드를 아래에 나열한다.
4. 분류 카드에 맞추어 그림 카드를 분류한다.
5. 교구를 정리한다.

대륙별 문화 상자 - 아시아 소개

문화 : 5세

교 구

문화 상자, 대륙별 파일, 지도

아시아의 다문화

시 범

1. 문화 상자, 대륙별 파일, 지도를 꺼내 와 매트 위에 놓는다.
2. 상자를 열고 상자 속의 물체들을 하나씩 꺼내어 매트 위 왼쪽에서 오른쪽으로 나열한다.
3. 상자에서 꺼낸 물체를 하나씩 가져와 대륙별 파일에서 사진과 설명을 찾아본다.
4. 나라의 이름 또는 지역의 이름이 나오면 지도에서 찾아본다.
5. 교구를 정리한다.

변형 및 응용

다문화 소개

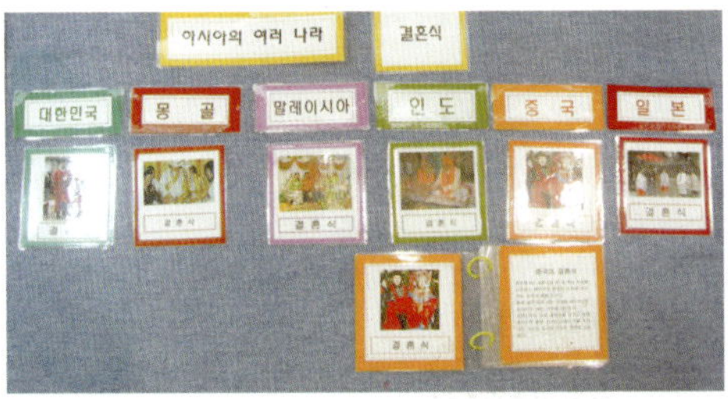

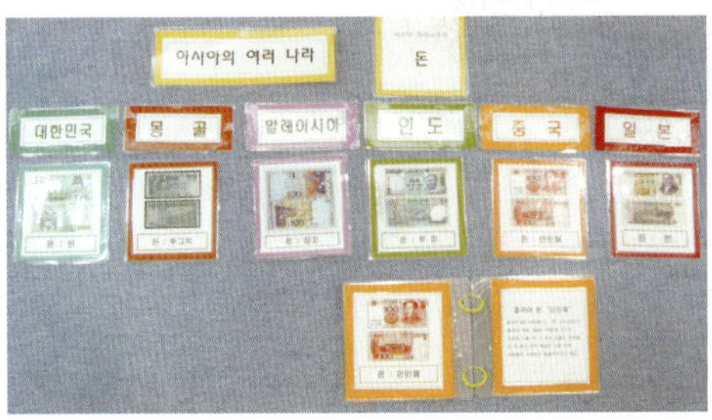

특기사항

1. 나라 이름과 인사말 카드의 색상을 통일해 스스로 정정이 가능하도록 한다.
2. 나라마다 다른 특색을 지닌 결혼식, 인사말, 놀이, 음식, 의상, 집 등 카드로도 위와 같이 해볼 수 있다.

대륙별 문화 상자-유럽 소개

문화 : 5세

교구

작은 우리나라 지도, 작은 비행기 모형, 유럽 지도판, 스웨덴·체코·프랑스 등의 각 나라 명승지 사진 3장

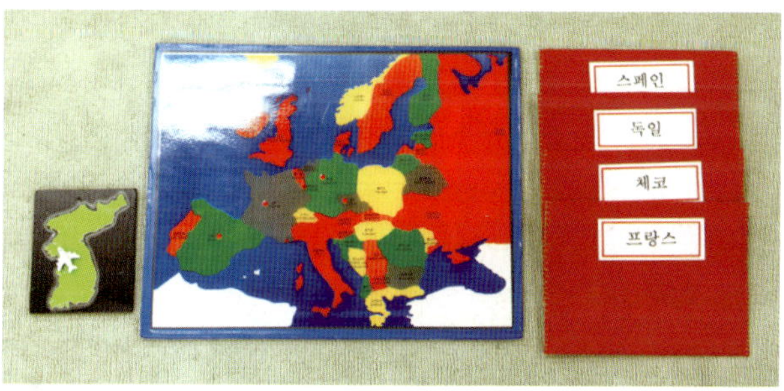

시범

1. 교구를 나열한다.
2. 우리나라에 비행기를 놓는다.
3. 여행하고 싶은 나라를 정한다.
4. 비행기를 3의 나라에 놓는다.
5. 3의 나라 사진을 주머니에서 꺼내 살펴보고 왼쪽에서 오른쪽으로 나열한다.
6. 다른 나라의 여행지를 선택하여 비행기를 옮겨 놓는다.
7. 5의 방법으로 나열한다.
8. 나머지 나라는 6, 7의 방법으로 반복한다.
9. 교구를 정리한다.

특기사항 나라의 수와 명승지의 양을 첨가한다.

열대 과일의 종류

문화 : 4세

교 구

열대 과일 3단 카드

열대 과일

시 범

1. 열대 과일의 특징을 이야기한다.
2. 그림과 이름이 있는 카드를 매트 왼쪽에서 오른쪽으로 놓는다.
3. 그림만 있는 카드를 나열한 후 맞춘다.
4. 이름만 있는 카드도 같은 방법으로 맞춘다.
5. 정정표시를 확인한다.
6. 교구를 정리한다.

특기사항

유아의 발달 단계에 따라 양을 조절할 수 있다.

열대 과일의 겉과 속

문화 : 5세

교 구

열대 과일 그림 카드, 과일 속의 그림 카드

열대 과일의 겉과 속

시 범

1. 열대 과일의 겉과 속에 대해 이야기 나눈다.
2. 열대 과일 그림 카드를 매트 위쪽에 놓는다.
3. 과일의 속 그림 카드를 아래에 자유롭게 놓고 맞춘다.
4. 정정표시를 확인한다.
5. 교구를 정리한다.

특기사항 카드 뒷면에 정정표시를 한다.

변형 및 응용 과일의 겉과 속, 채소의 겉과 속

과일의 겉과 속

채소의 겉과 속

11월 2주

소주제 : 세계 여러 나라의 문화유산

목표 : • 세계 여러 나라의 다양한 문화유산에 대하여 알고 관심을 갖는다.
• 소중한 문화유산을 잘 지키고 보존해야 함을 알게 한다.

			3세	4세	5세
자유선택	신체운동·건강	일상	●꿰기 Ⅰ -세계 여러 나라 의상, 건축물, 문화재, 화폐 등	●꿰기 Ⅱ -건축물, 문화재 ●그릇 닦기	●실 꿰기
	의사소통	언어		●이중 모음 찾기 -'ㅔ'	●이동 낱자 상자 -건축물 ●수수께끼 -세계 여러 나라의 명소
	사회관계	문화	●세계 여러 나라 국기 짝 맞추기	●각 대륙별 나라 이름 소개 ●각 대륙별 국기 소개 ●국기 짝 맞추기	●세계 여러 나라의 여행 ●국기 만들기 ●세계 여러 나라 화폐 ●세계의 축제와 국기 짝 맞추기
	예술경험	일상	♣꾸미기-고인돌	♣꾸미기-첨성대 ♣색칠하기 -세계 여러 나라 건축물, 문화유산	♣꾸미기-타지마할, 에펠탑 ♣오려 붙이기 -세계의 유명한 것 색칠
		언어	●흑백 그림 맞추기 -세계 여러 나라 탈 ●점, 선 따라 그리기 -세계의 건축물	●그림과 그림 맞추기 -명화 ●그림과 그림 맞추기 -악기와 악기를 연주하는 사람 ●같은 글자 찾아놓기 -세계의 건축물	
		문화			●화가와 명화
	자연탐구	감각	●기하 입체		●파란 삼각 상자 -세계 도시를 삼각형으로 여행 가기
		수학	●홀수와 짝수 색종이 오려 붙이기	●작은 수 막대 뺄셈 Ⅰ ●수 막대자 뺄셈 놀이	●곱셈판 놀이

세계 여러 나라의 화폐

문화 : 5세

교 구

세계의 화폐 그림 카드, 나라 이름과 화폐 단위 카드

세계의 화폐

시 범

1. 화폐 그림 카드를 매트 왼쪽에서 오른쪽으로 나열한다.
2. 나라 이름과 화폐 단위 카드를 매트 아래에 나열한 후 맞춘다.
3. 나머지 카드도 같은 방법으로 맞춘다.
4. 교구를 정리한다.

세계의 축제와 국기 짝 맞추기

문화 : 5세

교 구

축제 그림 카드, 국기와 이름 카드

세계의 축제와 국기 짝 맞추기

시 범

1. 세계 여러 나라의 축제에 대해 이야기한다.
2. 축제 그림 카드를 매트 왼쪽에서 오른쪽으로 나열한다.
3. 국기와 이름 카드를 아래에 나열한다.
4. 축제 그림 카드를 보고 국기와 이름 카드를 찾아 맞춘다.
5. 카드 뒷면의 정정표시를 확인한다.
6. 교구를 정리한다.

특기사항

카드 뒷면에 정정표시를 한다.

수 막대자 뺄셈 놀이

수학 : 4세

교 구

빨간색 자 1~10, 파란색 자 18

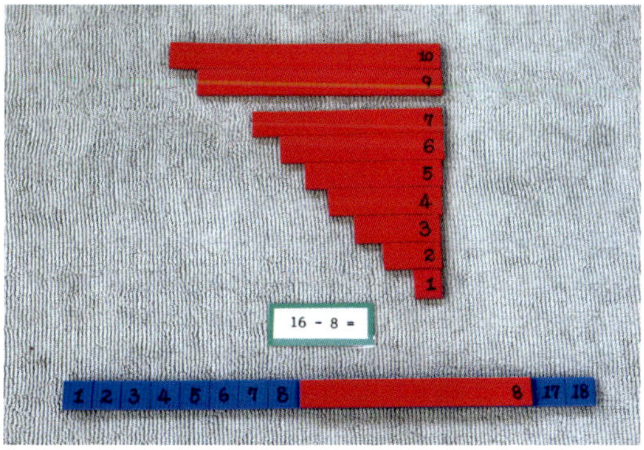

수 막대 뺄셈자

시 범

1. 파란색 자 '18'을 매트 중앙에 놓는다(예 16~8).
2. 빨간색 자 '8'을 파란색 자 '16' 숫자 왼쪽을 가려 준다.
3. 파란색 자 1칸부터 손으로 센다. '일, 이, 삼,…팔', 답은 '팔'
4. 교구를 정리한다.

11월 3주

소주제 : 세계 여러 나라의 교류

목표 : • 세계 여러 나라와 교류를 하는 이유에 대하여 알게 한다.
• 세계 여러 나라와 스포츠, 문화, 외교, 무역 등의 다양한 교류에 대하여 알게 한다.

			3세	4세	5세
자유선택	신체운동·건강	일상	●광내기 -파라오상 ●옷 입고 벗기 -세계 여러 나라 의상	●광내기 -세계 여러 나라 주화 ●먼지 털기 -파라오상	
	의사소통	언어		●가운데 소리 구별하기 ●이중 모음 찾기-'ㅖ'	●이동 낱자 상자 -세계 여러 나라 축제
	사회관계	언어	●조각 그림 맞추기 -세계의 스포츠 ●패턴 놓기 -여러 나라의 동전	●그림과 이름 맞추기 -세계의 관광지	●책 만들기 -월드컵 축구 개최국
		문화	●피부색은 달라도 우리는 하나	●각 대륙별 나라 의상과 국기 짝 맞추기	●각 대륙별 나라 의상 ●의상과 국기 짝 맞추기 ●나라의 위치와 국기 -G20개국 ●올림픽의 역사 ●대륙별 스크랩북
	예술경험	일상	♣색칠하기 -축구선수 유니폼	♣응원 도구 만들기 -세계 여러 나라 ♣탁본 -세계 여러 나라 동전	♣만들기-피라미드, 유치원 화폐
		문화			●세계 여러 나라 민속춤
	자연탐구	감각	●기하 입체	●작은 육각 상자	●대륙 위에 삼각형 만들기
		수학	●작은 수 막대 Ⅰ (1~10 감각적)	●작은 수 막대 뺄셈 Ⅱ	●곱셈판 놀이

광내기 - 파라오상

일상 : 3세

교 구

광내는 약, 칸이 구분되어 있는 그릇, 작은 숟가락, 면봉, 화장솜, 파라오상, 모형, 쟁반, 비닐 매트

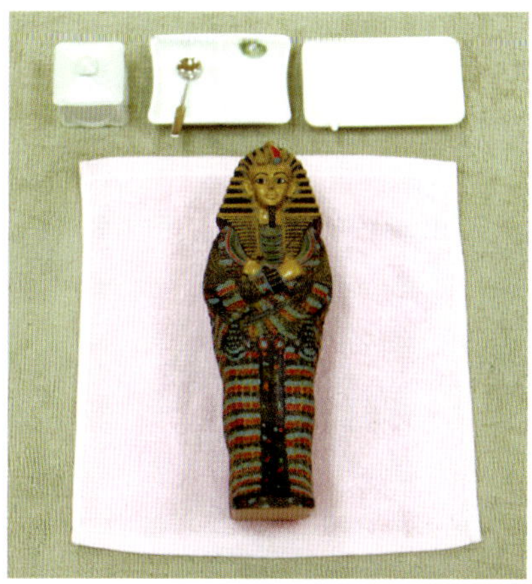

시 범

1. 숟가락으로 나무 닦는 약을 한 숟가락 덜어 접시에 놓는다.
2. 면봉으로 약을 묻혀 이집트 모형에 고루 바른 후 마를 때까지 기다린다.
3. 화장솜으로 약을 닦으며 광을 낸다.
4. 사용한 솜으로 작은 숟가락과 접시에 묻은 약을 깨끗이 닦는다.
5. 면봉과 솜을 접시에 담아 버린다.
6. 깨끗한 면봉과 솜을 준비해 놓는다.
7. 교구를 정리한다.

특기사항

모형의 움직임을 줄이기 위해 수건을 깔고 광내기를 할 수도 있다

먼지 털기-파라오상

일상 : 4세

교 구

먼지털이 솔, 빗자루, 작은 수건, 수건 담은 그릇, 파라오상 모형, 쟁반, 비닐 매트

시 범

1. 솔을 들고 먼지가 있는 파라오상의 먼지를 털어낸다.
2. 바닥에 떨어진 먼지를 빗자루로 잘 쓸어 담는다.
3. 작은 수건으로 깨끗이 닦는다.
4. 교구를 정리한다.

대륙 위에 삼각형 만들기

감각 : 5세

교 구

점이 찍혀 있는 코팅판, 칠판펜 2자루, 칠판펜 지우개

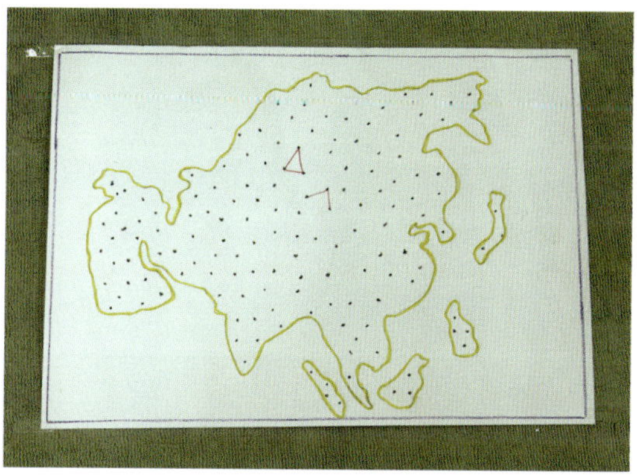

시 범

1. 매트 위에 지도판을 놓는다.
2. 가위, 바위, 보로 순서와 표시(○ 또는 ×)를 정한다.
3. 이긴 사람이 먼저 원하는 곳에 두 점을 이어 선을 만든다.
4. 다음 순서의 사람이 두 점 사이에 선을 긋는다.
5. 삼각형을 먼저 만든 사람이 ○ 또는 ×로 자기 표시를 한다.
6. 나머지 점들도 같은 방법으로 한다.
7. 삼각형의 개수가 많은 사람이 이긴다.
8. 선들을 지우고 교구를 제자리에 정리한다.

특기사항

1. 삼각형을 만들지 못하도록 방어하는 것도 하나의 방법이다.
2. 표시를 ○, ×가 아닌 다른 것으로 할 수 있다.

나라의 위치와 국기

문화 : 5세

교 구

세계 지도 정정판, 각 나라의 위치판, 각 나라의 국기, 나라 이름 카드

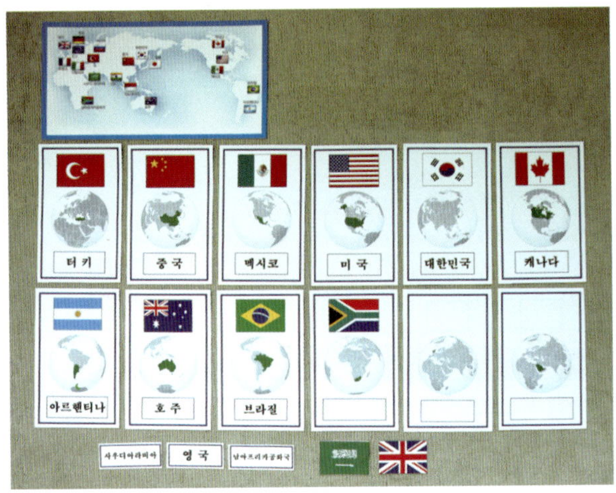

나라의 위치와 국기

시 범

1. 나라의 위치판을 왼쪽에서 오른쪽으로 놓는다.
2. 각 나라의 국기와 이름 카드를 매트 아래에 자유롭게 놓는다.
3. 나라의 위치판을 보고 그 나라의 국기와 이름을 찾아 놓는다.
4. 정정판을 보고 확인한다.
5. 교구를 정리한다.

특기사항

대륙별로 만들 수 있다.

올림픽의 역사

문화 : 5세

교 구

흰색 박음선에 올림픽 개최 연도가 들어간 검정색 긴 띠, 지퍼백 31개, 1회~30회까지 올림픽이 열린 연도와 개최국, 개최 도시 이름이 적힌 30개의 카드, 올림픽의 유래가 담긴 카드, 각각의 지퍼백에는 각 회마다 올림픽이 열린 연도, 개최국, 개최 도시 이름이 적힌 카드, 성화, 포스터, 메달, 올림픽 상징 카드, 국기 사진 등이 들어 있다.

시 범

1. 검정색 띠를 왼쪽에서 오른쪽 방향으로 펼쳐 놓는다.
2. 지퍼백을 올림픽의 유래부터 시작해서 1회~4회까지 바구니에서 꺼낸다.
3. 지퍼백 속에 들어 있는 카드를 꺼내 연도와 개최국, 개최 도시 이름 카드부터 검정색 띠 아래 흰색 박음선에 맞추어 놓는다.
4. 다른 모든 카드들도 연도와 개최국, 개최 도시 이름이 적힌 카드 밑에 위에서 아래로 나열한다.
5. 지퍼백을 5개씩 꺼내어 위와 같은 방법으로 30회까지 나열한다.
6. 교구를 정리한다.

특기사항

카드 뒷면에는 올림픽 개최 연도나 개최 회수가 적혀 있어 카드가 섞일 경우 스스로 정정이 가능하도록 한다.

11월 4주

소주제 : 세계의 자연과 사회 현상

목표 : • 세계의 자연 이해와 변화 등에 대하여 알게 한다.
• 세계의 사회 현상들에 대하여 알고 여러 나라와 협력하고 교류하는 다양함을 알게 한다.

			3세	4세	5세
자유선택	신체운동·건강	일상			
	의사소통	언어	●그림 보며 이야기하기	●이중 모음 찾기 –'ㅔ'	
	사회관계	언어	●그림과 그림 맞추기 –세계의 자연	●조각 그림 맞추기 –세계의 재해	●신문이 만들어지기까지 ●편지 쓰기 –어려움에 처한 친구에게
	예술경험	일상	♣색칠 –추운 나라와 더운 나라의 집	♣오리기 –세계 여러 나라의 집	♣색칠 –화산, 홍수
	자연탐구	감각	●기하 입체와 카드		
		수학	●열대어 수족관 ●작은 수 막대 II (1~10 숫자 카드 연합)	●색비즈 덧셈 I ●우산 덧셈 놀이	●나눗셈판 놀이
		문화		●대륙의 동물들 ●식물의 생태 연구 –어디에서 나는가 1 (땅과 물에서 나는 식물) ●나무, 밭에서 나는 과일	●식물의 생태 연구 –어떻게 번식하는가? ●식물의 생태 연구 –어디에서 나는가 2 (밭과 과수원에서 나는 식물) ●밭에서 나는 과일 채소

열대어 수족관

수학 : 3세

교 구

수족관 중앙에 열대어 집이 있고 10칸으로 나누어진 둥근 수족관. 색깔이 다른 열대어 55마리

열대어 수족관

시 범

1. 수족관을 매트 중앙에 놓는다.
2. 열대어를 색깔별로 나열한다.
3. 카드 숫자에 해당되는 열대어를 수족관에 넣는다.
4. 숫자를 읽고 열대어를 센다.
5. 교구를 정리한다.

특기사항

열대어 집을 바구니로 사용할 수도 있다.

우산 덧셈 놀이

수학 : 4세

교 구

부직포 물방울 3개, 부호 (+, =), 숫자 카드 1~10, 우산 모형 10, 그릇

시 범

1. 매트 중앙에 물방울 3개를 간격을 두고 놓는다.
2. 문제 카드를 보고 해당 숫자를 물방울 중앙에 놓는다.
3. 물방울 사이에 부호를 놓는다.
4. 해당 숫자만큼 우산을 물방울 밑에 놓는다.
5. '4+1=5'하면서 = 오른쪽 물방울 밑에 합한 우산을 놓는다.
6. 합한 우산을 세어 맞는 숫자 카드를 오른쪽 물방울 중앙에 놓는다.
7. 문제와 답을 손으로 짚으며 읽어준다 '사 더하기 일은 오'
8. 교구를 정리한다.

특기사항

숫자 카드를 물방울 위에 놓고 우산을 물방울 위에 놓아도 된다.

12월

우리 생활

12월 1주

소주제 : 겨울

목표 : • 겨울 날씨의 변화를 알고 겨울철의 음식과 놀이를 즐긴다.

			3세	4세	5세
자유선택	신체운동·건강	일상	●빨래집게 꽂기 –눈 결정체 ●바느질하기 –벙어리 장갑(돗바늘)	●종이 바느질 –겨울 모자	●목도리 짜기
	의사소통	언어	●그림과 그림 맞추기 –눈 결정체 ●차례 찾기 –눈이 왔어요	●관계있는 것 –눈 위의 발자국 찾기 ●이중 모음 찾기 –'ㅢ' ●그림에 맞는 글자 카드 –겨울에 필요한 물건	●그림과 문장 –겨울에 볼 수 있는 것 ●같은 글자 찾아 놓기 –겨울 낱말 퀴즈
	사회관계	언어	●그림과 이름 맞추기 –겨울철 놀이		●편지 쓰기 –산타할아버지께
		문화			●1년은 365일
	예술경험	일상	♣접어 오리기–눈사람 1 ♣꾸미기 –벙어리 장갑, 눈사람 ♣붙이기–겨울 옷차림	♣종이 바느질 –벙어리 장갑 ♣펀칭–왕관, 눈사람 ♣꾸미기–털장갑	♣바느질–코트 단추 달기 ♣접기 –눈사람, 장갑, 산타 ♣트리 만들기
	자연탐구	감각	●온도 감각병	●파란 사각 상자	
		수학	●김장독 ●스케이트(얼음지치기) ●눈사람 ●이글루와 펭귄 ●색비즈 I –1~10 감각적	●색비즈 덧셈 II	●나눗셈판 놀이
		문화	●겨울잠을 자는 동물 –모형	●동물의 분류 –척추, 무척추 동물	●겨울잠을 자는 동물 ●철새와 텃새 분류 ●1년은 365일

빨래집게 꽂기 - 눈 결정체

일상 : 3세

교구

눈 결정체 모형틀, 바구니, 눈사람 집게, 매트

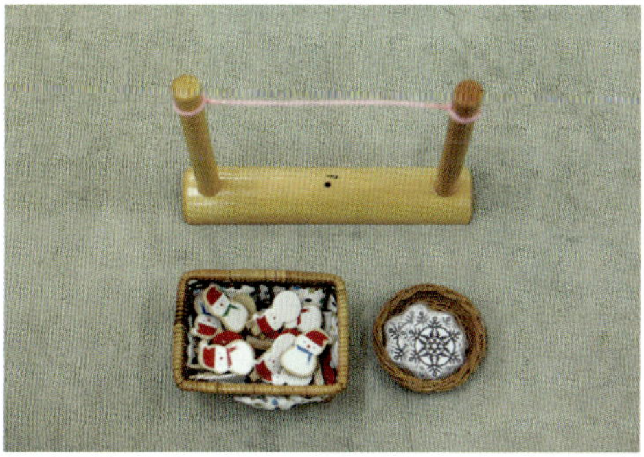

시범

1. 빨래집게를 하나씩 꺼내어 매트 위에 나열한다.
2. 빨래집게를 세 손가락으로 잡고 눌러 눈 결정체 모형틀에 꽂는다.
3. 나머지 빨래집게도 위와 같은 방법으로 한다.
4. 빨래집게를 세 손가락으로 잡고 눌러 눈 결정체 모형틀에서 뺀다.
5. 빨래집게를 바구니에 담는다.
6. 교구를 정리한다.

특기사항

빨래집게와 눈 결정체 모형은 개수를 맞추어 놓는다.

김장독

수학 : 3세

교 구

김장독 0~9, 배추 45포기, 바구니

시 범

1. 김장독 0~9를 매트 위 왼쪽에서 오른쪽으로 나열한다.
2. 김장독 뚜껑을 열어 김장독 앞에 놓는다.
3. 뚜껑에 적혀 있는 숫자만큼 배추를 김장독에 놓는다.
4. 김장독 뚜껑을 닫는다.
5. 뚜껑의 숫자를 읽는다.
6. 배추가 들어 있지 않은 독은 '0'이다.
7. '0'은 비어 있지만 소중한 숫자임을 알려 준다.
8. 김장독 뚜껑을 열어 바구니에 배추를 정리한다.

특기사항

'0'은 비어 있지만 자리가 있다는 것을 꼭 알려 준다.

스케이트(얼음지치기)

수학 : 3세

교 구

눈 결정체 1~10, 스케이트 55개, 바구니

시 범

1. 눈 결정체 '1~10'을 매트 위 왼쪽에서 오른쪽으로 나열한다.
2. 눈에 적혀 있는 숫자만큼 스케이트를 눈 위에 놓는다.
3. 숫자를 읽고 스케이트를 센다.
4. 바구니에 스케이트를 정리한다.

특기사항

매트 크기에 따라 눈 결정체 카드를 한 줄 또는 두 줄로 놓을 수 있다.

눈사람

수학 : 3세

교 구

눈사람 1∼10, 눈사람 모형 55개, 바구니

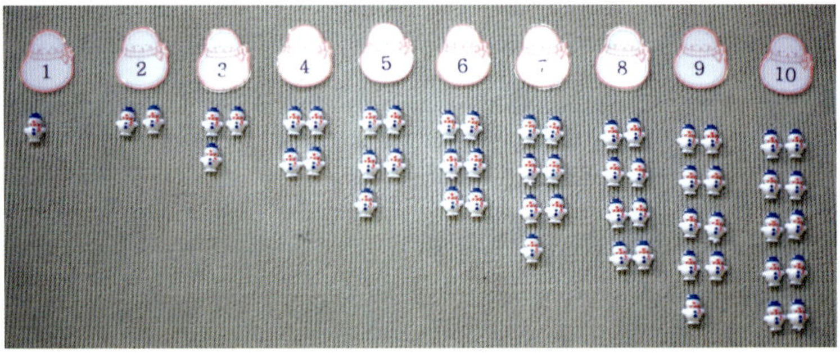

시 범 Ⅰ

1. 눈사람 카드 '1∼10'을 매트 위 왼쪽에서 오른쪽으로 나열한다.
2. 카드에 적혀 있는 숫자만큼 눈사람을 카드 아래 두 줄로 놓는다.
3. 숫자를 읽고 눈사람을 센다.
4. 바구니에 눈사람을 정리한다.

시 범 Ⅱ

1. 눈사람 카드 '1∼10'을 매트 위 왼쪽에서 오른쪽으로 나열한다.
2. 카드에 적혀 있는 숫자만큼 눈사람을 카드 아래 두 줄로 놓는다.
3. 마지막 눈사람이 혼자 있는 것은 홀수이고 짝이 있는 것은 짝수이다.
4. 홀수를 찾아보자. '일, 삼, 오, 칠, 구'
5. 짝수를 찾아보자. '이, 사, 육, 팔, 십'
6. 바구니에 눈사람을 정리한다.

이글루와 펭귄

수학 : 3세

교 구

이글루 1~10, 펭귄 55마리, 바구니

시 범

1. 이글루 1~10을 매트 위 왼쪽에서 오른쪽으로 나열한다.
2. 이글루에 적혀 있는 숫자만큼 펭귄을 이글루에 놓는다.
3. 숫자를 읽고 펭귄을 센다.
4. 바구니에 펭귄을 정리한다.

특기사항

매트 크기에 따라 이글루를 한 줄 또는 두 줄로 놓을 수 있다.

그림과 그림 맞추기 - 눈 결정체

언어 : 3세

교 구

눈 결정체 사진 (정정 카드, 짝 맞추기 카드)

시 범

1. 정정 카드를 매트 왼쪽에서 오른쪽으로 나열한다.
2. 짝 맞추기 카드를 매트 아래에 나열한다.
3. 왼쪽 정정 카드부터 손으로 짚은 후 아래의 같은 그림을 찾아놓는다.
4. 교구를 정리한다.

특기사항

유아의 발달 단계에 따라 카드 수를 조절한다.

그림과 이름 맞추기 - 겨울철 놀이

언어 : 3세

교 구

겨울철 놀이 카드(그림과 퍼즐)

퍼즐 맞추기(겨울철 놀이)

시 범

1. 겨울철 놀이를 알아보고 카드를 매트에 나열한다.
2. 이름 카드를 찾아 겨울철 놀이 그림 카드와 맞춘다.
3. 교구를 정리한다.

특기사항

유아의 발달 단계에 따라 퍼즐을 만들지 않고 카드 크기를 동일하게 한다.

그림에 맞는 글자 카드 – 겨울에 필요한 물건

언어 : 4세

교 구

겨울에 필요한 물건(그림 카드, 글자 카드, 정정판)

같은 글자 찾아 놓기

시 범

1. 겨울에 필요한 물건 그림 카드를 매트에 나열한다.
2. 낱글자 카드를 나열한다.
3. 매트 왼쪽 위의 그림을 보고 글자를 찾아 놓는다.
4. 정정판을 보고 확인한다.
5. 교구를 정리한다.

그림과 문장 - 겨울에 볼 수 있는 것

언어 : 5세

교 구

문장 카드(그림에 대한 설명), 그림 카드(겨울에 볼 수 있는 것)

문장 읽고 그림 찾기

시 범

1. 문장 카드를 한 장씩 매트 왼쪽부터 오른쪽으로 나열한다.
2. 그림 카드를 한 장씩 매트 아래쪽에 나열한다.
3. 매트 왼쪽에 있는 문장 카드를 한 장씩 읽고 그림 카드를 찾아 놓는다.
4. 카드 뒷면 정정표시를 확인한다.
5. 교구를 정리한다.

특기사항

카드 뒷면에 정정표시를 한다.

같은 글자 찾아 놓기 – 겨울 낱말 퀴즈

언어 : 5세

교 구

문제 카드, 퀴즈판, 낱글자 카드, 정정판

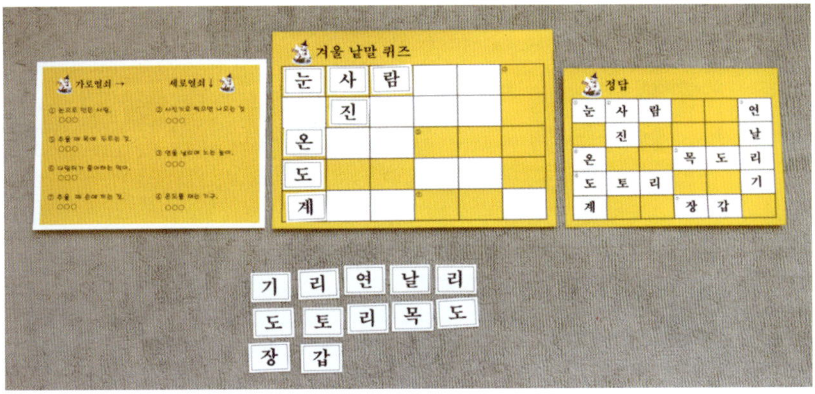

시 범

1. 매트 위에 교구를 나열한다.
2. 문제 카드를 읽고 답을 생각한 다음 글자를 찾아 퀴즈판에 올려놓는다.
3. 정정판과 비교해 본다.
4. 교구를 정리한다.

특기사항

유아의 발달 단계에 따라 단어의 첫 글자에 그림을 넣어 준다.

동물의 분류-척추, 무척추 동물

문화 : 4세

교 구

척추동물, 무척추동물 이름 카드와 그림 카드

시 범

1. 척추동물과 무척추동물의 특징에 대해 이야기한다.
2. 이름 카드를 매트 왼쪽에서 오른쪽으로 놓는다.
3. 척추동물과 무척추동물 그림 카드를 매트 아래에 나열한다.
4. 분류 카드에 맞추어 그림 카드를 분류하여 놓는다.
5. 카드 뒷면의 정정표시를 확인한다.
6. 교구를 정리한다.

특기사항

카드 뒷면에 정정표시를 한다.

겨울잠을 자는 동물

문화 : 5세

교 구

겨울잠을 자는 동물 카드

시 범

1. 동물들이 겨울잠을 왜 자는지에 대해 이야기한다.
2. 동물 그림 카드를 하나씩 들고 이름과 특징을 이야기하면서 매트에 놓는다.
3. 나머지 그림 카드도 같은 방법으로 한다.
4. 교구를 정리한다.

특기사항

작은 사전을 만든다.

변형 및 응용

철새와 텃새 분류하기

1년은 365일

문화 : 5세

교 구

4등분이며 연두, 빨강, 주황, 파란색으로 이루어진 원 매트, 매트 색깔과 원 둘레 길이와 같은 365개의 비즈가 꿰어 있는 줄, 1~365까지 연속 수 카드 365개, 반 어린이 생일 날짜 카드

시 범

1. 원으로 된 매트를 교실 가운데 놓고, '1년은 365일'의 이름 카드를 원 중심에 놓는다.
2. 4등분된 색과 동일하게 비즈색을 맞추고 원둘레에 비즈를 놓는다.
3. 비즈색과 동일한 숫자 카드를 2명의 어린이가 매트 원 안쪽으로 같은 숫자 단위끼리 분류하며 나열한다.
4. 파란색 비즈에 출발표시가 된 곳에 '1'숫자 카드를 놓고, 연속해서 숫자 카드를 놓는다.
5. 연두색이 시작되는 비즈에 '60'의 숫자 카드를 놓고, 연속해서 숫자 카드를 놓는다.

6. 빨간색이 시작되는 비즈에 '152'의 숫자 카드를 놓고, 연속해서 숫자 카드를 놓는다.
7. 주황색이 시작되는 비즈에 '244'의 숫자 카드를 놓고, 연속해서 숫자 카드를 놓는다.
8. 파란색이 시작되는 비즈에 '335'의 숫자 카드를 놓고, 연속해서 숫자 카드를 놓는다.
9. 연두색 – 봄, 빨간색 – 여름, 주황색 – 가을, 파란색 – 겨울의 낱말 카드를 놓는다.
10. 교구를 정리한다.

12월 2주

소주제 : 빛과 우리 생활

목표 : • 빛과 그림자의 관계를 탐색해 보고 생활 속의 빛과 유용한 빛을 찾아본다.

			3세	4세	5세
자유선택	신체운동·건강	일상			●광내기 -촛대
	의사소통	언어	●흑백 그림 맞추기 -손으로 표현한 동물 그림자	●이중 모음 찾기 -'ㅟ'	●수수께끼
	사회관계				
	예술경험	일상	♣종이 접기-별 -밤하늘 꾸미기 ♣색칠하기 -해와 달, 별	♣직조 짜기 -지붕(태양열) ♣꾸미기-낮과 밤 ♣색칠하기-무지개	♣만들기-프리즘
		감각		●도형 겹치기	●도형 겹치기
	자연탐구	수학	●색비즈 II 1~10 색비즈 세기	●색비즈 뺄셈 I ●우산 뺄셈 놀이	●나눗셈판 놀이
		언어		●분류하기 -낮과 밤	
		문학	●빛의 종류	●태양계 퍼즐 -감각적 소개	●태양계 작은 책 만들기 ●달의 변화

우산 뺄셈 놀이

수학 : 4세

교구

부직포 물방울 3개, 부호(−, =), 숫자 카드 1~10, 우산 모형 10, 그릇

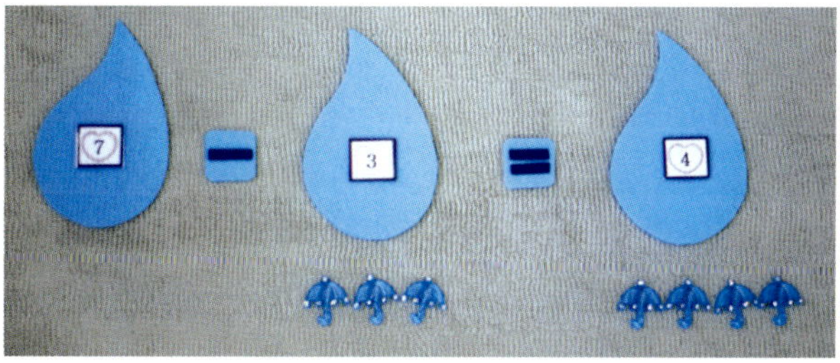

시범

1. 매트 중앙에 물방울 3개를 간격을 두고 놓는다.
2. 문제 카드를 보고 해당 숫자를 물방울 중앙에 놓는다.
3. 물방울 사이에 부호를 놓는다.
4. 첫 번째 물방울 밑에 해당 숫자만큼 우산을 놓는다.
5. '구에서 오를 빼면' 하면서 두 번째 물방울 밑에 해당 숫자만큼 우산을 가져다 놓는다.
6. 오른쪽 물방울 밑에 뺀 나머지 우산을 세면서 가져다 놓는다.
7. 나머지 우산을 세어 맞는 숫자 카드를 오른쪽 물방울 중앙에 놓는다.
8. 다시 문제와 답을 손으로 짚으며 읽어준다. '구 빼기 오는 사'
9. 교구를 정리한다.

12월 3주

소주제 : 소리와 우리 생활

목표 : • 자연과 일상생활 속에서 나는 다양한 소리를 찾아본다.
• 소리의 전달에 대해 이해하고 다양한 소리를 만들어 보며 즐긴다.

			3세	4세	5세
자유선택	신체운동 · 건강	일상			●먼지 닦기 : 라디오
		감각	●온도 감각판		
	의사소통	언어	●소리 구별하기 ●손뼉음 듣고 따라 하기 ●첫소리 들려주기	●손뼉음 듣고 따라 하기 ●탐정 놀이	●녹음된 소리 듣고 그림 카드 찾기 ●소리 듣고 숨겨진 멜로디 상자 찾기
	사회관계	문화			
	예술경험	일상	♣꾸미기 – 탬버린, 소고 ♣푸싱핀 – 마라카스 ♣만들기 – 전화기	♣펀칭하여 꾸미기 – 리코더 ♣푸싱핀 – 종 ♣만들기 – 마라카스	♣푸싱핀 – 라디오 ♣만들기 – 페트병 실로폰
	자연탐구	수학	●크리스마스트리와 산타 장갑 ●색비즈 Ⅲ (1~10 숫자 카드 연합)	●색비즈 뺄셈 Ⅱ	●평방 줄비즈 세기
		문화		●태양계 행성 소개 ●태양계 3단 카드	●별자리 짝 맞추기 ●태양계 역할 놀이 ●전화기의 발달

크리스마스트리와 산타 장갑

수학 : 3세

교 구

크리스마스트리 10그루, 산타 장갑 55장, 바구니

시 범

1. 크리스마스트리 1~10을 매트 위 왼쪽에서 오른쪽으로 나열한다.
2. 트리에 적혀 있는 숫자만큼 산타 장갑을 트리 위에 놓는다.
3. 숫자를 읽고 장갑을 센다.
4. 바구니에 장갑을 정리한다.

특기사항

매트 크기에 따라 크리스마스트리를 한 줄 또는 두 줄로 놓을 수 있다.

누리과정에 접목한

몬테소리교육

1·2월

생활 도구

1월 1주

소주제 : 다양한 생활 도구·도구로서의 미디어

목표 : • 생활 도구에는 다양한 종류가 있음을 안다.
• 생활 도구는 변화되어 왔다는 것을 안다.
• 미디어의 다양한 역할, 미디어를 활용하여 자신의 생각과 느낌을 표현할 수 있다.

			3세	4세	5세
자유선택	신체운동·건강	일상	●나사 빼기와 끼우기 ●스펀지 못 박기	●문 여닫이 ●통나무에 못 박기	●여러 가지 도구 분해·조립하기–수도꼭지, 콘센트
		감각	●압력통 –거리를 두고 짝 맞추기	●무게 구별판 II	●무게 구별판 –저울을 이용해서 구별하기 –몸의 무게 재기 –돌의 무게 재기
	의사소통	언어	●흑백 그림 맞추기 –선만 있는 그림/생활 도구 ●관계있는 것 맞추기 –생활 도구 전체와 부분 ●자·모음 찾아 합성하여 글자 만들기 –컴퓨터 자판 그림	●끝소리 듣기 ●끝소리 구별하기 ●그림과 이름 맞추기 –컴퓨터 부품 명칭 ●관계있는 것 맞추기 –생활 도구	●책 만들기 –생활 도구 ●컴퓨터 부품 사전 만들기
	사회관계	문화			●옛날의 것과 현대의 것 분류
	예술경험	일상	♣붙이기(도형) –밥솥, 가스레인지 ♣색칠하여 꾸미기 –TV, 주전자 ♣접기–컵	♣직조 짜기 –액자, 주전자 ♣꾸미기–컴퓨터 ♣반 접어 오리기–가마솥	♣바느질–연필 ♣펀칭–우산, 시계 ♣스테이플러–세탁기
	자연탐구	수학	●색비즈 고리 걸기 ●색비즈 케이크	●세강판 I	●바구니 숫자 50 ●평방 줄비즈 소개
		문화		●도구와 기계 분류	●분류 –전기를 사용하는 것과 사용하지 않는 것

색비즈 케이크

수학 : 3세

교 구

케이크판 10, 색비즈 색의 촛불 55개, 숫자 카드 1~10, 바구니

시 범

1. 케이크판을 매트 위 왼쪽에서 오른쪽으로 나열한다.
2. 각각의 케이크판 아래 숫자 카드 1~10을 놓는다.
3. 촛불을 색깔별로 나열한다.
4. 카드 숫자에 해당되는 케이크판 위에 촛불을 놓는다.
5. 촛불을 세고 숫자를 읽는다.
6. 교구를 정리한다.

특기사항

55개의 촛불이 정확하게 준비되어 있어야 한다.

바구니 숫자 50

수학 : 5세

교 구

돌리는 손잡이가 있는 철제 바구니, 1~50 숫자 공, 50판

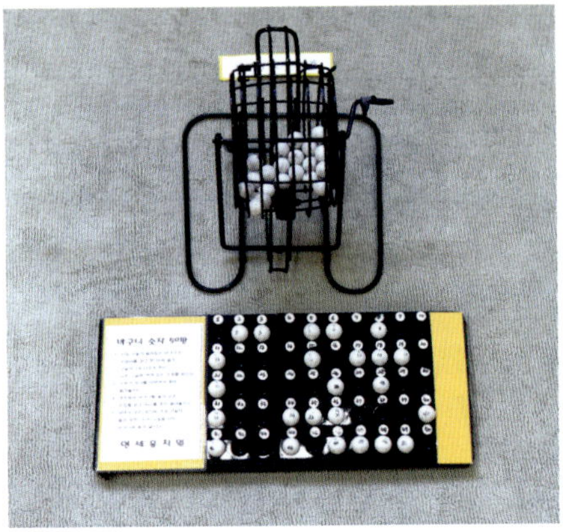

시 범

1. 숫자 공 1~50이 들어 있는 바구니 손잡이를 돌린다.
2. 돌려서 나온 공의 숫자를 보고 50판 자리에 찾아 놓는다.
3. 바구니 손잡이를 돌려 50판을 완성한다.
4. 숫자 공을 철제 바구니 속에 정리한다.

특기사항

유아의 발달 단계에 따라 20판, 30판, 40판으로 할 수 있다.

컴퓨터 부품 명칭

언어 : 4세

교 구

컴퓨터 부품 명칭(정정 카드, 이름판, 그림 카드)

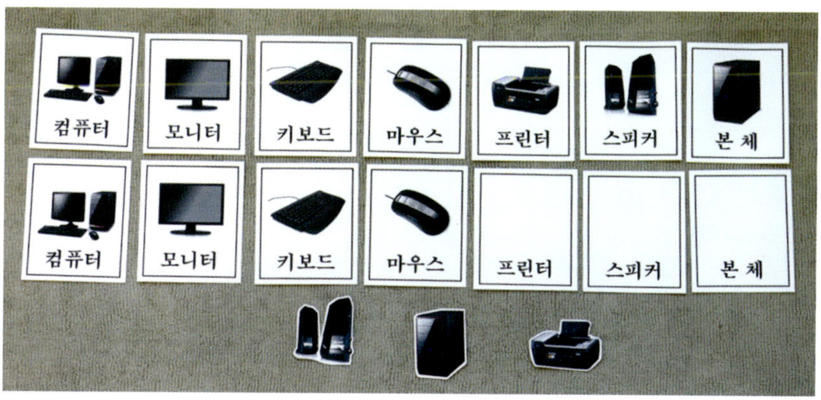

시 범

1. 컴퓨터 부품 명칭 정정 카드를 매트 왼쪽에서부터 한 장씩 나열한다.
2. 컴퓨터 부품 명칭을 읽고 그림을 찾아 놓는다.
3. 교구를 정리한다.

옛날의 것과 현대의 것 분류

문화 : 5세

교 구

옛날 물건과 현대 물건 카드, 이름 카드

옛날 것과 현대 것

시 범

1. 우리나라 옛날 물건과 현대 물건들의 특징에 대해 이야기한다.
2. 옛날 물건이 있는 그림 카드를 왼쪽에서 오른쪽으로 나열한다.
3. 옛날 물건의 그림을 보고 현대 물건을 찾아서 맞춘다.
4. 정정표시를 확인한다.
5. 교구를 정리한다.

특기사항

카드 뒷면에 정정표시를 한다.

1월 2주

소주제 : 생활 도구를 움직이는 힘

목표 : • 생활 도구는 다양한 힘으로 움직인다는 것을 안다.
• 다양한 종류의 에너지에 관심을 둔다.

			3세	4세	5세
자유선택	신체운동·건강	일상	●자물쇠와 열쇠 ●국수 뽑기	●물 짜기 –마늘 찧기 도구 사용	●숟가락 사용하기 –진주 구슬 옮기기
	의사소통	언어	●흑백 그림 맞추기 –선만 있는 가전제품	●그림과 이름 맞추기 –가전제품	
	사회관계	언어			●차례 찾기 –재생용품이 되기까지
	예술경험	일상	♣선 따라 긋기 –믹서기	♣오리기–포크와 숟가락 ♣스테이플러–전화기	♣스테이플러–전화기 ♣만들기 –사진기, 컴퓨터
	자연탐구	감각		●1항식 –그림처럼 놓아 보아요 –사진처럼 구성해 보아요	
		수학	●색비즈 색칠하기 –색비즈 촉각 놀이	●세강판 Ⅰ	●분수 소개–사과(감각적) –피자 분수
		문화		●척추동물의 분류	

1항식-그림처럼 놓아 보아요

감각 : 4세

교 구

1항식 구성 그림, 1항식

시 범

1. 매트 가운데 1항식 그림을 놓는다.
2. 그 아래에 1항식을 나열한다.
3. 그림 위에 1항식을 구성해 본다.
4. 교구를 정리한다.

1항식-사진처럼 구성해 보아요

감각 : 4세

교 구 1항식 입체 사진첩, 1항식

시 범

1. 매트 가운데 1항식 사진첩을 놓는다.
2. 그 아래에 1항식을 자유롭게 나열한다.
3. 사진을 보고 1항식을 구성해 본다.
4. 교구를 정리한다.

변형 및 응용

사진처럼 구성해 보아요!

색비즈 촉각 놀이

수학 : 3세

교 구 작은 찍찍이 비밀주머니 10개, 작은 주머니가 모두 들어갈 수 있는 큰 찍찍이 주머니, 숫자 카드 1~10 (색비즈 색의 숫자), 색비즈 1~10

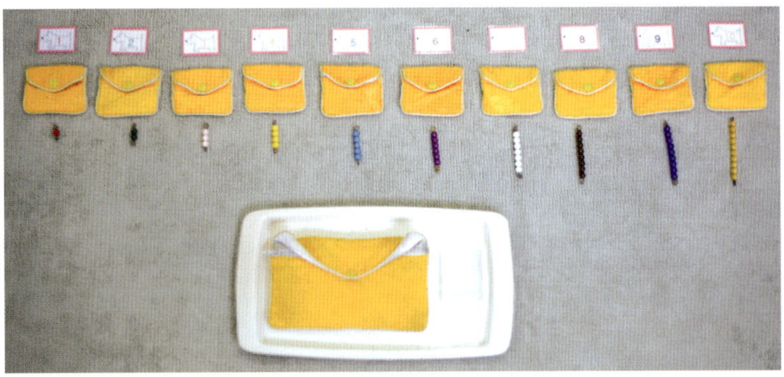

시 범

1. 숫자 카드 1~10을 매트 위 왼쪽에서 오른쪽으로 나열한다.
2. 큰 주머니에서 작은 비밀주머니 10개를 꺼내 매트 아래에 놓는다.
3. 작은 비밀주머니에 들어 있는 색비즈를 양손 촉각으로 세어 맞는 숫자 카드 아래에 찾아 놓는다.
4. 비밀주머니 안에서 색비즈를 꺼내 주머니 아래에 놓고 숫자와 같은지 확인해 본다.
5. 숫자를 읽고 색비즈를 센다.
6. 교구를 정리한다.

특기사항

카드 숫자 색과 색비즈 색이 동일한지 확인해 본다.

분수 소개-피자 분수

수학 : 5세

교 구

정정판, 피자 분수판 1, 1/2, 1/3, 1/4, 1/6, 각각에 맞는 피자 조각

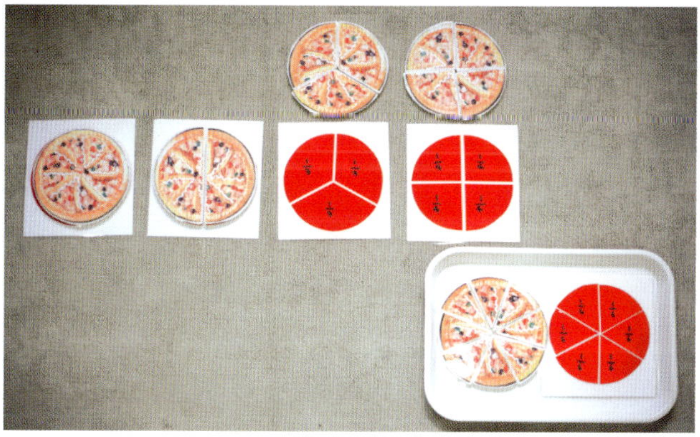

피자 분수

시 범

1. 정정판 피자 분수 1, 1/2, 1/3, 1/4, 1/6, 1/8, 왼쪽에서 오른쪽으로 나열한다.
2. 정정판 피자 분수 위에 각각의 조각 피자를 놓아 본다.
3. 교구를 정리한다.

특기사항

조각 피자로 본을 떠 분수를 만들어 볼 수 있다.

2월 3주

소주제 : 미래 생활 도구

목표 : • 미래의 생활 도구에 대해 관심을 가진다.
• 생활 도구의 불편한 점과 개선점을 찾을 수 있다.
• 생활 도구를 발명한 분들에 대한 고마운 마음을 가진다.

			3세	4세	5세
자유선택	신체운동·건강	감각	● 무게 구별판		
	의사소통	언어	● 조각 그림 맞추기 -에너지 마크	● 그림과 이름 -어떤 에너지가 있을까요?	● 나만의 발명노트 만들기
	사회관계				
	예술경험	일상	♣색칠하기-우주선	♣만들기-리모콘 ♣종이 접기-우주선, 로켓	♣만들기-로봇 디자인하기
	자연탐구	감각		● 기하 도형 서랍과 카드	
		수학	● 기억력 게임 놀이	● 세강판 Ⅰ	● 분수놀이 ● 피자 분수 부등호

피자 분수 부등호

수학 : 5세

교 구

정정판 피자 분수판 1, 1/2, 1/3, 1/4, 1/5, 각각에 맞는 피자 조각, 원만 2개가 붙어 있는 분수판, 부등호(<, >, =) 카드, 문제 카드 5~7장

피자 분수 부등호

시 범

1. 문제 카드를 보고 제시된 두 분수를 정정판에서 꺼낸다.
2. 분수판에 피자 분수를 틀 속에 놓아 본다.
3. 분수판에 놓인 피자를 보고 문제 카드에 부등호를 놓아 본다.
4. 교구를 정리한다.

특기사항

분수판에 부등호를 놓아볼 수도 있다.

2월 4주

소주제 : 함께 만드는 유치원

목표 : • 우리 유치원을 상징하는 것들과 역사에 대해 알고 자긍심을 가진다.
• 모두가 행복할 수 있는 유치원의 조건에 대해 생각해 본다.
• 미래의 유치원을 창의적으로 설계해 본다.

			3세	4세	5세
자유선택	신체운동·건강				
자유선택	의사소통	언어	●조각 그림 맞추기 -유치원 로고	●조각 그림 맞추기 -유치원 전경	
자유선택	사회관계	언어			●편지 쓰기 -고마우신 선생님께
자유선택	사회관계	문화			●유치원의 역사 도미노
자유선택	예술경험	일상	♣케이크 모형에 우리 유치원 나이만큼 초 꽂기 ♣색칠-유치원 로고	♣푸싱핀 -유치원 생일 케이크의 촛불 ♣푸싱핀-하트 ♣색칠-유치원 상징표	♣종이 접기-편지꽂이
자유선택	자연탐구	감각	●기하 도형 서랍		
자유선택	자연탐구	수학	●기억력 게임 놀이	●세강판 고리 끼우기	●점, 선, 면, 체 소개
자유선택	자연탐구	문화		●동물의 생태 -어떻게 번식하는가? -어떻게 움직이는가?	●바닷속 식물 ●잎의 모양

바닷속 식물

문화 : 5세

교 구 바닷속 식물 제목 이름 카드, 정정판, 이름 카드(녹조, 홍조, 갈조) 3장, 설명이 되어 있는 바닷속 식물 카드 8장, 바닷속 식물 그림 카드 8장

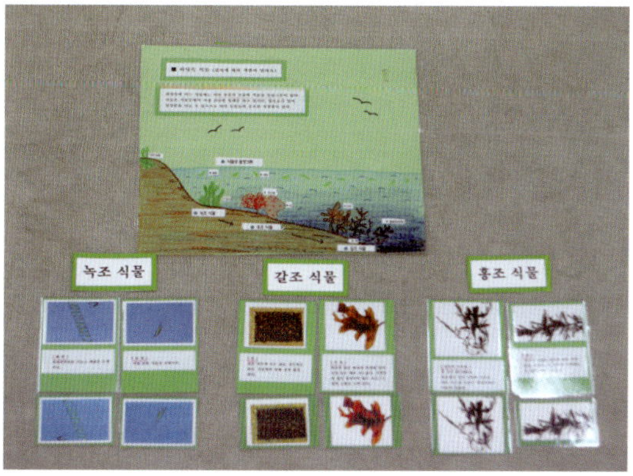

시 범 I

1. 바닷속 식물 정정카드를 매트 중앙에 갖다 놓는다.
2. 바닷속 깊이에 따라 색깔이 틀린 식물들의 그림 카드를 찾아 정정판 위에 올려 놓는다.
3. 교구를 정리한다.

시 범 II

1, 바닷속 식물 이름 카드를 매트 위에 왼쪽에서 오른쪽으로 놓는다.
2. 설명이 되어 있는 카드를 찾아 각각 이름 카드 아래 놓는다.
3. 설명 카드 아래 그림 카드를 찾아 놓는다.

특기사항 물의 깊이에 따라 색깔이 틀린 바닷속 식물의 설명을 읽어보고 또 다른 바닷속 식물을 찾아볼 수 있다.

잎의 모양

문화 : 5세

교 구

제목 이름 카드 3장(잎가의 모양, 앞의 모양, 잎맥의 모양), 각각 정정카드 3장, 짝 맞추기 카드 9장, 이름 카드 9장

시 범

1. 잎의 모양 이름 카드를 매트 중앙에 놓는다.
2, 정정카드를 이름 카드 아래 놓는다.
3. 짝 맞추기 카드를 정정카드 아래 찾아 놓는다.
4. 짝 맞추기 카드 아래 해당되는 이름 카드를 찾아 놓는다.

특기사항

1. 잎가의 모양, 잎맥의 모양도 잎의 모양과 같이 시범한다.
2, 정정판 밑에 각각의 실물을 놓아 볼 수 있다
3. 같은 모양끼리 분류해 해당되는 곳에 놓아 볼 수 있다

2월 5주

소주제 : 형님 반이 되어요(졸업과 수료)

목표 : • 유치원 수료를 축하하는 날이 있음을 알고 형님 반이 되는 기대를 갖는다.
• 우리 유치원을 졸업한 선배에 대해 관심을 둔다.
• 졸업생의 이야기를 주의 깊게 듣는다.

			3세	4세	5세
자유선택	신체운동·건강				
자유선택	의사소통	언어	●동생 반이 생겼어요	●진급을 하였어요	●초등학교에 가요
자유선택	사회관계	언어	●동생 반이 생겼어요	●진급을 하였어요	●초등학교에 가요
자유선택	예술경험	일상	♣색칠하기 -친구와 선생님, 우리 교실	♣만들기-꽃다발 만들기 ♣그리기 -선생님, 친구 얼굴	♣만들기-사각모 만들기
자유선택	자연탐구	수학	●기억력 게임 놀이 -나온 수만큼 과자 먹기	●세강판 Ⅰ -비즈에 색칠하고 숫자 쓰기	●점, 선, 면, 체 3단 카드

참고문헌

강수명(1999). Montessori교육이 유아의 친사회적 행동에 미치는 효과. 건국대학교 교육대학원 석사학위논문.

구경선(1998, 2002). Montessori, 위대한 교육사상가들 V. 연세대학교 교육철학연구회 편. 서울: 교육과학사.

육아정책연구소(2012). 5세 누리과정 운영 지원을 위한 교원 연수 자료집.

이순종(2003). Maria Montessori의 우주교육론 연구. 대구가톨릭대학교 대학원 박사학위논문.

한미몬테소리협회(2004). 몬테소리 일상생활 영역. 서울: 창지사.

한미몬테소리협회(2004). 몬테소리 감각 영역. 서울: 창지사.

한미몬테소리협회(2004). 몬테소리 수학 영역. 서울: 창지사.

한미몬테소리협회(2004). 몬테소리 언어 영역. 서울: 창지사.

한미몬테소리협회(2004). 몬테소리 문화 영역. 서울: 창지사.

Kramer, R. (1983). *Maria Montessori-A Biography.* Chicago: University of Chicago Press, 48.

Montessori, M. (1946). *Education For a New World.* Oxford: Clio Press.

___________(1948). *To Educate The Human Potential.* Oxford: Clio Press.

___________(1949). *Education and Peace.* Oxford: Clio Press.

___________(1964). *The Montessori Method.* Introduction by J. McVicker Hunt. N. Y.: Schocken Books(Original work published 1912).

___________(1965). *Grundlagen meiner Padagogik.* Heidelberh.

___________(1967). *Absorbent Mind.* N. Y.: Henry Holt And Company.

___________(1988). *Kosmische Erziehung.* Herausgegeben und Eingeleitet von P. Oswald und G. Schulz-Benesch. Freiburg.

___________(1991). *Die Entdeckung des Kindes.* Freibug.

___________(1995). *Kinder sind Ander.* Munchen.

- **김수은** (AMS '93년 졸업) 한미몬테소리협회 회장
- **송필연** (AMS '90년 졸업) 해림유치원 원장
- **이은숙** (AMS '93년 졸업) 빛나라유치원 원장
- **한국흠** (AMS '94년 졸업) 연세유치원 원장
- **정경애** (AMS '95년 졸업) 금곡유치원 원장
- **김숙경** (AMS '96년 졸업) 나무 아동상담연구소 소장
- **이용례** (AMS '98년 졸업) 전주 호반유치원 원장
- **이재선** (AMS '98년 졸업) 울산 선미유치원 원장
- **이순종** (AMS '01년 졸업) 대구 한별유치원 원장
- **박명숙** (AMS '02년 졸업) 김해 빛누리유치원 원장
- **김진경** (AMS '02년 졸업) 부산 푸르네유치원 원장
- **성명위** (AMS '05년 졸업) 전주 동화유치원 원장
- **김우영** (AMS '06년 졸업) 즐거운유치원 원장
- **김경옥** (AMS '07년 졸업) 한미몬테소리협회 사무국장

누리과정에 접목한 몬테소리교육

초판 1쇄 발행 2013년 8월 8일
초판 2쇄 발행 2016년 1월 8일

지은이 | 사단법인 한미몬테소리협회
펴낸이 | 김기섭
편집인 | 박연순
펴낸곳 | 창지사 www.changjisa.com
153-802 서울시 금천구 가산디지털 1로 83 파트너스타워1차 9층
전화 (02) 719-2211~3
팩스 (02) 701-9386
등 록 | 1977년 4월 28일·제1-421호

ISBN 978-89-426-0681-8 (93370)

값 21,000원